Hebräisches und aramäisches Wörterbuch
zum Alten Testament

Hebräisches und aramäisches
Wörterbuch zum Alten Testament

herausgegeben von

Georg Fohrer

in Gemeinschaft mit

Hans Werner Hoffmann · Friedrich Huber

Jochen Vollmer · Gunther Wanke

Walter de Gruyter · Berlin · New York

1971

ISBN 3 11 001 804 7

© 1971 by Walter de Gruyter & Co., Berlin 30

Printed in Germany

Satz: Walter Pieper, Würzburg.
Punktation: Helmut Brückner, Würzburg.

EINFÜHRUNG

1. Das hebräische und aramäische Wörterbuch zum Alten Testament (HAW) soll eine seit langem bestehende Lücke füllen. Zwar gibt es große Lexika mit einem umfangreichen wissenschaftlichen Apparat, die weithin für die alttestamentliche Wissenschaft benützt werden. Aber es fehlte ein handliches und preiswertes Wörterbuch für den täglichen Gebrauch, insbesondere für die einfache Übersetzung alttestamentlicher Texte. Ein solches Wörterbuch ist das HAW, das die großen Lexika nicht entbehrlich oder überflüssig machen, sondern ihnen ergänzend an die Seite treten will.

2. Das HAW erfaßt den gesamten hebräischen und aramäischen Wortbestand des Alten Testaments einschließlich der Namen. Für letztere wird wie für die anderen Vokabeln regelmäßig die deutsche Übersetzung geboten. Dabei werden unterschiedliche hebräische Namenformen in entsprechend unterschiedlicher Weise wiedergegeben, da eine geschichtliche oder geographische Identifizierung nicht Aufgabe eines Wörternbuchs sein kann.

Ferner vermerkt das HAW wichtige Sonderbedeutungen zahlreicher Wörter mit Stellenangaben und bringt in klaren Fällen auch Konjekturen. Es verwertet neue Forschungsergebnisse, ohne freilich durch unkritische Verwendung des Ugaritischen oder einer anderen semitischen Sprache einen neuen hebräischen Vokabelschatz zu schaffen.

3. Das HAW setzt die Kenntnis der hebräischen Grammatik voraus. Im allgemeinen genügen die gebräuchlichen Lehrbücher, in Sonderfällen müssen die Grammatiken von W. Gesenius – E. Kautzsch und von R. Meyer zu Rate gezogen werden. Unter dieser Voraussetzung wurde auf die Angabe der mannigfachen Wortformen, insbesondere bei den Verben, verzichtet. Bei der Aufnahme des gesamten Formenbestandes wäre das Wörterbuch zu umfangreich geworden, eine bloße Auswahl daraus zu subjektiv gewesen.

Ferner wurden alle Angaben ausgeklammert, die zu treffen Aufgabe der Exegese ist, um keine Vorentscheidungen zu fällen. Dies gilt vor allem hinsichtlich der Identifizierung von Namen.

4. Verbindungen von mehreren hebräischen Wörtern sind alphabetisch so eingeordnet worden, als handle es sich um ein zusammenhängendes Wort.

Bei der Aufnahme der Stichwörter wurde der masoretische Text zugrunde gelegt, so daß die darin vorkommenden Mischformen aus Ketib und Qere als solche im Wörterbuch erscheinen, sofern sie im Text überwiegend oder ausschließlich vorliegen.

88845

Die Wiedergabe der Namen folgt mit geringen Abweichungen in Einzelfällen den Vorschlägen der evangelisch-katholischen Übersetzungskommission. Feminine Namen sind durch *f.* gekennzeichnet, so daß die nicht gekennzeichneten als maskulin zu betrachten sind.

Kursivdruck wurde für erklärende und umschreibende Angaben verwendet.

HEBRÄISCHE AKTIONSARTEN

Bezeichnung:	für:
aph	aphel
hi	hiphil
hitp	hitpael
hitpal	hitpalel
hitpalp	hitpalpel
hitpo	hitpoel
hitpol	hitpolel
ho	hophal
hotpaal	hotpaal
iphtael	iphtael
itpa	itpaal
ni	niphal
nitp	nitpael
pal	palel
pealal	pealal
pi	piel
pil	pilel
pilp	pilpel
poal	poal
poalal	poalal
poel	poel
pol	polel
polal	polal
polp	polpal
pu	pual
pul	pulal
q	qal
tiphal	tiphal

ARAMÄISCHE AKTIONSARTEN

Bezeichnung:	für:
aph	aphel
ha	haphel
hišt	hištaphal
hitpa	hitpaal
hitpe	hitpeel
hitpol	hitpolel
itpa	itpaal
itpe	itpeel
itpol	itpole/al
pa	pael
pe	peal, peïl
po	poe/al
pol	polel
sa	saphel
ša	šaphel

ABKÜRZUNGEN UND ZEICHEN

abs.	→ *inf. abs.*
adv.	Adverb
ägypt.	ägyptisch
aram.	aramäisch, aramaisierend; → auch das Zeichen °
assyr.	assyrisch
bab.	babylonisch
bibl.-aram.	biblisch-aramäisch
c.	mit
coll.	kollektiv
cond.	konditional
cs.	→ *inf. cs.* und *st. cs.*
du.	Dual
etw.	etwas
f.	feminin
fut.	futurisch
griech.	griechisch
imp.	Imperativ
inf.	Infinitiv
inf. abs.	infinitivus absolutus
inf. cs.	infinitivus constructus
jmd.	jemand
K	Ketib
l.	lies (Änderungsvorschlag)
m.	maskulin
Nf.	Nebenform
n. fl.	Flußname, Kanalname
n. gent.	Völkername, Name von Bewohnern von Städten etc.
n. l.	Ortsname, Bergname, Quellname, allgemeine topographische Bezeichnung
n. pr.	Personenname, Gottesname
n. terr.	Ländername
pass.	Passiv
pers.	persisch
pf.	Perfekt
pl.	Plural

praep.	Präposition
pt.	Partizip
Q	Qere
sg.	Singular
st. cs.	status constructus
subst.	Substantiv, substantiviert
syr.	syrisch
text. corr.	verderbter Text
u. ä.	und ähnlich
übertr.	übertragen
zus.	zusammen
>	Entwicklungszeichen: wird zu
<	Entwicklungszeichen: entstanden aus
→	Verweiszeichen: siehe
?	unsichere Bedeutung, unsicher
*	Das so bezeichnete Wort ist in der vorliegenden (Grund-)form nicht belegt (Der Stern ist nicht gesetzt, wenn die Grundform in Pausa oder mit Artikel oder mit Präposition belegt ist oder der *st.* cs. gleich dem status absolutus ist. Der Stern entfällt außerdem prinzipiell bei Verweisen.)
°	Aramaismus (Das Zeichen ° wird gebraucht, um ein Stichwort des hebr. Teiles in seiner gesamten Verwendung und Bedeutung als Aramaismus zu kennzeichnen; sonst → *aram.*)

n. pr. f. Abihajil.
n. gent. Abiësriter.
arm, elend.
Kaper.
n. pr. Abihail.
n. pr. Abitub.
n. pr. f. Abital.
n. pr. Abijam.
n. pr. Abimaël.
n. pr. Abimelech.
n. pr. Abinadab.
n. pr. Abinoam.
n. pr. Abiner.
n. pr. Ebjasaf.
n. pr. Abiëser.
n. pr. Abialbon.
arker; *c.* יַעֲקֹב *oder* יִשְׂרָאֵל Starker Jakobs/Israel
erteidiger Jakobs/ Israels? *(Benennung eines Gotte*
ark, mächtig, vornehm; *subst.* Starker; *übertr.*
mmelswesen, Hengst, Stier.
pr. Abiram.
pr. f. Abischag.
pr. Abischua.
pr. Abischur.
pr. Abischai.
pr. Absalom.
pr. Abjatar.
aufwirbeln.
agen, Trauerbräuche ausüben; *übertr. auf die Nat*
rocknen.
Trauerbräuchen veranlassen.
trauern.
erbräuche ausübend, trauernd.
ndteil von n. l. Abel (Wasserlauf, Bach ?).
rbräuche, Trauer.
, in der Tat; *Partikel des Gegensatzes* nein, so
jedoch.
rlauf, Kanal.

Hebräischer Teil

א

אָב	Vater, Stammvater (
	416 *Ehrentitel?*
אָב*	Trieb, Knospe.
אָב	→ אוֹב.
אֲבַגְתָא	*n. pr.* Abagta.
אבד	*q* verlorengehen,
	gehen.
	pi verlorengehen
	grunde richten, a
	hi vernichten, au
אֹבֵד	Untergang > דָּ
אֲבֵדָה	Verlorenes.
אֲבַדֹּה	Unterwelt.
אֲבַדּוֹן	Untergang, Or
אַבְדָן°,	Untergang.
אָבְדָן*	
אבה	*q* wollen, will
אָבֶה	Schilf.
אֲבוֹי	Verlangen >
אֵבוּס	Futtertrog,
אִבְחָה*	*l.* מֶבַח הַ׳ *(Ez*
אֲבַטִּחִים	Wassermelo
אֲבִי	o daß doch!
אֲבִי	*n. pr. f.* Ab
אֲבִיאֵל	*n. pr.* Abi
אֲבִיאָסָף	*n. pr.* Abi
אָבִיב	*coll.* Ähr
אֲבִיגַיִל	*n. pr. f.* A
אֲבִידָן	*n. pr.* Ab
אֲבִידָע	*n. pr.* Ab
אֲבִיָּה	*n. pr. m*
אֲבִיהוּ	*n. pr.* A
אֲבִיהוּא	*n. pr.* A
אֲבִיהוּד	*n. pr.*

אֲבִיהַיִל	
אֲבִי הָעֶזְרִי	
אֶבְיוֹן	
אֲבִיּוֹנָה	
אֲבִיחַיִל	
אֲבִיטוּב	
אֲבִיטַל	
אֲבִיָּם	
אֲבִימָאֵל	
אֲבִימֶלֶךְ	
אֲבִינָדָב	
אֲבִינֹעַם	
אֲבִינֵר	*n*
אֶבְיָסָף	*n*
אֲבִיעֶזֶר	*m*
אֲבִי־עַלְבוֹן	*n*
אָבִיר*	St
	V
אַבִּיר	st
	H
אֲבִירָם	*n.*
אֲבִישַׁג	*n.*
אֲבִישׁוּעַ	*n.*
אֲבִישׁוּר	*n.*
אֲבִישַׁי	*n.*
אֲבִישָׁלוֹם	*n. p*
אֶבְיָתָר	*n. p*
אבך	*hitp*
אבל	*q* kl
	vert
	hi zu
	hitp
I אָבֵל	Trau
II אָבֵל	*Besta*
אֵבֶל	Traue
אֲבָל	gewiß
	dern,
אֲבָל	Wasse

אֶבֶן   *f.* Stein, Gewicht(stein); *Gen 49*24 Fels.

אָבֶן*   *du.* Töpferscheiben; *Ex 1*16 Gebärsteine ?

אֲבָנָה   *n. fl.* Abana.

אֶבֶן הָעֵזֶר   *n. l.* Eben-Haëser.

אַבְנֵט   Schärpe.

אַבְנֵר   *n. pr.* Abner.

אבם   *q pt. pass.* gemästet.

אֲבַעְבֻּעֹת   Geschwüre.

אֶבֶץ   *n. l.* Ebez.

אִבְצָן   *n. pr.* Ibzan.

אבק   *ni* ringen.

אָבָק   Staub *(aufgewirbelt)*; *Ex 9*9 Ruß.

אֲבָקָה*   Gewürzpulver.

אבר   *hi* sich emporschwingen.

אֵבֶר   Schwinge, Flügel.

אֶבְרָה   Schwinge, Flügel.

אַבְרָהָם   *n. pr.* Abraham.

אַבְרֵךְ   *unerklärter Zuruf.*

אַבְרָם   *n. pr.* Abram.

אַבְשַׁי   *n. pr.* Abschai.

אַבְשָׁל(וֹ)ם   *n. pr.* Absalom.

אֹבֹת   *n. l.* Obot.

אָגֵא   *n. pr.* Age.

אֲגָג, אֲגַג   *n. pr.* Agag.

אֲגָגִי   *n. gent.* Agagiter.

אֲגֻדָּה   *Ex 12*22 Büschel; *II Sam 2*25 Schar; *Jes 58*6 Strick; *Am 9*6 Gewölbe.

אֱגוֹז   Nuß.

אָגוּר   *n. pr.* Agur.

אֲגוֹרָה*   Bezahlung.

אֵגֶל*   Tropfen.

אֶגְלַיִם   *n. l.* Eglajim.

אֲגַם   Schilftümpel; *Jer 51*32 Vorwerk?

אָגֵם*   betrübt.

אַגְמוֹן, אַגְמֹן   Schilfhalm; *Hi 41*12 *l.* אֶגֶם glühend.

אַגָּן*   Schale, Becken.

אֲגַף*   Schar, Heer.

אגר   *q* einbringen *(Ernte).*

אֲנַרְטָל* Becken.

אֶגְרֹף Faust.

אִגֶּרֶת Brief.

אֵד Wasserstrom?, Grundwasser?, Nebel?

אדב *hi I Sam* 2₃₃ < לְהַאֲדִיב verschmachten.

אַדְבְּאֵל *n. pr.* Adbeel.

אֲדַד *n. pr.* Adad.

אִדּוֹ *n. pr.* Iddo.

אֱדוֹם *n. pr., n.gent., n.terr.* Edom.

אֱדוֹמִי* *n. gent.* Edomiter.

אָדוֹן Herr; אֲדֹנָי Herr *(nur von Gott gebraucht)*.

אַדּוֹן *n. l.* Addon.

אֲדוֹרַיִם *n. l.* Adorajim.

אֹדוֹת → אוֹדֹת.

אַדִּיר mächtig, herrlich.

אֲדַלְיָא *n. pr.* Adalja.

אדם *q* rot sein.

     pu pt. rot gefärbt.

     hi rot sein/werden.

     hitp rot schillern.

I אָדָם *coll.* Menschen, Menschheit, Leute; Mensch (*oft* בֶּן־אָדָם *u. ä.*); *Koh* 7₂₈ Mann.

II אָדָם *n. pr.* Adam; *n. l. Jos* 3₁₆ Adam; *Hos* 6₇ *l.* בְּאָדָם.

אָדֹם rot, rotbraun.

אֹדֶם *roter Edelstein* Rubin?

אֲדַמְדָּם rötlich.

I אֲדָמָה Ackerboden (*auch* Landbesitz, Erde *als Stoff*).

II אֲדָמָה *n. l.* Adama.

אַדְמָה *n. l.* Adma.

אַדְמוֹנִי rot, rotbraun.

אֲדֹמִי *n. gent.* Edomiter; edomitisch.

אֲדָמִי הַנֶּקֶב *n. l.* Adami-Hannekeb.

אֲדֻמִּים *n. l.* Adummim.

אַדְמֹנִי → אַדְמוֹנִי.

אַדְמָתָא *n. pr.* Admata.

אֶדֶן Fußgestell; *Hi* 38₆ Sockel.

אַדָּן *n. l.* Addan.

אֲדֹנָי   → אָדוֹן.

אֲדֹנִי בֶזֶק,   *n. pr.* Adonibesek.
אֲדֹנִי־בֶזֶק

אֲדֹנִיָּה(וּ)   *n. pr.* Adonija.

אֲדֹנִי־צֶדֶק   *n. pr.* Adonizedek.

אֲדֹנִיקָם   *n. pr.* Adonikam.

אֲדֹנִירָם   *n. pr.* Adoniram.

אדר   *ni* sich als mächtig erweisen.
     hi mächtig, herrlich machen.

אֶדֶר   Macht, Herrlichkeit.

אֲדָר   Adar *(Monatsname, Februar/März).*

אַדָּר   *n. pr., n. l.* Addar.

אֲדַרְכֹּן*   Darike *(pers. Goldmünze).*

אֲדֹרָם   *n. pr.* Adoram.

אַדְרַמֶּלֶךְ   *n. pr.* Adrammelech.

אֶדְרֶעִי   *n. l.* Edreï.

אַדֶּרֶת   Pracht, Herrlichkeit; Prachtkleid, -mantel.

אדש   *q* dreschen.

אהב   *q* gern haben, lieben; *pt. auch* Freund.
     ni pt. liebenswert.
     pi pt. Liebhaber.

אֹהַב*   Liebesfreude.

אַהַב*   Liebesgeschenk; Anmut.

אַהֲבָה   Liebe.

אֹהַד   *n. pr.* Ohad.

אֲהָהּ   ach! *(Ruf abwehrenden Erschreckens).*

אַהֲוָא   *n. fl.* Ahawa.

אֵהוּד   *n. pr.* Ehud.

אֱהִי   *l.* אַיֵּה *(Hos 1* 310.14*).*

I אהל   *hi Hi 25*5 hell sein.

II אהל   *q* mit Zelten weiterziehen, nomadisieren.
     pi zelten.

I אֹהֶל   Zelt.

II אֹהֶל   *n. pr.* Ohel.

אָהֳלָה   *n. pr. f.* Ohola.

אֲהָלוֹת   Aloeholz.

אָהֳלִיאָב   *n. pr.* Oholiab.

אָהֳלִיבָה   *n. pr. f.* Oholiba.

אָהֳלִיבָמָה	*n. pr. f., n. gent.?* Oholibama.
אֲהָלִים	Aloeholz; *Num* 24₆ *unsicher.*
אַהֲרֹן	*n. pr.* Aaron.
אוֹ	oder; oder gar, wenn gar; אוֹ—אוֹ sei es — sei es.
אוּ	*Prov* 31₄ *text. corr.*
אוּאֵל	*n. pr.* Joël.
I *אוֹב	*Hi* 32₁₉ Schlauch.
II אוֹב	Totengeist.
אוֹבִיל	*n. pr.* Obil.
אוּבָל	→ אָבָל.
אוּד	Holzscheit.
אֹדֹת	Veranlassung; *immer c.* עַל wegen.
אוח	*ni?* lieblich, schön sein; sich ziemen.
	pi wünschen, begehren.
	hitp sich begierig zeigen.
*אַוָּה	Begehren, Verlangen.
אוּזַי	*n. pr.* Usai.
אוּזָל	*n. gent.* Usal.
אֱוִי	*n. pr.* Ewi.
אוֹי	wehe! *(Angstruf).*
אוֹיָה	wehe!
אֱוִיל	töricht, ratlos; Tor *(oft mit der Nebenbedeutung der Gottlosigkeit).*
אֱוִיל מְרֹדַךְ	*n. pr.* Ewilmerodach *(bab.* Amel Marduk).
*אוּל	*Ps* 73₄ Leib?
אוּלֵי	*l. Q (II Reg* 24₁₅).
אֱוִלִי	ungeschickt.
I אוּלַי	vielleicht.
II אוּלַי	*n. fl.* Ulai.
I אוּלָם	dagegen, hingegen.
II אוּלָם	*n. pr.* Ulam.
III אוּלָם	Vorhalle; *richtig* → אֵילָם.
אִוֶּלֶת	Torheit *(oft mit der Nebenbedeutung der Gottlosigkeit).*
אוֹמֶר	Sache.
אוֹמָר	*n. pr.* Omar.
אָוֶן	Böses, Unheimliches; Unheil; Unrecht, Frevel; Trug, Nichtiges.

I אוֹן	Zeugungskraft, Kraft; Vermögen, Reichtum.
II אוֹן	*n. pr.* On; *n. l. Gen 41*45.50*46*20 *(Ez 30*17*)* On, Heliopolis.
אוֹנוּ	*n. l.* Ono.
אוֹנִים	*pl. von* אוֹן *oder* אֹנֶה.
אוֹנָם	*n. pr.* Onam.
אוֹנָן	*n. pr.* Onan.
אוּפָז	*n. terr.* Ufas.
אוֹפִיר	*n. pr. Gen 10*29 *I Chr 1*23 Ofir; *n. terr.* Ofir; *Hi 22*24 Ofirgold.
אוֹפָן	Rad.
אוֹפָר	→ אוֹפִיר.
אוּץ	*q* drängen, sich drängen, eilen; *Jos 17*15 zu eng sein. *hi* in jmd. dringen.
אוֹצָר	Vorrat, Schatz.
אוּר	*q* hell werden/sein, leuchten. *ni?* erleuchtet werden. *hi* hell machen, erleuchten, anzünden; Licht verbreiten, leuchten.
אוּר	Licht.
I אוּר	(Licht)schein, Feuer.
II אוּר*	*nur pl., meist zus. mit* תֻּמִּים Losorakelmittel *(negativer Entscheid).*
III אוּר	*n. l.* Ur *(der Chaldäer)*; *n. pr.* Ur.
אוֹרֵב	→ אָרַב.
אוֹרָה	Licht; Glück; *II Reg 4*39 *(Jes 26*19*?)* Malve.
אֲוֵרוֹת	Ställe.
אוּרִי	*n. pr.* Uri.
אוּרִיאֵל	*n. pr.* Uriël.
אוּרִיָּה(וּ)	*n. pr.* Urija.
אֲוַרְנָה	*l. Q (II Sam 24*16*).*
אוּת	*q* willfahren.
אוֹת	Zeichen, Vor-, Feldzeichen; Wunder.
אָז	damals; dann *(fut. und cond.).*
אָזֹב	→ אֵזוֹב.
אֶזְבַּי	*n. pr.* Esbai.
אֵזוֹב	Ysop.
אָזוֹר	Hüftschurz.

אֲזַי°   *Nf. von* אָז dann.

אַזְכָּרָה   *der Teil des Speiseopfers, der verbrannt wird; der den Schaubroten beigegebene Weihrauch.*

אזל°   *q* weggehen, schwinden.

אָזֵל   *l.* הַלָּאז (*I Sam* 20₁₉) der da.

I אזן   *hi* hinhören.

II אזן   *pi* abwägen.

אֹזֶן   *f.* Ohr.

אָזֵן*   Gerät.

אַזְנוֹת תָּבוֹר   *n. l.* Asnot-Tabor.

אוזה   *hi von* I זנח.

אָזְנִי   *n. pr.* Osni; *n. gent.* Osniter.

אֲזַנְיָה   *n. pr.* Asanja.

אֶזֶן שֶׁאֲרָה   *n. l.* Usen-Scheëra.

אֲזִקִּים   Handfesseln.

אזר   *q* den Hüftschurz anlegen, (sich) gürten.
       ni gegürtet werden.
       pi jmd. gürten.
       hitp sich gürten, rüsten.

אֶזְרוֹעַ   *f.* Arm.

אֶזְרָח   Einheimischer.

אֶזְרָחִי   *n. gent.* Esrahiter.

אֶזְרֹעַ   → אֶזְרוֹעַ.

I אָח   Bruder *(auch im weitesten Sinn).*

II אָח   ach!, wehe!

אָח   Kohlenbecken.

אֹחַ*   Eule?, Hyäne?

אַחְאָב   *n. pr.* Ahab.

אֶחָב   *n. pr.* Ehab.

אַחְבָּן   *n. pr.* Achban.

אחר   *Ez* 21₂₁ *unsicher.*

אֶחָד   eins, einziger, einzelner, erster, irgendeiner, einmal;
       pl. einige, wenige; כְּאֶחָד *(aram.)* in einem, gleichzeitig.

אָחוּ   Riedgras.

אֵחוּד   *n. pr.* Ehud.

I אַחֲוֶה* °   Darlegung.

II אַחֲוֶה   Bruderschaft.

אֲחוֹחַ   *n. pr.* Ahoach.

אֲחוֹחִי   *n. gent.* Ahochiter.

אֲחוּמַי   *n. pr.* Ahumai.

אָחוֹר   hinten, Westen; nachher, künftig; *pl.* Rückseite, Hinterteil.

אָחוֹת   Schwester *(auch im weitesten Sinn).*

אחז   *q* packen, fassen, festhalten; eingreifen, verbinden *(bautechnisch)*; *Est* 16 einfassen; *Neh* 73 verriegeln *(aram.).*
ni gepackt, festgehalten werden; ansässig sein.
pi zuhalten.
ho II Chr 918 *unsicher.*

אָחָז   *n. pr.* Ahas.

אָחֻז*   haltend.

אֲחֻזָּה   Grundbesitz.

אַחְזַי   *n. pr.* Achsai.

אֲחַזְיָה(וּ)   *n. pr.* Ahasja.

אֲחֻזָּם   *n. pr.* Ahusam.

אֲחֻזַּת   *n. pr.* Ahusat.

אֲחֹחִי   → אֲחוֹחִי.

אֵחִי   *n. pr.* Ehi.

אֲחִי   *n. pr.* Ahi.

אֲחִיאָם   *n. pr.* Ahiam.

אֲחִיָּה(וּ)   *n. pr.* Ahia.

אֲחִיהוּד   *n. pr.* Ahihud.

אַחְיוֹ   *n. pr.* Achjo.

אֲחִיחֻד   *n. pr.* Ahihud.

אֲחִיטוּב   *n. pr.* Ahitub.

אֲחִילוּד   *n. pr.* Ahilud.

אֲחִימוֹת   *n. pr.* Ahimot.

אֲחִימֶלֶךְ   *n. pr.* Ahimelech.

אֲחִימַן   *n. pr.* Ahiman.

אֲחִימַעַץ   *n. pr.* Ahimaaz.

אַחְיָן   *n. pr.* Achjan.

אֲחִינָדָב   *n. pr.* Ahinadab.

אֲחִינֹעַם   *n. pr. f.* Ahinoam.

אֲחִיסָמָךְ   *n. pr.* Ahisamach.

אֲחִיעֶזֶר   *n. pr.* Ahiëser.

אֲחִיקָם   *n. pr.* Ahikam.

אֲחִירָם   *n. pr.* Ahiram.

אֲחִירָמִי	*n. gent.* Ahiramiter.
אֲחִירַע	*n. pr.* Ahira.
אֲחִישַׁחַר	*n. pr.* Ahischahar.
אֲחִישָׁר	*n. pr.* Ahischar.
אֲחִיתֹפֶל	*n. pr.* Ahitofel.
אַחְלָב	*n. l.* Achlab.
אַחֲלַי, אַחֲלֵי	ach daß doch!
אַחְלָי	*n. pr.* Achlai.
אַחְלָמָה	Jaspis.
אֲחַסְבַּי	*n. pr.* Ahasbai.
אחר	*q* sich aufhalten.
	pi aufhalten; versäumen; zögern, säumen; *Ex* 22₂₈ zurückhalten.
	hi versäumen.
I אַחֵר	folgender, zweiter, anderer.
II אַחֵר	*n. pr.* Aher.
אַחַר	*sg.* hinten, hinter, nach, nachdem; *pl.* Ende, hinter, nach, nachdem.
אַחֲרוֹן	hinter, Westen, letzter; später, künftig; *f.* zuletzt.
אַחְרַח	*n. pr.* Achrach.
אֲחַרְחֵל	*n. pr.* Aharhel.
אַחֲרִית	Ende, Ausgang *(räumlich, zeitlich, wertend)*; Überrest; Nachkommenschaft.
אַחֹרַנִּית	rückwärts, nach hinten.
אֲחַשְׁדַּרְפְּנִים	Satrapen, Statthalter.
אֲחַשְׁוֵר(וֹ)שׁ	*n. pr.* Xerxes.
אֲחַשְׁרֵשׁ	*l. Q (Est* 10₁).
אֲחַשְׁתָּרִי	*n. gent.* Ahaschtariter.
אֲחַשְׁתְּרָנִים	herrschaftliche, königliche.
אַט, אָט*	leise, sanft; *Gen* 33₁₄ Gemächlichkeit.
אָטָד	*dorniger Strauch* Bocksdorn?
אֵטוּן	Leinwand.
אִטִּים	Beschwörer.
אטם	*q* verstopfen, verschließen; *I Reg* 6₄ *Ez* 40₁₆.₂₆ vergittern?, einfassen?
אטר	*q* schließen.
אָטֵר	*n. pr.* Ater.

אִטֵּר rechts gehemmt > linkshändig *oder* mit beiden Händen gleich geschickt.

אֵי wo?; אֵי־זֶה welcher?, wo?

I אִי Küste, Insel.

II *אִי Dämon?, Schakal?

III אִי wehe!; *Hi 22₃₀ unsicher.*

איב *q* sich feindlich verhalten gegen; *pt. auch* Feind.

אֵיבָה Feindschaft, Feindseligkeit.

אֵיד Unglück.

I אַיָּה Habicht, Weih.

II אַיָּה *n. pr.* Aja.

אַיֵּה wo?

אַיּוֹ *l. Q (Jer 37₁₉).*

אִיּוֹב *n. pr.* Hiob.

אִיזֶבֶל *n. pr. f.* Isebel.

אֵיךְ wie?; wie!

אִי(־)כָבוֹד *n. pr.* Ichabod.

אֵיכָה wie?; wie!; *Cant 1₇ wo? (aram.).*

אֵיכֹה° wo?

אֵיכָכָה wie?

אַיִל Widder; Mächtiger, Gewalthaber; mächtiger Baum; Pfeiler, Pfosten.

אֱיָל° Kraft.

אַיָּל Hirsch.

אַיָּלָה Hirschkuh, Hinde.

אִילוֹ *l.* אִי לוֹ *(Koh 4₁₀).*

אַיָּלוֹן *n. l.* Ajalon.

אֵילוֹן *n. pr., n. l.* Elon.

אֵילוֹת *n. l.* Elot.

אֱיָלוּת°* Kraft.

אֵילָם* Vorhalle.

אֵילִם *n. l.* Elim.

אֵילָן → אֵילוֹן.

אֵיל פָּארָן *n. l.* El-Paran.

אֵילַת *n. l.* Elat.

אַיֶּלֶת Hirschkuh, Hinde.

אָיֹם schrecklich.

אֵימָה Schrecken; *Jer 50₃₈* Schreckgestalt > Götze.

אֵימִים	*n. gent.* Emiter.
אַיִן I	Nichtvorhandensein > nicht, kein, ohne, -los.
אַיִן II	wo?, *immer* מֵאַיִן woher?
אִין	*l.* אַיִן *(I Sam* 21₉*).*
אִיעֶזֶר	*n. pr.* Iëser.
אִיעֶזְרִי	*n. gent.* Iësriter.
אֵיפָה	Getreidemaß Epha *(zwischen 22 l und 45 l).*
אֵיפֹה	wo?
אִישׁ	Mann, Mensch; einer, jemand, jeder; *pl.* Leute.
אִישׁ(־)בֹּשֶׁת	*n. pr. Schimpfform für* אֶשְׁבַּעַל Ischboschet.
אִישְׁהוֹד	*n. pr.* Ischhod.
אִישׁוֹן	Pupille.
אֱישׁוּן	Zeit.
אִישׁ טוֹב,	*n. pr.* Ischtob.
אִישׁ־טוֹב	
אִישַׁי°	*n. pr.* Isai.
אִיתַי	*n. pr.* Itai.
אִיתִיאֵל	*n. pr.* Itiël.
אִיתָמָר	*n. pr.* Itamar.
אֵיתָן I	immer wasserführend; beständig; *pl.* Etanim *(Monatsname, September/Oktober).*
אֵיתָן II	*n. pr.* Etan.
אַךְ	nur; ja, gewiß; jedoch.
אַכַּד	*n. l.* Akkad.
אַכְזָב	trügerisch.
אַכְזִיב	*n. l.* Achsib.
אַכְזָר	grausam.
אַכְזָרִי	grausam.
אַכְזְרִיּוּת	Grausamkeit.
אֲכִילָה	Speise.
אָכִישׁ	*n. pr.* Achisch.
אכל	*q* essen, fressen; schmecken, genießen.
	ni gegessen, verzehrt werden.
	pu gefressen, verzehrt werden.
	hi zu essen geben, genießen lassen.
אֹכֶל	Speise, Nahrung.
אָכָל	*n. pr.?*
אָכְלָה	Speise, Nahrung.

אָכֵן	gewiß; aber, dennoch.
אכף°	q jmd. zusetzen.
אֶכֶף*°	Drängen.
אִכָּר	Bauer, Landarbeiter.
אַכְשָׁף	n. l. Achschaf.
אַל	nicht; I Sam 27₁₀ l. אָן oder אֶל־מִי.
I אֵל	st. cs. von אַיִל.
II אֵל	Macht.
III אֵל	Gottheit, Gott.
IV אֵל	diese.
אֶל	nach—hin, auf—zu, gegen, im Hinblick auf; an, auf; oft für עַל.
אֵלָא	n.pr. Ela.
אֶלְגָּבִישׁ	Eiskörner, Hagel.
אַלְגּוּמִּים	l. אַלְמֻגִּים.
אֶלְדָּד	n. pr. Eldad.
אֶלְדָּעָה	n. pr. Eldaa.
I אלה	q fluchen. hi verfluchen, unter einen Fluch stellen (bedingte Verfluchung).
II אלה°	q wehklagen.
III אלה	q unfähig sein.
אָלָה	Fluch, Verfluchung.
I אֵלָה	großer Baum.
II אֵלָה	n. pr., n. gent.? Ela.
אַלָּה	großer Baum.
אֵלֶּה	diese.
אֵלֶּה, אֵלֶּהּ	→ אֱלוֹהַּ.
אֱלֹהִים	Gott, Götter.
אִלּוּ°	wenn.
אֱלוֹהַּ	Gott.
אֱלוּל	Elul (Monatsname, August/September).
I אַלּוֹן	großer Baum.
II אַלּוֹן	→ אֵילוֹן.
I אַלּוֹן	großer Baum.
II אַלּוֹן	n. pr. Allon.
I אַלּוּף	vertraut, zutraulich; subst. Vertrauter; Ps 144₁₄ Rind?
II אַלּוּף	Anführer.

אָלוּשׁ   *n. l.* Alusch.

אֵלוֹת   → אֵילוֹת.

אֶלְזָבָד   *n. pr.* Elsabad.

אלח   *ni* verdorben sein.

אֶלְחָנָן   *n. pr.* Elhanan.

אֵלַי   → אוּלַי I.

אֱלִיאָב   *n. pr.* Eliab.

אֱלִיאֵל   *n. pr.* Eliël.

אֱלִיאָתָה°   *n. pr.* Eliata.

אֱלִידָד   *n. pr.* Elidad.

אֶלְיָדָע   *n. pr.* Eljada.

אַלְיָה   Fettschwanz *(des Schafes.)*

אֵלִיָּה(וּ)   *n. pr.* Elia.

אֱלִיהוּ   *n. pr.* Elihu.

אֱלִיהוּא   *n. pr.* Elihu.

אֶלְיְהוֹעֵינַי   *n. pr.* Eljehoënai.

אֶלְיוֹעֵינַי   *n. pr.* Eljoënai.

אֶלְיַחְבָּא   *n. pr.* Eljachba.

אֱלִיַחְרָף   *n. pr.* Elihoref.

אֱלִיל   Götter *(immer geringschätzig)*, Götze; nichts, nichtig.

אֱלִימֶלֶךְ   *n. pr.* Elimelech.

אֶלְיָסָף   *n. pr.* Eljasaf.

אֱלִיעֶזֶר   *n. pr.* Eliëser.

אֱלִיעָם   *n. pr.* Eliam.

אֶלְיְעֵנַי   *n. pr.* Eliënai.

אֱלִיפַז   *n. pr.* Elifas.

אֱלִיפָל   *n. pr.* Elifal.

אֱלִיפְלֵהוּ   *n. pr.* Eliflehu.

אֱלִיפֶלֶט   *n. pr.* Elifelet.

אֱלִיצוּר   *n. pr.* Elizur.

אֱלִיצָפָן   *n. pr.* Elizafan.

אֱלִיקָא   *n. pr.* Elika.

אֶלְיָקִים   *n. pr.* Eljakim.

אֱלִישֶׁבַע   *n. pr. f.* Elischeba.

אֱלִישָׁה   *n. terr.* Elischa.

אֱלִישׁוּעַ   *n. pr.* Elischua.

אֶלְיָשִׁיב   *n. pr.* Eljaschib.

אֱלִישָׁמָע   *n. pr.* Elischama.

אֱלִישָׁע	*n. pr.* Elisa.
אֱלִישָׁפָט	*n. pr.* Elischafat.
אֱלִיָתָה	*n. pr.* Elijata.
אֱלָל	→ אֱלִיל.
אַלְלַי	wehe!
אלם	*pi* binden *(Garben).*
	ni gebunden, stumm werden/sein.
אֵלֶם	Verstummen?
אִלֵּם	stumm.
אֻלָם	→ אֵילָם.
אֻלָם	→ III אוּלָם.
אַלְמֻגִּים	Almuggimholz *(Holzart des Libanon).*
אֲלֻמָּה*	Garbe.
אַלְמוֹדָד	*n. pr.* Almodad.
אַלַּמֶּלֶךְ	*n. l.* Alammelech.
אַלְמָן	Witwer.
אַלְמֹן	Witwenstand.
אַלְמָנָה	Witwe; *pl. auch* Witwenstand.
אַלְמָנוּת*	Witwenstand.
אַלְמֹנִי	ein bestimmter, ein gewisser.
אֵלֹנִי	*n. gent.* Eloniter.
אֶלְנַעַם	*n. pr.* Elnaam.
אֶלְנָתָן	*n. pr.* Elnatan.
אֶלָּסָר	*n. l.* Ellasar, Larsa.
אֶלְעָד	*n. pr.* Elad.
אֶלְעָדָה	*n. pr.* Elada.
אֶלְעוּזַי	*n. pr.* Elusai.
אֶלְעָזָר	*n. pr.* Elasar.
אֶלְעָלֵא, אֶלְעָלֵה	*n. l.* Eleale.
אֶלְעָשָׂה	*n. pr.* Eleasa.
I אלף	*q* vertraut werden mit.
	pi (aram.) lehren, belehren.
II אלף	*hi* zu Tausenden hervorbringen.
I אֶלֶף	Rind.
II אֶלֶף	tausend; Tausendschaft > Sippe, Stamm, Gau.
III אֶלֶף	*n. l.* Elef.
אֶלְפֶּלֶט	*n. pr.* Elpelet.
אֶלְפַּעַל	*n. pr.* Elpaal.

אֵלֵץ	*pi* zusetzen, bedrängen.
אֶלְצָפָן	*n. pr.* Elzafan.
אַלְקוּם	*unsicher* (Kriegsvolk?).
אֶלְקָנָה	*n. pr.* Elkana.
אֶלְקֹשִׁי	*n. gent.* Elkoschiter.
אֶלְתּוֹלַד	*n. l.* Eltolad.
אֶלְתְּקָא, אֶלְתְּקֵה	*n. l.* Elteke.
אֶלְתְּקֹן	*n. l.* Eltekon.
אִם	wenn, wenn auch, ach wenn doch, wann, als; ob; הַ—אִם ob — oder; אִם—אִם sei es — sei es; אִם *leitet einen negativ zu übersetzenden,* לֹא אִם *einen positiv zu übersetzenden Schwursatz ein.*
אֵם	Mutter *(auch im weitesten Sinn)*; Ez 21₂₆ אֵם הַדֶּרֶךְ Scheideweg.
אָמָה	Sklavin.
I אַמָּה	Elle *(ca. 45cm, alte Elle ca. 53 cm)*; Jes 6₄ Zapfen *des Türflügels.*
II אַמָּה	II Sam 8₁ unsicher.
III אַמָּה	*n. l.* Amma.
אֵמָה	→ אֵימָה.
*אֻמָּה	Sippe, Stamm.
I אָמוֹן	Handwerker; *Prov* 8₃₀ Hätschelkind?, Liebling?
II אָמוֹן	*n. pr.* Amon *(auch Name eines ägypt. Gottes).*
*אָמוּן	Redlicher; Redlichkeit.
אֱמוּנָה	Festigkeit, Zuverlässigkeit, Treue.
אָמוֹץ	*n. pr.* Amoz.
אַמּוֹת	*l.* מֵאוֹת *(Ez* 42₁₆).
אַמִּי	*n. pr.* Ami.
אֵמִים	→ אֵימִים.
אֲמִינוֹן	*n. pr.* Aminon.
אַמִּיץ	stark.
אָמִיר	Ast.
אמל	*pul* eintrocknen, verwelken, hinfällig werden.
*אֲמֵל	schmachtend?
אֻמְלַל	hinfällig.
*אֲמֵלָל	hinfällig, elend.
אֲמָם	*n. l.* Amam.
אמן	*q* → אָמֵן; *pt. pass. Thr* 4₅ gestützt, getragen.

ni sich als fest, zuverlässig erweisen; zuverlässig, fest, treu sein; Bestand haben, bleiben, andauern; *pt. auch* betraut, bestellt; *Jes 60₄* getragen werden.

hi sich sicher wissen, als zuverlässig ansehen, glauben, trauen, vertrauen.

אָמָן Künstler.

אָמֵן gewiß!

אֹמֵן Erzieher, Pfleger; *f.* Amme.

אֹמֶן Zuverlässigkeit.

אֵמֶן Treue.

אֲמֵנָה → אֱמוּנָה.

I אֲמָנָה feste Abmachung.

II אֲמָנָה *n. l.* Amana.

I אָמְנָה in Wahrheit, wirklich.

II אָמְנָה Erziehung, Pflege.

*אָמְנָה Türpfosten?, Beschlag?

אַמְנוֹן *n. pr.* Amnon.

אָמְנָם gewiß, wirklich.

אֻמְנָם gewiß, wirklich.

אַמְנָן → אַמְנוֹן.

אמץ *q* stark sein.

pi stärken; verhärten; *Ps 80₁₆.₁₈* großziehen; *II Chr 24₁₃* instand setzen.

hi sich stark fühlen.

hitp sich als stark erweisen; *Ruth 1₁₈* fest entschlossen sein.

אַמֵּץ → אַמִּיץ.

*אָמֹץ scheckig?

אֹמֶץ Stärke.

אַמְצָה Stärke.

אַמְצִי *n. pr.* Amzi.

אֲמַצְיָה(וּ) *n. pr.* Amazja.

I אמר *q* sagen, sprechen; nennen; denken.

ni gesagt, gesprochen werden; man sagt, es heißt; genannt werden.

hi erklären lassen.

II אמר *hitp* sich groß machen.

אֹמֶר Spruch, Kunde; *Hi 22₂₈* → אוֹמֶר.

I אֵמֶר*	Spruch, Wort.
II אֵמֶר*	Geweih.
אִמֵּר	*n. pr., n. l.?* Immer.
אִמְרָה*, אֶמְרָה*	Wort, Ausspruch.
אֱמֹרִי	*n. gent.* Amoriter.
אִמְרִי	*n. pr.* Imri.
אֲמַרְיָה(וּ)	*n. pr.* Amarja.
אַמְרָפֶל	*n. pr.* Amrafel.
אֶמֶשׁ	gestern abend.
אֱמֶת	Festigkeit, Zuverlässigkeit, Beständigkeit, Treue, Wahrheit.
אַמְתַּחַת	Sack.
אֲמִתַּי	*n. pr.* Amittai.
אָן	wo?, wohin?; *c.* עַד wie lange?
אָן	→ אוֹן.
אָנָּא, אָנָּה	ach doch.
I אנה	*q* in Trauer sein.
II אנה	*pi* widerfahren lassen.
	pu widerfahren.
	hitp Streit suchen.
אֹנֶה*	Trauerzeit, Trauer.
אָנָה, אָנֶה	wo?, wohin?; *c.* עַד wie lange?
אֲנוּ	*l. Q (Jer 42₆).*
אָנוּשׁ	unheilbar, heillos, unheilvoll.
I אֱנוֹשׁ°	Menschen, Mensch.
II אֱנוֹשׁ°	*n. pr.* Enosch.
אנח	*ni* seufzen, stöhnen.
אֲנָחָה	Seufzen, Stöhnen.
אֲנַחְנוּ	wir.
אֲנָחֲרַת	*n. l.* Anaharat.
אֲנִי	ich.
אֳנִי	*m. und f.* Flotte, Schiffe.
אֳנִיָּה	Schiff.
אֲנִיָּה	Trauer, Klage.
אֲנִיעָם	*n. pr.* Aniam.
אֲנָךְ	Bleilot?, Senkblei?
אָנֹכִי	ich.

אנן   *hitpo* sich in Klagen ergehen.

אנם°   *q* nötigen.

אנף   *q* zürnen.

       hitp zürnen.

אֲנָפָה   Reiher?

אנק   *q* stöhnen.

       ni stöhnen.

I אֲנָקָה   Stöhnen.

II אֲנָקָה   Gecko (*Eidechsenart*).

אנש   *ni* erkranken.

אָסָא   *n. pr.* Asa.

אָסוּךְ   kleiner Ölkrug.

אָסוֹן   Unfall (*oft tödlich*).

אֵסוּר   Fessel.

אָסִיף   Einsammeln, Lese.

אָסִיר   Gefangener.

I אַסִּיר   Gefangener.

II אַסִּיר   *n. pr.* Assir.

אָסָם*   Vorrat.

אַסְנָה   *n. pr.* Asna.

אָסְנַת   *n. pr. f.* Asenat.

אסף   *q* sammeln, einsammeln, versammeln; auf-, wegnehmen; *Jes 58₈* den Zug beschließen.

       ni sich versammeln; eingesammelt werden; weggenom-
men werden, verschwinden.

       pi einsammeln, aufnehmen; den Zug beschließen.

       pu eingesammelt, weggenommen werden.

       hitp sich versammeln.

אָסָף   *n. pr.* Asaf.

אָסֹף   → אָסִיף.

אֹסֶף*   Vorrat; Vorratshaus.

אֹסֶף   Einsammeln.

אֲסֵפָה   Einkerkerung.

אֲסֻפָּה*   Sammlung.

אֲסַפְסֻף   Gesindel.

אַסְפָּתָא   *n. pr.* Aspata.

אֶסֹק	*impf. q von* סלק.
אסר	*q* fesseln, binden, anspannen; *Nu* 30₃ff. sich auferlegen.
	ni gefesselt werden.
	pu gefangen werden.
אִסָּר°	Enthaltungsgelübde.
אַסִּר	→ I אַסִּיר.
אֵסַר־חַדֹּן,	*n. pr.* Asarhaddon.
אֵסַר חַדֹּן	
אֶסְתֵּר	*n. pr. f.* Ester.
I אַף	auch, noch, sogar; אַף כִּי selbst wenn, ja sogar, wieviel mehr, wieviel weniger, geschweige denn.
II אַף	Nase; Zorn; *du. auch* Gesicht.
אפוּ	*q* umbinden.
I אֵפֹד	→ אֵפוֹד.
II אֵפֹד	*n. pr.* Efod.
אֲפֻדָּה*	Überzug.
אַפֶּדֶן*	Palast.
אפה	*q* backen.
	ni gebacken werden.
אֵפָה	→ אֵיפָה.
אֵפוֹ, אֵפוֹא	denn, also.
אֵפוֹד	Ephod (*Priestergewand, Kultgegenstand, Orakelgerät*).
אֲפִיחַ	*n. pr.* Aflach.
אָפִיל*	spätzeitig.
אַפַּיִם	*n. pr.* Appajim.
I אָפִיק	Flußbett, Rinne; *Hi* 40₁₈ Röhre; *Hi* 41₇ Rille.
II אָפִיק*	stark.
אֲפִיק	*n. l.* Afik.
אוֹפִיר	*n. terr. I Reg* 10₁₁ Ofir; → *auch* אוֹפִיר.
אֹפֶל	Dunkel.
אָפֵל	Dunkel.
אֲפֵלָה	Dunkel.
אֶפְלָל	*n. pr.* Eflal.
אֹפֶן*	zur rechten Zeit?
אפס	*q* zu Ende, nicht mehr da sein.
אֶפֶס	Ende, Nichtsein, Nichts; nicht mehr, nicht, nur; אֶפֶס כִּי nur daß, aber, jedoch.
אֶפֶס דַּמִּים	*n. l.* Efes-Dammim.

אָפְסַיִם	Fußknöchel.
אֶפַע	*l.* אֶפֶס (*Jes 41₂₄*).
אֶפְעֶה	*Schlangenart* Otter?
אפף	*q* umgeben.
אפק	*hitp* sich stark machen, sich zusammennehmen.
אֲפֵק	*n. l.* Afek.
אֲפֵקָה	*n. l.* Afeka.
אֵפֶר	*f.* lockere Erde, Staub; *Num 19₉f. Ez 28₁₈* Asche.
אֲפֵר	Binde.
*אֶפְרֹחַ	Junges *(von Vögeln)*.
אַפִּרְיוֹן	Tragsessel.
אֶפְרַיִם	*n. pr., n. gent., n. terr., n. l.* Efraïm.
אֶפְרָת	*n. pr. f.* Efrat.
אֶפְרָתָה	*n. l.* Efrata.
אֶפְרָתִי	*n. gent.* Efratiter.
אֶצְבּוֹן, אֶצְבֹּן	*n. pr.* Ezbon.
אֶצְבַּע	*f.* Finger; Zehe.
I *אָצִיל	entlegener Teil.
II *אָצִיל	vornehm.
*אַצִּיל, אַצִּילָה	*Jer 38₁₂* Achselhöhle; *Ez 13₁₈* Gelenk; *Ez 41₈* Winkelmaß?
אצל	*q* auf die Seite tun, wegnehmen.
	ni sich verjüngen *(bautechnisch)*.
אֵצֶל	Seite; neben.
אָצֵל	*n. pr.* Azel.
אָצַל	*Sach 14₅ text. corr.*
אֲצַלְיָהוּ	*n. pr.* Azalja.
אֹצֶם	*n. pr.* Ozem.
אֶצְעָדָה	Schrittkettchen; Armspange.
אצר	*q* anhäufen.
	ni angehäuft werden.
	hi anhäufen lassen.
אֵצֶר	*n. pr.* Ezer.
אֶקְדָּח	Beryll?
אַקּוֹ	Wildziege.
אר	*l.* יְאֹר *(Am 8₈)*.
אֲרָא	*n. pr.* Ara.
אֲראֵיל	→ I אֲרִיאֵל.

אֲרְאֵל	→ II אֲרִיאֵל.
אַרְאֵלִי	n. pr. Areli; n. gent. Areliter.
אֶרְאֶלָּם	l. אֶרְאֶלִים (Jes 33₇) Leute des Ariël.
ארב	q im Hinterhalt liegen, auflauern.
	pi auflauern.
	hi einen Hinterhalt legen.
עֲרָב	n. l. Arab.
אֶרֶב	Hinterhalt, Schlupfwinkel.
אֹרֶב*	Hinterhalt.
אֹרֶב	Hinterhalt.
אַרְבֵּאל	→ בֵּית אַרְבֵּאל.
אַרְבֶּה	Wanderheuschrecke.
אֲרֻבָּה*	unsicher.
אֲרֻבָּה	Öffnung, Fenster.
אֲרֻבּוֹת	n. l. Arubbot.
אַרְבִּי	n. gent. Arbiter.
I אַרְבַּע	vier; du. vierfach; pl. vierzig.
II אַרְבַּע	n. pr. Arba.
ארג	q weben.
אֶרֶג	Weberschiffchen.
אַרְגֹּב	n. terr. Argob; II Reg 15₂₅ unsicher.
אַרְגְּוָן	mit rotem Purpur gefärbte Wolle.
אַרְגָּז	Behälter.
אַרְגָּמָן	mit rotem Purpur gefärbte Wolle.
אַרְדְּ	n. pr. Ard.
אַרְדּוֹן	n. pr. Ardon.
אַרְדִּי	n. gent. Arditer.
אֲרַדַי	n. pr. Aridai.
ארה	q pflücken.
אֲרוֹד	n. pr. Arod.
אַרְוַד	n. l. Arwad (Insel und Stadt).
אֲרוֹדִי	n. pr. Arodi; n. gent. Aroditer.
אַרְוָדִי	n. gent. Arwaditer.
אֻרְוָה*	Stallung.
אָרוּז*	fest.
אֲרוּכָה	Heilung; Ausbesserung.
אֲרוּמָה	n. l. Aruma.
אֲרוֹן	Kasten, Lade; Gen 50₂₆ Sarg.

אֲרַוְנָה	*n. pr.* Arawna.
אֶרֶז	Zeder.
אַרְזָה	Zederngetäfel.
ארח	*q* unterwegs sein, wandern.
אֶרַח	*n. pr.* Arach.
אֹרַח	Weg *(auch im weitesten Sinn)*.
אֹרְחָה*	Karawane.
אֲרֻחָה	Wegzehrung, Portion.
אֲרִי	Löwe.
אֲרִי	→ אוּרִי.
אֲרִיאֵל I	Opferherd > *Name für Jerusalem*.
אֲרִיאֵל II	*n. pr.* Ariël.
אֲרִידָתָא	*n. pr.* Aridata.
אַרְיֵה° I	Löwe.
אַרְיֵה II	*II Reg 1* 5₂₅ *unsicher*.
אֻרְיָה*	Stallung.
אַרְיוֹךְ	*n. pr.* Arjoch.
אֻרִים	*pl. von* I אוּר.
אֲרִיסַי	*n. pr.* Arisai.
ארך	*q* lang sein/werden.
	hi lang machen, verlängern.
אָרֵךְ*	lang; אֶרֶךְ אַפַּיִם langmütig.
אֹרֶךְ	Länge; אֹרֶךְ אַפַּיִם Geduld.
אָרֹךְ*	lang, langdauernd.
אֶרֶךְ	*n. l.* Erech, Uruk.
אֲרֻכָה	→ אֲרוּכָה.
אַרְכִּי	*n. gent.* Arkiter.
אֲרָם	*n. pr., n. terr.* Aram.
אַרְמוֹן	befestigtes Haus, Wohnturm.
אֲרַמִּי	*n.gent.* Aramäer.
אֲרָמִית	auf aramäisch.
אֲרַם נַהֲרַיִם	*n. terr.* Aram-Naharajim *(Gebiet am mittleren Eu-phrat)*.
אַרְמֹנִי	*n. pr.* Armoni.
אֲרָן	*n. pr.* Aran.
אֹרֶן I	Lorbeer.
אֹרֶן II	*n. pr.* Oren.
אַרְנֶבֶת	Hase.

אַרְנוֹן	*n. fl.* Arnon.
אֲרַנְיָה	*n. pr.* Aranja.
אַרְנָן	*n. pr.* Arnan.
אָרְנָן	*n. pr.* Ornan.
אַרְנָן	→ אַרְנוֹן.
אַרְפַּד	*n. l.* Arpad.
אַרְפַּכְשַׁד	*n. pr.* Arpachschad.
אֶרֶץ	Grundstück, Land, Erde.
אַרְצָא	*n. pr.* Arza.
ארר	*q* verfluchen.
	ni verflucht werden.
	pi verfluchen, Fluch wirken.
	ho mit einem Fluch belegt sein.
אֲרָרַט	*n. terr.* Ararat.
אֲרָרִי	*n. gent.* Ararariter.
ארש	*pi* sich verloben.
	pu verlobt sein.
אֲרֶשֶׁת	Verlangen.
אַרְתַּחְשַׁסְתְּא, אַרְתַּחְשַׁשְׁתְּא, אַרְתַּחְשַׁשְׁתְּא	*n. pr.* Artaxerxes.
אֲשַׂרְאֵל	*n. pr.* Asarel.
אֲשַׂרְאֵלָה	*n. pr.* Asarela.
אִשְׂרְאֵלִי	*n. gent.* Asriëliter.
אַשְׂרִיאֵל	*n. pr.* Asriël.
אֵשׁ	Feuer.
אֵשׁ°	Vorhandensein; es gibt.
אַשְׁבֵּל	*n. pr.* Aschbel.
אַשְׁבֵּלִי	*n. gent.* Aschbeliter.
אֶשְׁבָּן	*n. pr.* Eschban.
אַשְׁבֵּעַ	*n. pr.* Aschbea.
אֶשְׁבַּעַל	*n. pr.* Ischbaal.
אָשֵׁד*	Abhang.
אַשְׁדּוֹד	*n. l.* Asdod.
אַשְׁדּוֹדִי	*n. gent.* Asdoditer.
אַשְׁדּוֹדִית	auf asdodisch.
אֶשְׁדַּת	*Dtn* 3₃₂ *text. corr.*
אֵשָׁה*	*Jer* 6₂₉ *text. corr.*

אִשָּׁה	Frau; jede.
אִשֶּׁה	Feueropfer, Opfer.
אָשְׁוָיָה*	l.Q (Jer 50₁₅) Pfeiler; Turm.
אַשּׁוּר	n. pr. Assur; n. gent. Assyrer; n. terr. Assyrien.
אֲשׁוּרִי	n. gent. Aschuriter.
אֲשׁוּרִים	n. gent. Aschuriter.
אַשְׁחוּר	n. pr. Aschhur.
אֲשִׁימָא	n. pr. Aschima (Name einer syr. Gottheit).
אֲשֵׁרָה	→ אֲשֵׁרָה.
אֲשִׁישָׁה	Traubenkuchen (aus getrockneten, zusammengepreßten Trauben).
אֶשֶׁךְ	Hode.
אֶשְׁכּוֹל I, אֶשְׁכֹּל I	Traube.
אֶשְׁכּוֹל II, אֶשְׁכֹּל II	n. pr., n. l. Eschkol.
אַשְׁכְּנַז, אַשְׁכְּנַז	n. pr., n. gent. Aschkenas.
אֶשְׁכָּר	Abgabe, Tribut.
אֵשֶׁל	Tamariske.
אשם	q sich verschulden, Schuld büßen. ni zugrunde gehen. hi büßen lassen.
אָשָׁם	Verschuldung, Schuldbetrag, Schuldopfer, Sühnegabe, Entschädigung.
אָשֵׁם	schuldbeladen.
אַשְׁמָה	Verschuldung, Schuld.
אַשְׁמוּרָה	Nachtwache.
אַשְׁמַנִּים	Jes 59₁₀ unsicher.
אַשְׁמֹרֶת	Nachtwache.
אֶשְׁנָב	Fenstergitter.
אַשְׁנָה	n. l. Aschna.
אֶשְׁעָן	n. l. Eschan.
אַשָּׁף*	Beschwörer.
אַשְׁפָּה	Köcher.
אֲשְׁפּוֹת	→ אַשְׁפֹּת.
אַשְׁפְּנַז	n. pr. Aschpenas.
אֲשִׁפָּר	Dattelkuchen.

אַשְׁפֹּת Aschengrube; Abfallhaufen.

אַשְׁקְלוֹן *n. l.* Askalon.

אֶשְׁקְלוֹנִי *n. gent.* Askaloniter.

אשׁר I *q* einhergehen.
pi einhergehen; führen, zurechtweisen.
pu geführt werden.

אשׁר II *pi* glücklich preisen.
pu glücklich gepriesen werden.

אָשֵׁר *n. pr., n. gent.* Asser.

אֲשֶׁר *Relativpartikel; Konjunktion* daß, so daß, weil, damit, wenn, als, wie.

אֹשֶׁר* Glück.

אֲשֻׁר* *f.* Schritt.

אַשֻּׁר* I *f.* Schritt.

אַשּׁוּר II → אַשּׁוּר.

אֲשֵׁרָה Aschere *(Kultpfahl),* Aschera *(Benennung einer Göttin).*

אֲשֵׁרִי *n. gent.* Asseriter.

אַשְׁרֵי glücklich! *(Einleitungswort der Makarismen).*

אשׁשׁ *hitpo unsicher, l.* הִתְבּוֹשֵׁשׁוּ *(Jes* 46₈*).*

אֶשְׁתָּאוֹל, *n. l.* Eschtaol.
אֶשְׁתָּאֹל

אֶשְׁתָּאֻלִי *n. gent.* Eschtaoliter.

אֶשְׁתּוֹן *n. pr.* Eschton.

אֶשְׁתְּמֹה *n. l.* Eschtemo.

אֶשְׁתְּמֹעַ *n. l.* Eschtemoa.

אַתְּ → אַתָּה.

אַתְּ *f.* du.

אֵת I *nota accusativi.*

אֵת II zusammen mit, bei, neben; מֵאֵת von—weg.

אֵת* III Pflugschar *oder* Erdhacke.

אֹת → אוֹת.

אתא → אתה.

אֶתְבַּעַל *n. pr.* Etbaal.

אתה° *q* kommen.
hi bringen.

אַתָּה *m.* du.

אָתוֹן *f.* Eselin.

אַתּוּק* *l.* Q *(Ez* 41₁₅*).*

אַתִּי   *l. Q.*

אִתַּי   *n. pr.* Ittai.

אַתִּיק   Galerie?

אַתֶּם   *m.* ihr.

אֵתָם   *n. l.* Etam.

אֶתְמוֹל, אֶתְמ *gestern, längst.*
אִתְּמוֹל

אֶתָן   → I אֵיתָן.

אַתֶּן, אַתֵּנָה   *f.* ihr.

אֶתְנָה   Geschenk.

אֶתְנִי   *n. pr.* Etni.

אֶתְנִים   → I אֵיתָן.

אֶתְנַן I   Geschenk.

אֶתְנַן II   *n. pr.* Etnan.

אֲתָרִים   *n. l.?* Atarim.

ב

בְּ   in; unter, auf, in—hinein; an, bei, mit; wegen; *c. inf.*
als, wenn, während.

בְּאָה   Eingang.

באר   *pi* deutlich machen; *Hab* 2₂ einritzen.

בְּאֵר I   Brunnen; Grube.

בְּאֵר II   *n. l.* Beer.

בֹּאר   → בּוֹר.

בְּאֵרָא   *n. pr.* Beera.

בְּאֵר אֵילִים   *n. l.* Beer-Elim.

בְּאֵרָה   *n. pr.* Beera.

בְּאֵרוֹת   *n. l.* Beerot.

בְּאֵרִי   *n. pr.* Beeri.

בְּאֵר לַחַי רֹאִי   *n. l.* Beer-Lachai-Roi.

בְּאֵר שֶׁבַע   *n. l.* Beerseba.

בְּאֵרֹת   *n. l.* Beerot-Bene-Jaakan.
בְּנֵי־יַעֲקָן

בְּאֵרֹתִי   *n. gent.* Beerotiter.

באש   *q* verfaulen, stinken.

ni sich verhaßt machen.

hi stinkend, verhaßt machen; stinken, verhaßt sein.

hitp sich verhaßt machen.

בְּאֹשׁ Gestank.

בָּאְשׁ* faulende Beere.

בָּאְשָׁה Taumellolch *(Stinkkraut)*.

בַּאֲשֶׁר weil.

בָּבָה* בָּבַת הָעַיִן Augapfel.

בֵּבַי *n. pr.* Bebai.

בָּבֶל *n. l.* Babel; *n. terr.* Babylonien.

בַּג *l. Q (Ez 25₇)*.

בגד *q* treulos handeln,

בֶּגֶד I Treulosigkeit.

בֶּגֶד II Kleid; Decke.

בֹּגְדוֹת Treulosigkeit.

בָּגוֹד* treulos.

בִּגְוַי *n. pr.* Bigwai.

בִּגְלַל wegen.

בִּגְתָא *n. pr.* Bigta.

בִּגְתָן, בִּגְתָנָא *n. pr.* Bigtan, Bigtana.

בַּד I Teil, Stück; Stück > Lappen, Linnen; לְבַד allein, gesondert, für sich, *c.* מִן außer, abgesehen von; *pl.* Stangen, Tragstangen, Triebe.

בַּד II°* Geschwätz.

בַּד III* Orakelpriester.

ברא° *q* ersinnen.

בדד *q* einsam sein.

בָּדָד allein.

בְּדַד *n. pr.* Bedad.

בְּדֵי → דַּי.

בְּדָיָה *n. pr.* Bedeja.

בְּדִיל Zinn.

בְּדִיל* Schlacke.

בדל *ni* sich absondern, übergehen zu; ausgesondert werden. *hi* voneinander trennen, scheiden, unterscheiden; aussondern, auswählen.

בָּדָל* Teil, Stück.

בְּדֹלַח Bdellionharz.

בְּדָן   *n. pr.* Bedan.

בדק   *q* ausbessern.

בֶּדֶק   Riß, durchlässige Stelle.

בִּדְקַר   *n. pr.* Bidkar.

בֹּהוּ   Leere, Öde.

בֹּהֶן*   Daumen, große Zehe.

בֹּהַט   *Edelstein.*

בָּהִיר°   glänzend?, verfinstert?

בהל   *ni* erschreckt, bestürzt werden/sein; hasten *(aram.).*
     pi erschrecken, jmd. bestürzen; hasten *(aram.).*
     pu pt. eiligst, rasch gewonnen *(aram.).*
     hi erschrecken, jmd. bestürzen; sich beeilen; II Chr 26$_{20}$
     eilig fortschaffen *(aram.).*

בֶּהָלָה   Bestürzung, Schrecken.

בְּהֵמָה   Vieh, Tiere; *Hi* 40$_{15}$ בְּהֵמוֹת Nilpferd.

בֹּהֶן   Daumen.

בֹּהַן   *n. pr.* Bohan.

בֹּהַק   *gutartiger Hautausschlag.*

בַּהֶרֶת   Hautfleck *(Symptom einer Hautkrankheit).*

בוא   *q* hineingehen, kommen; untergehen *(Sonne).*
     hi hineinführen, bringen.
     ho hineingeführt, gebracht werden.

בוז   *q* geringschätzig behandeln, verachten.

I בּוּז   Geringschätzung, Verachtung.

II בּוּז   *n. pr., n. gent., n. terr.* Bus.

בּוּזָה   Geringschätzung, Verachtung.

בּוּזִי   *n. pr.* Busi; *n. gent.* Busiter.

בַּוַּי   *n. pr.* Bawai.

בוך   *ni* aufgeregt sein, umherirren.

I בּוּל   dürres Holz.

II בּוּל   Bul *(Monatsname, Oktober/November).*

בון   → בין.

בּוּנָה   *n. pr.* Buna.

בּוּנִּי   *n. pr.* Bunni.

בוס   *q* zertreten, niedertreten.
     pol zertreten > entweihen.
     ho pt. zerstampft.
     hitpol strampeln.

בּוּץ   Byssus *(feines, weißes Gewebe)*.

בֹּצֵץ   *n. l.* Bozez.

בּוּקָה   Öde, Leere.

בּוֹקֵר   Rinderhirt.

בּוֹר   Zisterne, Grube; Grab; Gefängnis.

בֹּאר   *l. Q (Jer 6₇)* Brunnen.

בּוֹר הַסִּרָה   → סִרָה.

בּוֹר־עָשָׁן   *n. l.* Bor-Aschan.

בושׁ   *q* sich schämen, beschämt sein; *Esr 8₂₂* sich scheuen.

       pol zaudern.

       hi zuschanden machen, schändlich handeln, beschämt dastehen.

       hitpol sich voreinander schämen.

בּוּשָׁה   Beschämung, Scham.

בַּז   Plünderung, Plündergut.

בזא   *q* fortschwemmen.

בזה   *q* geringschätzen.

       ni geringgeschätzt, verachtet werden.

       hi verächtlich machen.

בִּזָּה   Plünderung, Plündergut.

בזז   *q* plündern, ausplündern, Beute machen.

       ni geplündert werden.

       pu geplündert werden.

בִּזָּיוֹן   Geringschätzung, Verachtung.

בִּזְיוֹתְיָה   *l.* בְּנוֹתֶיהָ *(Jos 15₂₈)*.

בָּזָק   Blitz.

בֶּזֶק   *n. l.* Besek.

בזר°   *q* ausstreuen, austeilen.

       pi zerstreuen.

בִּזְתָא   *n. pr.* Biseta.

בָּחוֹן   Metallprüfer.

בָּחוּר   junger Mann *(erwachsen, kräftig, noch ledig)*.

בְּחוּרוֹת*   Zeit, Alter, Stand des jungen Mannes.

בַּחוּרִים   → בַּחֲרִים.

בַּחִין*   *l. Q (Jes 23₁₃)* Belagerungsturm?

בָּחִיר*   auserwählt.

בחל   *q* Ekel haben.

       pu l. Q (Prov 20₂₁).

בחן   *q* prüfen, auf die Probe stellen.

ni geprüft, auf die Probe gestellt werden.

pu Ez 21₁₈ text. corr.

בַּחַן   Wartturm.

בֹּחַן   Erprobung?; אֶבֶן בֹּחַן harter Stein? (Schiefergneis?).

בחר   *q* auswählen, erwählen; vorziehen; prüfen *(aram.)*.

ni erwählt, vorgezogen werden; geprüft werden *(aram.)*.

pu l. Q (Koh 9₄).

בַּחֲרוּמִי   *n. gent.* Baharumiter.

בְּחֻרִים*   Zeit, Alter, Stand des jungen Mannes.

בַּחֲרִים   *n. l.* Bahurim.

בטא, בטה   *q* unbesonnen reden.

pi unbesonnen reden.

בָּטוּחַ   vertrauensvoll.

בטח   *q* sich sicher fühlen, trauen, vertrauen.

hi Vertrauen einflößen.

I בֶּטַח   Sicherheit, Vertrauen; *meist adv.* sicher, sorglos.

II בֶּטַח   *n. l.* Betach.

בֶּטַח   → בָּטוּחַ.

בִּטְחָה   Vertrauen.

בִּטָּחוֹן   Vertrauen.

בַּטֻּחוֹת   Sicherheit.

בטל°   *q* untätig sein.

I בֶּטֶן   Bauch, Leib, Mutterleib, Inneres; *I Reg 7₂₀* Ausbauchung? *(bautechnisch)*.

II בֶּטֶן   *n. l.* Beten.

בָּטְנִים   Pistazien.

בְּטֹנִים   *n. l.* Betonim.

בִּי   bitte *(zur Gesprächseröffnung)*.

בין   *q* unterscheiden, bemerken, achtgeben, merken, verstehen, einsehen.

ni einsichtig, kundig sein.

pol achthaben.

hi unterscheiden können, Einsicht haben; zur Einsicht, Unterscheidung bringen, belehren.

hitpol sich einsichtig verhalten, achtgeben.

בֵּין*   Zwischenraum; *st. cs. überwiegend als praep.* zwischen.

בִּינָה	Unterscheidungsvermögen, Einsicht, Verstehen.
בֵּיצִים	Eier.
בִּירָה	Zitadelle; *I Chr* 29₁. ₁₉ *vom Tempel.*
בִּירָנִיָּה*	befestigter Platz.
בַּיִת	Haus, Aufenthaltsort, Inneres; Hausgemeinschaft, Familie; Besitz.
בֵּית אָוֶן	*n. l.* Bet-Awen.
בֵּית(־)אֵל	*n. l.* Bet-El.
בֵּית אַרְבֵּאל	*n. l.* Bet-Arebel.
בֵּית אַשְׁבֵּעַ	*n. l.?* Bet-Aschbea.
בֵּית בַּעַל מְעוֹן	*n. l.* Bet-Baal-Meon.
בֵּית בִּרְאִי	*n. l.* Bet-Biri.
בֵּית בָּרָה	*n. l.* Bet-Bara.
בֵּית־גָּדֵר	*n. l.* Bet-Gader.
בֵּית גָּמוּל	*n. l.* Bet-Gamul.
בֵּית דִּבְלָתַיִם	*n. l.* Bet-Diblatajim.
בֵּית־דָּגוֹן, בֵּית דָּגֹן	*n. l.* Bet-Dagon.
בֵּית הָאֱלִי	*n. gent.* aus Betel.
בֵּית הָאֵצֶל	*n. l.* Bet-Haëzel.
בֵּית הַגִּלְגָּל	*n. l.* Bet-Haggilgal.
בֵּית הַגָּן	*n. l.* Bet-Haggan.
בֵּית הַיְשִׁ(י)מֹת, בֵּית הַיְשִׁמוֹת	*n. l.* Bet-Hajeschimot.
בֵּית הַכֶּרֶם	*n. l.* Bet-Hakkerem.
בֵּית הַלַּחְמִי	*n. gent.* aus Bethlehem.
בֵּית הַמַּרְכָּבוֹת	*n. l.* Bet-Hammarkabot.
בֵּית הָעֵמֶק	*n. l.* Bet-Haëmek.
בֵּית הָעֲרָבָה	*n. l.* Bet-Haaraba.
בֵּית הָרָם	*n. l.* Bet-Haram.
בֵּית הָרָן	*n. l.* Bet-Haran.
בֵּית הַשִּׁטָּה	*n. l.* Bet-Haschitta.
בֵּית הַשִּׁמְשִׁי	*n. gent.* aus Bet-Schemesch.
בֵּית(־)חָגְלָה	*n. l.* Bet-Hogla.
בֵּית(־)חֹר(וֹ)ן	→ בֵּית(־)חֹר(וֹ)ן.
בֵּית חָנָן	*n. l.* Bet-Hanan.
בֵּית(־)חֹר(וֹ)ן	*n. l.* Bet-Horon.
בֵּית יוֹאָב	*n. l.?* Bet-Joab.

בֵּית פַּר	*n. l.* Bet-Kar.
בֵּית לְבָאוֹת	*n. l.* Bet-Lebaot.
בֵּית לֶחֶם	*n. l.* Bethlehem.
בֵּית לְעַפְרָה	*n. l.* Bet-Leafra.
בֵּית מִלּ(וֹ)א	*n. l.?* Bet-Millo.
בֵּית מְעוֹן	*n. l.* Bet-Meon.
בֵּית מַעֲכָה	*n. l.* Bet-Maacha.
בֵּית מַרְפָּבוֹת	*n. l.* Bet- Markabot.
בִּיתָן	Palast.
בֵּית נִמְרָה	*n. l.* Bet-Nimra.
בֵּית עֶדֶן	*n. l.* Bet-Eden.
בֵּית עַזְמָוֶת	*n. l.* Bet-Asmawet.
בֵּית־עֲנוֹת	*n. l.* Bet-Anot.
בֵּית־עֲנָת	*n. l.* Bet-Anat.
בֵּית־עֵקֶד (הָרֹעִים)	*n. l.* Bet-Eked (-Haroïm).
בֵּית פֶּלֶט	*n. l.* Bet-Pelet.
בֵּית פְּעוֹר	*n. l.* Bet-Peor.
בֵּית פַּצֵּץ	*n. l.* Bet-Pazzez.
בֵּית־צוּר	*n. l.* Bet-Zur.
בֵּית רְחוֹב	*n. l.* Bet-Rechob.
בֵּית־רֶכָב	→ רֵכָב.
בֵּית־רִמּוֹן	*n. l.* Bet-Rimmon.
בֵּית רָפָא	→ רָפָא.
בֵּית־שְׁאָן	*n. l.* Bet-Schean.
בֵּית(־)שֶׁמֶשׁ	*n. l.* Bet-Schemesch.
בֵּית(־)שָׁן	*n. l.* Bet-Schan.
בֵּית תּוֹנַרְמָד	→ תּוֹנַרְמָה.
בֵּית־תַּפּוּחַ	*n. l.* Bet-Tappuach.
בָּכָא	Bakastrauch.
בכה	*q* weinen.
	pi beweinen.
בֶּכֶה	Weinen.
בְּכוֹר	→ בְּכֹר.
בִּכּוּרָה	Frühfeige.
בִּכּוּרִים	Frühfrüchte, Erstlinge.
בְּכוֹרַת	*n. pr.* Bechorat.
בָּכוּת	Weinen.

בְּכִי	Weinen; *Hi 28₁₁* Tröpfeln.
בֹּכִים	*n. l.* Bochim.
בְּכִירָה	die Ältere.
בְּכִית*	Beweinung.
בכר	*pi* erste Früchte tragen; als Erstgeborenen behandeln.
	pu als Erstgeborener bestimmt sein.
	hi zum ersten Mal gebären.
בֶּכֶר*	junger Kamelhengst.
בֶּכֶר	*n. pr.* Becher.
בְּכֹר	erstgeboren; *Umschreibung des Superlativs.*
בְּכֹרָה	Stellung als Erstgeborener.
בִּכְרָה	junge Kamelstute.
בֹּכְרוּ	*n. pr.* Bocheru.
בַּכְרִי	*n. gent.* Bachriter.
בִּכְרִי	*n. pr., n. gent.* Bichri.
בַּל	Abnutzung, Nichtsein > nicht.
בֵּל	Bel *(Name des Gottes Marduk).*
בַּלְאֲדָן	*n. pr.* Baladan.
בֵּלְאשַׁצַּר	→ בֵּלְשַׁאצַּר.
בלג	*hi* heiter werden; *Am 5₉* aufblitzen.
בִּלְגָּה	*n. pr.* Bilga.
בִּלְגַּי	*n. pr.* Bilgai.
בִּלְדַּד	*n. pr.* Bildad.
בלה	*q* abgenutzt, verbraucht sein; zerfallen, verfallen.
	pi verbrauchen, genießen; schwinden lassen; unterdrücken.
בָּלֶה*	abgenutzt, verbraucht.
בָּלָה	*n. l.* Bala.
בלה	*pi* abschrecken.
בַּלָּהָה	Schrecken.
בִּלְהָה	*n. pr. f., n. l.* Bilha.
בִּלְהָן	*n. pr.* Bilhan.
בְּלוֹא*, בְּלוֹי*	Abgenutztes, Lumpen.
בֵּלְטְשַׁאצַּר	*n. pr.* Beltschazzar.
בְּלִי	*Jes 38₁₇* Abnutzung, Vernichtung; *Negation* nicht, un-, -los, ohne, ohne daß.
בְּלִיל	Mengfutter.
בְּלִימָה	Nichts.

בְּלִיַּעַל	Nichtsnutzigkeit, Verderben; nichtsnutzig; Heilloser, Nichtswürdiger.
בלל	q vermengen, verwirren; *Jdc 19₂₁* Futter geben.
	hitpo sich vermischen.
	Jes 64₅ l. וַנָּבֶל.
בלם	q bändigen?, zäumen?
בלם	q Maulbeerfeigen ritzen.
בלע I	q verschlingen, hinunterschlucken.
	ni verschlungen werden.
	pi verschlingen, vertilgen.
בלע II	*pi* mitteilen, verbreiten.
	pu mitgeteilt werden.
בלע III	*ni* verwirrt werden.
	pi verwirren.
	pu pt. verwirrt.
	hitp sich verwirrt zeigen.
בֶּלַע* I	Verschlungenes.
בֶּלַע II	Verwirrung.
בֶּלַע III	*n. pr., n. l.* Bela.
בִּלְעֲדֵי, בִּלְעֲדֵ	ohne, abgesehen von, außer.
בַּלְעִי	*n. gent.* Baliter.
בִּלְעָם	*n. pr., n. l.* Bileam.
בלק	q verwüsten.
	pu pt. verwüstet.
בָּלָק	*n. pr.* Balak.
בֵּלְשַׁאצַּר	*n. pr.* Belschazzar.
בִּלְשָׁן	*n. pr.* Bilschan.
בִּלְתִּי	Nichtmehrsein, Nichtsein > un-, außer, ohne, nicht; לְבִלְתִּי *c. inf.* verneint Nebensätze.
בָּמָה	Anhöhe, Kulthöhe.
בִּמְהָל	*n. pr.* Bimhal.
בְּמוֹ	*gleichbedeutend mit* בְּ.
בָּמוֹת	*n. l.* Bamot.
בֵּן I	Sohn *(auch im weitesten Sinn)*; Ausdruck der Zugehörigkeit im weitesten Sinn.
בֵּן II	*n. pr.* Ben.
בֶּן־אוֹנִי	*n. pr.* Ben-Oni.

בנה	q bauen, erbauen, ausbauen, wiederaufbauen.
	ni gebaut, wiedererbaut werden; *übertr.* ein Kind erhalten, *(in den Kindern)* weiterleben.
בֶּן־הֲדַד	n. pr. Benhadad.
בִּנּוּי	n. pr. Binnui.
בֶּן־זוֹחֵת	I Chr 4₂₀ n. pr.? text. corr.?
בֶּן־חַיִל	n. pr. Benhajil.
בֶּן־חָנָן	n. pr. Benhanan.
בָּנִי	n. pr. Bani.
בֻּנִּי	n. pr. Bunni.
בְּנֵי־בְרַק	n. l. Bene-Berak.
בִּנְיָה	Gebäude.
בְּנָיָה(וּ)	n. pr. Benaja.
בְּנֵי יַעֲקָן	n. l. Bene-Jaakan.
בֵּנַיִם	אִישׁ הַבֵּנַיִם Vorkämpfer, Einzelkämpfer *(zwischen zwei Schlachtreihen).*
בִּנְיָמִ(י)ן, בֶּן־יָמִין	n. pr., n. gent. Benjamin.
בֶּן־יְמִינִי	n. gent. Benjaminiter.
בִּנְיָן	Gebäude.
בְּנִינוּ	n. pr. Beninu.
בִּנְעָא	n. pr. Bina.
בְּסוֹדְיָה	n. pr. Besodja.
בֵּסַי	n. pr. Besai.
בֹּסֶר	noch nicht reife, säuerliche Trauben/Früchte.
בַּעַד	Abstand; praep. durch—hindurch, aus—heraus, hinter, um—her, zugunsten von, für; Prov 6₂₆ unsicher.
בעה	q Jes 21₁₂ fragen; Jes 64₁ zum Kochen bringen.
	ni Ob 6 durchsucht werden; Jes 30₁₃ sich vorschieben.
בְּעוֹר	n. pr. Beor.
בְּעוּת׳	Schrecknis.
בֹּעַז	n. pr. Boas *(auch Name der linken Säule vor dem Jerusalemer Tempel).*
בעט	q ausschlagen; I Sam 2₂₉ verschmähen.
בְּעָיָם	l. בְּעֹצָם (Jes 11₁₅).
בְּעִיר׳	Vieh, Besitz.
בעל	q besitzen, beherrschen; *(eine Frau)* in Besitz nehmen, heiraten.
	ni *(als Frau)* in Besitz genommen, geheiratet werden.

בַּעַל I	Besitzer, Bürger *(als Grundbesitzer)*, Eheherr; *Ausdruck der Verfügungsgewalt über bzw. der Teilhabe an etw.; häufig Bezeichnung der Gottheit; Baal (Benennung eines kanaanäischen Gottes).*
בַּעַל II	*n. pr.* Baal.
בַּעַל־גָּד	*n. l.* Baal-Gad.
בַּעֲלָה* I	Besitzerin.
בַּעֲלָה II	*n. l.* Baala.
בַּעַל הָמוֹן	*n. l.* Baal-Hamon.
בְּעָלוֹת	*n. l.* Bealot.
בַּעַל חָנָן	*n. pr.* Baal-Hanan.
בַּעַל חָצוֹר	*n. l.* Baal-Hazor.
בַּעַל חֶרְמוֹן	*n. l.* Baal-Hermon.
בְּעֶלְיָדָע	*n. pr.* Beeljada.
בְּעַלְיָה	*n. pr.* Bealja.
בַּעֲלֵי יְהוּדָה	*l.* בַּעֲלַת יְהוּדָה *(II Sam 6₂).*
בַּעֲלִים	*n. pr.* Baalis.
בַּעַל מְעוֹן	*n. l.* Baal-Meon.
בַּעַל(־)פְּרָצִים	*n. l.* Baal-Perazim.
בַּעַל צְפוֹ(ֹו)ן	*n. l.* Baal-Zefon.
בַּעַל שָׁלִשָׁה	*n. l.* Baal-Schalischa.
בַּעֲלָת	*n. l.* Baalat.
בַּעֲלַת בְּאֵר	*n. l.* Baalat-Beer.
בַּעַל תָּמָר	*n. l.* Baal-Tamar.
בְּעֹן	*n. l.* Beon.
בַּעֲנָא, בַּעֲנָה	*n. pr.* Baana.
בער I	*q* in Brand stehen, brennen, verbrennen.
	pi in Brand setzen, anzünden, niederbrennen.
	pu angezündet werden.
	hi in Brand setzen, einäschern.
בער II	*pi* wegschaffen; verwüsten.
	hi wegräumen?
בער III	*q* viehisch, dumm sein.
	ni sich als viehisch, dumm erweisen.
בַּעַר	viehisch, dumm.
בַּעֲרָא	*n. pr. f.* Baara.
בְּעֵרָה	Brand.
בַּעֲשֵׂיה	*n. pr.* Baaseja.

בַּעְשָׁא	*n. pr.* Baëscha.
בְּעֶשְׁתְּרָה	*n. l.* Beeschtera.
בעת	*ni* vom Schrecken überwältigt werden.
	pi erschrecken.
בְּעָתָה	Schrecken.
בֹּץ	Schlamm.
בִּץ	→ בּוּץ.
בִּצָּה	Sumpf.
בָּצוּר*	fest, unzugänglich; *Jer* 33₃ Unbegreifliches.
בָּצוּר	*l. K (Sach* 11₂).
בֵּצַי	*n. pr.* Bezai.
בָּצִיר	Weinlese.
בָּצָל*	Zwiebel.
בְּצַלְאֵל	*n. pr.* Bezalel.
בַּצְלוּת	*n. pr.* Bazlut.
בַּצְלִית	*n. pr.* Bazlit.
בצע	*q* abschneiden; Gewinn machen.
	pi abschneiden, beenden, erfüllen; übervorteilen.
בֶּצַע	Schnitt > Gewinn.
בְּצַעֲנַיִם	*l. Q (Jdc* 4₁₁).
בצק	*q* anschwellen.
בָּצֵק	Teig.
בָּצְקַת	*n. l.* Bozkat.
בצר I	*q* Trauben lesen.
בצר II	*q* demütigen.
בצר III	*ni* unzugänglich, unmöglich sein.
	pi unzugänglich machen.
בֶּצֶר I	Golderz.
בֶּצֶר II	*n. pr., n. l.* Bezer.
בָּצְרָה I	*Mi* 2₁₂ Pferch?
בָּצְרָה II	*n. l.* Bozra.
בַּצֹּרֶת	Regenmangel, Dürre.
בִּצָּרוֹן	*Sach* 9₁₂ fester Platz? *text. corr.*
בַּצֹּרֶת	Regenmangel, Dürre.
בַּקְבֻּק	*n. pr.* Bakbuk.
בַּקְבֻּק	Flasche.
בַּקְבֻּקְיָה	*n. pr.* Bakbukja.
בַּקְבַּקַּר	*n. pr.* Bakbakkar.

בֻּקִּי   *n. pr.* Bukki.

בֻּקִּיָהוּ   *n. pr.* Bukkija.

בָּקִיעַ*   Riß, Bruchstück.

בקע   *q* spalten, teilen; Bresche schlagen, eindringen; *Jes* 34₁₅ ausbrüten; *Am* 1₁₃ aufschlitzen; *Ps* 74₁₅ aufbrechen.

     ni sich spalten, aufbrechen, hervorbrechen; erobert werden; *Jes* 59₅ ausgebrütet werden.

     pi spalten, aufschlitzen, hervorbrechen lassen; in Stücke reißen; *Jes* 59₅ ausbrüten; *Hi* 28₁₀ aushöhlen.

     pu Jos 9₄ zerrissen sein; *Ez* 26₁₀ erobert sein; *Hos* 14₁ aufgeschlitzt werden.

     hi II *Reg* 3₂₆ durchbrechen; *Jes* 7₆ erobern.

     ho erobert werden.

     hitp sich spalten, zerreißen.

בֶּקַע   *Gewichtseinheit* Beka *(Halbschekel, 5,712g).*

בִּקְעָה   Talebene.

בִּקְעַת־אָוֶן   *n. l.* Bikat-Awen.

בקק I   *q* verheeren, zunichte machen.

     ni verheert, verstört werden.

     po verheeren.

בקק II   *q Hos* 10₁ üppig sein.

בקר°   *pi* sich kümmern, sich Gedanken machen; *Ps* 27₄ Freude haben.

בָּקָר   *coll.* Rinder, Rinderherde.

בֹּקֶר   Morgen.

בַּקָּרָה*   Fürsorge.

בִּקֹּרֶת   Schadenersatz.

בקש   *pi* suchen, sich zu verschaffen suchen; aufsuchen, befragen; verlangen, fordern.

     pu gesucht werden.

בַּקָּשָׁה*   Verlangen, Begehren.

בַּר*   *l.* בְּכֹרִים *(II Sam* 20₁₄).

בַּר I°   Sohn.

בַּר II   rein, lauter, ungetrübt.

בַּר III   Getreide, Weizen.

בַּר IV°   freies Feld.

בֹּר I   Reinheit; Pottasche, Lauge *(Reinigungsmittel).*

בֹּר II   → בּוֹר.

I בּרא   *q* schaffen (*nur von Gott*).

           ni geschaffen werden.

II בּרא   *hi* mästen.

III בּרא   *pi* abholzen, roden; *übertr.* zerhauen.

IV בּרא   II *Sam 12*₁₇ → I בּרה.

פְּרָא   → בְּרִיא.

בְּרֹאדַךְ   *n. pr.* Berodach.

בִּרְאִי   → בֵּית בִּרְאִי.

בְּרָאיָה   *n. pr.* Beraja.

בַּרְבֻּר*   Kuckuck.

ברד   *q* hageln.

בָּרָד   Hagel.

בָּרֹד*   scheckig.

בֶּרֶד   *n. pr., n. l.* Bered.

I ברה   *q* speisen, sich stärken.

           hi jmd. speisen, stärken.

II ברה   *q* bestimmen?

בָּרוּךְ   *n. pr.* Baruch.

בָּרוּר   rein, deutlich.

בְּרוֹשׁ   Wacholder.

בְּרוֹת*°   Wacholder.

בָּרוּת*, בָּרוֹת   Speise, Stärkung.

בֵּרוֹתָה   *n l.* Berota.

בִּרְזַוֶת   *n. pr.* Birsawit.

בַּרְזֶל   Eisen.

בַּרְזִלַּי   *n. pr.* Barsillai.

ברח   *q* entlaufen, fliehen; *Ex 36*₃₃ durchgehen, gleiten.

           hi vertreiben, in die Flucht schlagen; *Ex 26*₂₈ durchgehen, gleiten; *I Chr 12*₁₆ unpassierbar machen.

בָּרַח   gleitend, flüchtig.

בַּרְחֻמִי   *n. gent.* Barhumiter.

בֵּרִי   *n. pr.* Beri.

בָּרִיא   gemästet, fett.

בְּרִיאָה   Schöpfungswerk.

בִּרְיָה   Speise, Stärkung.

בָּרִיחַ   *n. pr.* Bariach.

בְּרִיחַ   Riegel.

בְּרִיעָה   *n. pr.* Beria.

בְּרִיעִי	*n. gent.* Beriiter.
בְּרִית	Zusicherung, Verpflichtung.
בֹּרִית	Laugensalz.
I בְּרֵךְ	*q* niederknien.
	hi niederknien lassen.
II בְּרֵךְ	*q* preisen, segnen.
	ni sich Segen wünschen.
	pi segnen, preisen; *euphemistisch für* lästern, fluchen.
	pu gesegnet, gepriesen werden/sein.
	hitp sich Segen wünschen, sich glücklich preisen.
בֶּרֶךְ	*f.* Knie.
בַּרַכְאֵל	*n. pr.* Barachel.
I בְּרָכָה	Segen; Segensspruch, Segenswunsch, Segensformel; *(mit Segenswunsch begleitetes)* Geschenk; *II Reg 18*₃₁ *Jes 36*₁₆ Kapitulation.
II בְּרָכָה	*n. pr.* Beracha.
בְּרֵכָה	Teich.
בֶּרֶכְיָה(וּ)	*n. pr.* Berechja.
בְּרֹמִים	zweifarbiges Gewebe.
בַּרְנֵעַ	→ קָדֵשׁ בַּרְנֵעַ.
בֶּרַע	*n. pr.* Bera.
בִּרְעָה	→ בְּרִיעָה.
ברק	*q* blitzen.
I בָּרָק	Blitz.
II בָּרָק	*n. pr.* Barak.
בְּרָק	→ בְּנֵי־בְרָק.
בַּרְקוֹס	*n. pr.* Barkos.
בַּרְקָנִים	Dornen?, Dreschschlitten?
בָּרֶקֶת, בָּרְקַת	*grüner Edelstein* Beryll *oder* Smaragd.
I ברר	*q* absondern, ausscheiden; prüfen.
	ni sich rein halten; rein, lauter sein.
	pi sichten.
	hi reinigen.
	hitp sich als rein erweisen.
II ברר	*q* schärfen.
	hi schärfen.
בִּרְשַׁע	*n. pr.* Birscha.
בֵּרֹתַי	*n. l.* Berotai.

בְּרֹתִי   *n. gent.* Berotiter.

בְּשׂוֹר   *n. fl.* Besor.

בְּשׂוֹרָה   → בְּשׂרָה.

בֹּשֶׂם, בֶּשֶׂם,   Balsamstrauch, Balsamöl; Wohlgeruch.
בָּשָׂם*

בָּשְׂמַת   *n. pr. f.* Basemat.

בשׂר   *pi* melden, benachrichtigen, verkünden.
     hitp sich melden lassen.

בָּשָׂר   Fleisch; Leib; *euphemistisch für* Genital; *Jes 58₇* An-
     gehöriger.

בְּשׂרָה   Meldung, Nachricht; Botenlohn.

בְּשַׁגַּם   weil (< בְּ, שֶׁ, גַּם).

בֹּשֵׁל   *q* reifen, kochen.
     pi kochen.
     pu gekocht werden.
     hi reifen lassen.

בָּשֵׁל   gekocht.

בִּשְׁלָם°   *n. pr.* Bischlam.

בָּשָׁן   *n. terr.* Basan.

בָּשְׁנָה   Scham.

בשׂם   *po?* Pachtgeld erheben.

בֹּשֶׁת   Sichschämen, Scham; Schande *(auch als Schimpfwort für
     Baal).*

I בַּת   Tochter *(auch im weitesten Sinn)*; Ausdruck der Zuge-
     hörigkeit im weitesten Sinn; Einwohnerschaft; *Ps 17₈*
     בַּת־עַיִן Augapfel.

II בַּת   *Flüssigkeitsmaß Bat (zwischen 22 l und 45 l).*

בָּתָה   Öde.

בֹּתָה*   *II Chr 34₆ text. corr.*

בַּתָּה*   Schlucht.

בְּתוּאֵל   *n. pr., n. l.* Betuël.

בְּתוּל   *n. l.* Betul.

בְּתוּלָה   Jungfrau.

בְּתוּלִים   Zeit, Stand der Jungfrau; Zeichen der Jungfräulichkeit.

בִּתְיָה   *n. pr. f.* Bitja.

בתק   *pi* niedermetzeln.

בתר   *q* zerschneiden.
     pi zerschneiden.

I* בֶּתֶר   Stück, Teil.

II בֶּתֶר   *Cant* 2₁₇ Felsklüfte?, Wohlgeruch?

בִּתְרוֹן   *II Sam* 2₂₉ Schlucht?, halber Tag?

בַּת־שֶׁבַע   *n. pr. f.* Batseba.

בַּת־שׁוּעַ   *n. pr. f.* Batschua.

נ

גֵּא   hochmütig.

גאה   *q* hoch sein/werden; erhaben sein, sich überheben.

גֵּאָה   Hochmut.

גֵּאֶה   hoch, erhaben; hochmütig.

גְּאוּאֵל   *n. pr.* Gëuël.

גֵּאֲוָה   Hoheit; Hochmut; *Ps* 46₄ Aufwallen.

*גְּאוּלִים   Befreiung?, Rächeramt?

גָּאוֹן   Höhe; Dickicht; Hoheit; Hochmut.

גֵּאוּת   Aufsteigen; Erhabenheit; Hochmut.

*גֵּאָיוֹן   *Ps* 123₄ hochmütig.

גֵּאָיוֹת, גֵּאָיֹת   *pl. von* גַּיְא.

I גאל   *q* auslösen, befreien; erlösen; zurückfordern; גֹּאֵל הַדָּם   > גֹּאֵל Bluträcher.

      ni eingelöst, zurückgekauft werden.

II גאל   *ni* unrein gemacht werden (*kultisch*).

      pi verunreinigen.

      pu als unrein erklären.

      aph beflecken.

      hitp sich verunreinigen.

*גֹּאַל   *pl.* Verunreinigung.

גְּאֻלָּה   Rückkauf; Rückkaufsrecht, -pflicht.

גַּב   Wulst, Erhöhung; Buckel, Rücken; Felge.

I* גֵּב   Wassergrube.

II* גֵּב   *I Reg* 6₉ Balken.

III* גֵּב   Schwarm.

גֵּבֶא   Tümpel.

גבה   *q* hoch, erhaben sein; hochmütig sein.

      hi hoch machen.

גָּבֵהַּ* hoch; hochfahrend.

גָּבֹהַּ hoch, erhaben; hochmütig.

גֹּבַהּ Höhe, Erhabenheit; Hochmut.

גַּבְהוּת Hochmut.

גָּבוֹל l. Q (Jos 15₄₇).

גְּבוּל Grenze, Gebiet.

גְּבוּלָה* Grenze, Gebiet.

גִּבּוֹר mannhaft, kraftvoll; Krieger, Held; I Chr 9₂₆ Vorsteher.

גְּבוּרָה Kraft, Stärke; pl. kraftvolle Taten.

גִּבֵּחַ stirnglatzig.

גַּבַּחַת Stirnglatze; Kahlheit.

גֹּבַי Heuschreckenschwarm.

גַּבַּי n. pr. Gabbai.

גֵּבִים n. l. Gebim.

גָּבִיעַ Becher, Kelch.

גְּבִיר Herr, Herrscher.

גְּבִירָה Herrin, Gebieterin (auch Titel der Königinmutter).

גָּבִישׁ Bergkristall.

גבל q begrenzen; angrenzen.
  hi eingrenzen.

גְּבָל° n. l. Byblos.

גְּבָל n. terr. Gebal.

גְּבֻל → גְּבוּל.

גִּבְלִי n. gent. Bewohner von Byblos.

גַּבְלֻת Drehung.

גִּבֵּן bucklig.

גְּבִנָּה Käse.

גַּבְנֹן* (Berg)kuppe.

גֶּבַע n. l. Geba.

גֶּבַע → גָּבִיעַ.

גִּבְעָא n. pr. Gibea.

גִּבְעָה I Hügel.

גִּבְעָה II n. l. Gibea.

גִּבְעוֹן n. l. Gibeon.

גִּבְעוֹנִי n. gent. Gibeoniter.

גַּבְעֹל Blütenknospe?, Samenkapsel?

גִּבְעֹנִי → גִּבְעוֹנִי.

גִּבְעַת   *n. l.* Gibea.

גִּבְעָתִי   *n. gent.* Gibeatiter.

נבר   *q* überlegen, stark sein; zunehmen; etw. ausrichten.
     pi überlegen machen; anstrengen.
     hi sich überlegen zeigen.
     hitp sich als überlegen gebaren.

I גֶּבֶר   junger, kräftiger Mann; Mann > jeder.

II גֶּבֶר   *n. pr.* Geber.

גִּבָּר   *n. l.* Gibbar.

גִּבֹּר   → גִּבּוֹר.

גַּבְרִיאֵל   *n. pr.* Gabriël.

גְּבֶרֶת   *st. cs. von* גְּבִירָה.

גִּבְּתוֹן   *n. l.* Gibbeton.

גַּג   Flachdach, Deckplatte.

I גַּד   Koriander.

II גַּד   Glück; *Jes* 65₁₁ *Gottheit.*

III גָּד, גַּד   *n. pr., n. gent.* Gad.

גִּדְעֹד   → חֹר הַגִּדְגָּד.

גֻּדְגֹּדָה   *n. l.* Gudgoda.

גדד   *q* sich zusammenrotten.
     hitpo sich Einschnitte machen.

גְּדָדָה*   Einschnitt.

I גְּדוּד*   *vom Pflug aufgeworfene* Erde.

II גְּדוּד   Streifzug, Raubzug; Heerschar, Horde, Räuberbande.

גָּדוֹל   groß *(im weitesten Sinn).*

גְּדוּלָה, גְּדוּלָה   Größe; Großtaten.

גְּדוּף*°   Lästerwort, Schmähung.

גְּדוּפָה°,   Lästerwort, Schmähung.
גְּדוּפָה*°

גְּדוֹר   → גְּדֹר.

גְּדוֹת*   *pl. von* גָּדְיָה.

גְּדִי   Böckchen.

גָּדִי   *n. gent.* Gaditer; *n. pr.* II *Reg* 15₁₄.₁₇ Gadi.

גַּדִּי   *n. pr.* Gaddi.

גַּדִּיאֵל   *n. pr.* Gaddiël.

גְּדִיָּה*   Zicklein.

גָּדְיָה*   Ufer.

גָּדִישׁ   Garbenhaufe; *Hi* 21₃₂ Grabhügel.

נדל   *q* groß werden/sein *(auch im weiteren Sinn).*
       pi groß machen, großziehen; auszeichnen, erheben, preisen; erziehen.
       pu pt. großgezogen.
       hi groß machen; Größe entfalten; sich groß machen, großtun.
       hitp sich groß machen, sich als groß erweisen.

גֹּדֶל   Größe; Ehre, Preis; *c.* לֵבָב Übermut.
גָּדֵל   groß werdend, groß.
גָּדִל*   Quaste, gedrehte Verzierung.
גִּדֵּל   *n. pr.* Giddel.
גָּדֵל   → גָּדוֹל.
וּרֻקָּה   → גְּרוּלָה.
גְּדַלְיָה(וּ)   *n. pr.* Gedalja.
גִּדַּלְתִּי   *n. pr.* Giddalti.

נדע   *q* abhauen, fällen, zerbrechen, abschneiden.
       ni abgehauen, zerbrochen werden.
       pi abschlagen, zerschlagen.
       pu gefällt werden.

גִּדְעוֹן   *n. pr.* Gideon.
גִּדְעוֹנִי   → גִּדְעֹנִי.
גִּדְעֹם   *n. l.* Gidom.
גִּדְעֹנִי   *n. pr.* Gidoni.
גדף°   *pi* lästern.
גִּדֻּפָה   → גִּדּוּפָה.
נדר   *q* einen Steinwall errichten, mauern.
גָּדֵר   Steinwall, Mauer.
גֶּדֶר   *n. l.* Geder.
גְּדֹר   *n. pr., n. l.* Gedor.
גְּדֵרָה* I   Steinwall, Pferch.
גְּדֵרָה II   *n. l.* Gedera.
גְּדֵרוֹת   *n. l.* Gederot.
גְּדֵרִי   *n. gent.* Gederiter.
גְּדֶרֶת   Mauer.
גְּדֵרָתִי   *n. gent.* Gederatiter.
גְּדֵרֹתַיִם   *n. l.* Gederotajim.
גֶּה   *l.* זֶה *(Ez 47₁₃).*
נהה   *q* heilen.

גֵּהָה   Heilung.

נהר   *q* sich beugen, kauern.

גַּו*   Rücken; *c.* הִשְׁלִיךְ אַחֲרֵי verschmähen.

I גַּו   Rücken.

II גַּו   Gemeinschaft.

I גּוֹב   Heuschreckenschwarm.

II גּוֹב   *n. l.* Gob.

גּוֹג   *n. pr.* Gog.

גוד   *q* einen Raubzug unternehmen, angreifen.

I גֵּוָה   Rücken.

II גֵּוָה   Hochmut, Stolz.

גוז   *q* hertreiben, dahintreiben.

גּוֹזָל   junger Vogel.

גּוֹזָן   *n. terr.* Gosan.

גוח   → גיח.

גּוֹי   Schar, Volk.

גְּוִיָּה   Leib; Leichnam.

גול   → גיל.

גּוֹלָה   Deportation; Deportierte.

גּוֹלָן   *n. l.* Golan.

גּוּמָּץ   Grube.

גּוּנִי   *n. pr.* Guni; *n. gent.* Guniter.

גוע   *q* umkommen, sterben.

גוף   *hi* schließen.

גּוּפָה*   Leichnam.

I גור   *q* als Schutzbürger, Fremdling sich aufhalten.
      hitpol als Schutzbürger, Fremdling sich aufhalten.

II גור   *q* angreifen.

III גור   *q* zurückschrecken, sich fürchten.

גּוֹר*   Löwenjunges.

I גּוּר   Junges *(noch saugend).*

II גּוּר   *n. l.* Gur.

גּוּר־בַּעַל   *n. l.* Gur-Baal.

גּוֹרָל   Los, Losteil, Geschick.

גֵּז   Schur, Mahd.

גִּזְבָּר   Schatzmeister.

גזה   *q* abschneiden.

גִּזָּה   Schur, Wolle.

גְּזוֹנִי   *n. gent.* Gisoniter.

גזז   *q* abschneiden, scheren.

    ni beseitigt, vertilgt werden.

גַּזֵז   *n. pr.* Gases.

גָּזִית   Quader.

גזל   *q* wegreißen, an sich reißen, rauben, berauben; *Mi 3₂* abziehen.

    ni geraubt werden.

גֵּזֶל   Raub.

גָּזֵל   Raub, Geraubtes.

גְּזֵלָה   Raub, Geraubtes.

גָּזָם   Heuschrecke?, Raupe?

גַּזָּם   *n. pr.* Gasam.

גֶּזַע*   Baumstumpf; Schößling.

נזר I   *q* zerschneiden, fällen; *Hi 22₂₈* entscheiden.

    ni abgeschnitten, getrennt sein; verloren sein; *Est 2₁* entschieden sein.

נזר II   *q* fressen.

גֶּזֶר* I   Abgeschnittenes, Stück.

גֶּזֶר II   *n. l.* Gezer.

גְּזֵרָה   abgetrennter Raum; *Thr 4₇* Schnitt?, Gestalt?

גְּזֵרָה   unfruchtbar.

גוח   *q Ps 22₁₀* hervorziehen?

גָּחוֹן   Bauch.

גָּחוֹן   → גִּיחוֹן.

גַּחֲזִי   → גֵּיחֲזִי.

גֶּחָל*, גַּחַל*,   Kohle, Glut.

גַּחֶלֶת

גַּחַם   *n. pr.* Gaham.

גַּחַר   *n. pr.* Gahar.

גַּי, גֵּי   Tal.

גַּיְא, גֵּיְא, גֵּיא   Tal.

גֵּי(א) (בֶּן־)הִנֹּם   *n. l.* Hinnomtal.

גֵּיא(־)(ה)מֶּלַח   *n. l.* Salztal.

גֵּיא צְפָתָה   *n. l.* Tal Zefata.

גִּיד   Sehne.

גֵּי הַצְּבֹעִים   *n. l.* Tal Zeboïm.

נִיחַ   q hervorbrechen.

      hi hervorbrechen; *Ez 32₂ prusten?*

גִּיחַ   *n. l.* Giach.

גִּיחוֹן   Gichonquelle; *n. fl.* Gihon.

גֵּיחֲזִי   *n. pr.* Gehasi.

גֵּי יִפְתַּח־אֵל   *n. l.* Tal Jiftach-El.

גיל   q frohlocken, jauchzen.

I°* גִּיל   Alter(sstufe).

II גִּיל   Jauchzen.

גִּילָה   Jauchzen.

גִּילֹנִי   *n. gent.* Giloniter.

גִּינַת   *n. pr.* Ginat.

גֵּירִים   *pl. von* גֵּר.

גִּישׁ   *l. Q (Hi 7₅)* Kruste.

גֵּישָׁן   *n. pr.* Geschan.

I גַּל   Steinhaufe.

II גַּל   Welle.

גֹּל*   Becken.

גַּלָּב*   Barbier.

גִּלְבֹּעַ   *n. l.* Gilboa.

גַּלְגַּל   Rad; *Jes 17₁₃ Ps 83₁₄ radförmige Distelreste.*

I* גִּלְגָּל   Rad.

II גִּלְגָּל   *n. l.* Gilgal.

גֻּלְגֹּלֶת   Schädel, Kopf.

גֶּלֶד*°   Haut.

נלה   q entblößen, aufdecken; in die Verbannung gehen (müssen).

      ni sich entblößen, sich aufdecken, sich zu erkennen geben; entblößt, bloßgelegt, offenbar werden; in die Verbannung gebracht werden.

      pi entblößen, aufdecken, öffnen; enthüllen, offenbaren.

      pu entblößt werden; *pt.* offen.

      hi in die Verbannung führen.

      ho in die Verbannung geführt werden.

      hitp sich entblößen, sich kundtun.

גֹּלָה   → גּוֹלָה.

גִּלֹה   *n. l.* Gilo.

גֻּלָּה   Becken; Wulst; Brunnen; *Jos 15₁₉b Jdc 1₁₅b n. l.?*

גָּלוּל*   Götze.

גְּלוֹם*   Mantel.

גַּלּוֹן   *l. Q (Jos* 20₈ 21₂₇*).*

גָּלוּת   Deportation; Deportierte.

גלח   *pi* scheren.

       pu geschoren werden.

       hitp sich scheren (lassen).

גִּלָּיוֹן   Schreibtafel; Spiegelchen.

I גָּלִיל*   Zapfen, Walze; Ring.

II גָּלִיל   *n. terr.* Galiläa.

גְּלִילָה   Kreis, Bezirk.

גְּלִילוֹת   *n. l.* Gelilot.

גַּלִּים   *n. l.* Gallim.

גָּלְיָת   *n. pr.* Goliat.

גלל   *q* rollen, wälzen.

       ni zusammengerollt werden; sich wälzen, strömen.

       poal pt. gewälzt.

       hitpo sich stürzen auf, sich wälzen.

       pilp wegwälzen.

       hitpalp sich heranwälzen.

       hi → *q.*

I גָּלָל   Kot.

II גָּלָל°   *n. pr.* Galal.

III גָּלָל*   *nur c.* בְּ wegen.

גְּלָלוֹ, גְּלָלֵי   *Formen von* I גָּלָל.

גְּלָלַי°   *n. pr.* Gilalai.

גלם   *q* zusammenwickeln.

גֹּלֶם*°   Formloses, Embryo.

גַּלְמוּד   unfruchtbar.

גִּלְנִי   → גִּילֹנִי.

גלע   *hitp* losbrechen.

גִּלְעָד   *n. pr., n. l., n. terr.* Gilead.

גַּלְעֵד   *n. l.* Galed.

גִּלְעָדִי   *n. gent.* Gileaditer.

גלש   *q* herabziehen.

גַּם   samt, auch, selbst, sogar, doch; גַּם—גַּם sowohl — als auch, *negativ* weder—noch.

נמא   *pi* in sich schlürfen.
        hi schlürfen lassen.

גֹּמֶא   Papyrus.

גֹּמֶד   *Längenmaß* Gomed (²/₃ *Elle?*).

גַּמָּדִים   *n. gent.* Gammaditer.

גָּמוּל   *n. pr.* Gamul.

גְּמוּל   Tat, Vergeltung.

גְּמוּלָה   Tat, Vergeltung.

גִּמְזוֹ   *n. l.* Gimso.

נמל   *q* fertig, reif werden; zur Reife bringen; entwöhnen; antun, erweisen; vergelten.
        ni entwöhnt werden.

גָּמָל   Kamel.

גְּמַלִּי   *n. pr.* Gemalli.

גַּמְלִיאֵל   *n. pr.* Gamliël.

נמר   *q* zu Ende sein, zu Ende bringen.

גֹּמֶר   *n. pr. f., n. gent.* Gomer.

גְּמַרְיָה(וּ)   *n. pr.* Gemarja.

גַּן   Garten.

גנב   *q* stehlen; täuschen.
        ni gestohlen werden.
        pi stehlen; täuschen.
        pu gestohlen werden; *Hi* 4₁₂ sich stehlen.
        hitp sich fortstehlen.

גַּנָּב   Dieb.

גְּנֵבָה   Gestohlenes.

גְּנֻבַת   *n. pr.* Genubat.

גַּנָּה*, גַּנַּה   Garten.

I גְּנָזִים*   Schätze.

II גְּנָזִים*   Teppiche?

גַּנְזַךְ*   Schatzkammer.

גנן   *q* umhegen, schützen.
        hi → *q*.

גִּנְּתוֹי   *n. pr.* Ginnetoj.

גִּנְּתוֹן   *n. pr.* Ginneton.

נעה   *q* brüllen.

גֹּעָה*   *n. l.* Goa.

נָעַל   *q* verabscheuen.
     ni besudelt werden.
     hi Hi 21₁₀ *(die Befruchtung)* verfehlen.

בַּעַל   *n. pr.* Gaal.

גֹּעַל   Abscheu.

נער   *q* schelten, bedrohen.

גְּעָרָה   Schelten, Drohen.

נעש   *q* schwanken.
     pu geschüttelt werden.
     hitp schwanken.
     hitpo schwanken.

גַּעַשׁ   *n. l.* Gaasch.

גַּעְתָּם   *n. pr.* Gatam.

I גַּף*   Rücken.

II גַּף*   בְּגַפּוֹ er allein.

גֶּפֶן   *f.* Ranke, Rebe; Weinstock.

גֹּפֶר   *Holzart* Gofer.

גָּפְרִית   Schwefel.

גֵּר   Schutzbürger, Fremdling.

גִּר   Kalk.

גֵּרָא   *n. pr.* Gera.

גָּרָב   Ausschlag.

גָּרֵב   *n. pr., n. l.* Gareb.

גַּרְגַּר*   Olive.

גַּרְגְּרוֹת*   Gurgel, Hals.

גִּרְגָּשִׁי   *n. gent.* Girgaschiter.

גרד   *hitp* sich schaben.

גרה   *pi* erregen.
     hitp sich erregen, sich *(in Streit, Krieg)* einlassen;
     Dan 11₁₀ₐ rüsten, 11₁₀ᵦ *l.* Q vordringen.

I גֵּרָה   Gekautes.

II גֵּרָה   *Gewichtseinheit* Gera ($^{1}/_{20}$ *Schekel, 0,572g*).

גֹּרָה*   Löwenjunges.

גָּרוֹן   Kehle, Hals.

גֵּרוּת   Herberge.

גרז   *ni* weggenommen werden.

גְּרִזִי   *l.* Q *(I Sam* 27₈) *n. gent.* Geseriter.

גְּרִזִים   *n. l.* Garizim.

גַּרְזֶן	Beil, Meißel.
גּׂרָל	→ גּוֹרָל.
גרם	q *unsicher.*
	pi abnagen.
גֶּרֶם	Knochen; II Reg 9₁₃ selbst.
גַּרְמִי	*n. gent.* Garmiter.
גּׂרֶן	*f.* Dreschplatz.
גּׂרֶן הָאָטָד	*n. l.* Goren-Haatad.
גּׂרֶן כִּידוֹן	*n. l.* Goren-Kidon.
גּׂרֶן נָכוֹן	*n. l.* Goren-Nakon.
גרס	q zermürbt sein.
	hi sich zerreiben lassen.
גרע	q scheren, stutzen; verkürzen, abziehen, wegnehmen.
	ni verkürzt, abgezogen, weggenommen werden.
	pi entziehen.
גרף	q fortschwemmen.
גרר	q fortreißen; *c.* גֵּרָה wiederkäuen.
	poal pt. zersägt.
גְּרָר	*n. l.* Gerar.
גֶּרֶשׂ	*zerstoßene Getreidekörner* Grieß.
גרשׁ	q vertreiben, verstoßen; *Jes* 57₂₀ auswerfen.
	ni verstoßen werden; aufgewühlt sein.
	pi vertreiben.
	pu vertrieben werden.
גֶּרֶשׁ	Ertrag?
גְּרֻשָׁה*	Enteignung.
גֵּרְשׁוֹם	*n. pr.* Gerschom.
גֵּרְשׁוֹן	*n. pr.* Gerschon.
גֵּרְשֹׁם	→ גֵּרְשׁוֹם.
גֵּרְשֻׁנִּי	*n. gent.* Gerschoniter.
גְּשׁוּר, גְּשׁוּרָה	*n. terr., n. gent.* Geschur.
גְּשׁוּרִי	*n. gent.* Geschuriter.
גשם	*hi* regnen lassen.
I גֶּשֶׁם	Regenguß, Regen; *pl. auch* Regenzeit.
II גֶּשֶׁם	*n. pr.* Geschem.
גֹּשֶׁם*	Regen.
גַּשְׁמוּ	*n. pr.* Gaschmu.
גֹּשֶׁן	*n. l., n. terr.* Goschen.

גִּשְׁפָּא   *n. pr.* Gischpa.
נשש   *pi* tasten.
גַּת I   *f.* Kelter.
גַּת II   *n. l.* Gat.
גַּת הַחֵפֶר   *n. l.* Gat-Hacheper.
גִּתִּי   *n. gent.* Gattiter.
גִּתַּיִם*   *n. l.* Gittajim.
גִּתִּית   *musikalischer Ausdruck.*
גֶּתֶר   *n. pr.* Geter.
גַּת־רִמּוֹן   *n. l.* Gat-Rimmon.

ד

דאב   *q* schmachten, verschmachten.
דְּאָבָה   Verzagen.
דְּאָבוֹן*   Verzagen.
דאג   *q* scheuen; in Sorge sein, sorgen für, bangen.
דְּאַג   → דָּג.
דֹּאֵג   *n. pr.* Doëg.
דְּאָגָה   Besorgtsein.
דאה   *q* fliegen, herabstoßen *(Raubvögel)*; schweben *(Gott).*
דָּאָה   Milan, Gabelweihe.
דֹּאר   *n. l.* Dor.
דֹּב   Bär, Bärin.
דֹּבָא*   *unsicher.*
דבב   *q* netzen.
דִּבָּה   Gerede, Nachrede.
דְּבוֹרָה I   Biene.
דְּבוֹרָה II   *n. pr. f.* Debora.
דְּבִיר I   hinterer Raum *(des Tempels).*
דְּבִיר II   *n. pr., n. l.* Debir.
דְּבֵלָה   Feigenkuchen *(aus gepreßten Feigen).*
דִּבְלָה*   *l.* רִבְלָה *(Ez* 6₁₄*).*
דִּבְלַיִם   *n. pr.* Diblajim.

דבק   *q* haften, hängen an; an etw. festhalten, kleben.
pu zusammengehalten werden.
hi zu fassen bekommen, einholen; haften lassen; verfolgen.
ho pt. angeklebt.

דָּבֵק   anhänglich.

דֶּבֶק   Lötung; *I Reg* 22₃₄ *II Chr* 18₃₃ Tragegurt?

I דבר   *pi* sich abwenden; wegtreiben; ausrotten.
hi c. תַּחַת vertreiben, unterwerfen.

II דבר   *q* reden.
ni sich besprechen.
pi reden, sprechen.
pu geredet werden.
hitp sich besprechen.

דָּבָר   Wort; Sache, Begebenheit, Angelegenheit; Anteil, Leistung; etwas, *negativ* nichts.

דֶּבֶר   Pest.

דֹּבֶר*   Trift.

דְּבִר   *n.l.* Debir.

דִּבֵּר   Wort.

דִּבְרָה*   *Hi* 5₈ Rechtssache; *Ps* 110₄ Art; *c.* עַל- *auch* wegen, damit.

דְּבֹרָה   → דְּבוֹרָה.

דֹּבְרוֹת   Flöße.

דִּבְרִי   *n. pr.* Dibri.

דָּבְרַת   *n. l.* Daberat.

דַּבֶּרֶת*   Wort.

דְּבַשׁ   Honig.

I דַּבֶּשֶׁת   Höcker.

II דַּבֶּשֶׁת   *n. l.* Dabbeschet.

דָּג   Fisch; *Neh* 13₁₆ *coll.*

דגה   *q* zahlreich werden.

דָּגָה   *coll.* Fische; *Jon* 2₂ Fisch.

דָּגוֹן   *n. pr.* Dagon *(Benennung eines Gottes)*.

דגל   *q* das Feldzeichen erheben; *pt. pass. Cant* 5₁₀ ausgezeichnet.
ni pt. um Feldzeichen Gescharte.

דֶּגֶל   Feldzeichen > Abteilung.

דָּגָן	Getreide, Korn.
דגר	q brüten?
דַּד*	du. Brüste.
דֻּר	→ דּוּר.
דדה	hitp wandeln?
דֻּרוֹ	→ דּוּרוֹ.
דֹּדָוָהוּ	n. pr. Dodawa.
דֹּדִי	l. Q (II Sam 23₉).
דְּדָן	n. gent. Dedaniter; n. terr. Dedan.
דְּדָנִים	n. gent. Dedaniter.
דֹּדָנִים	n. gent. Dodaniter.
דהם	ni pt. bestürzt.
דהר	q stieben.
דַּהֲרָה*	Stieben.
דּוֹאֵג	→ דּאֵג.
דוב°	hi zehren.
דּוֹב	→ דֹּב.
דַּוָּג*	Fischer.
דּוּגָה	Am 4₂ c. סִירוֹת Fischerhaken, Angel.
דּוֹד	Liebhaber, Geliebter; Onkel (väterlicherseits); pl. auch Liebe, Liebesgenuß.
דּוּד	Kochtopf; Korb.
דָּוִד	n. pr. David.
I דּוּדָאִים*	Jer 24₁ Körbe.
II דּוּדָאִים	Alraune.
דּוֹדָה*	Tante (väterlicherseits).
דּוֹדוֹ	n. pr. Dodo.
דּוֹדַי	n. pr. Dodai.
דוה	q unwohl sein, menstruieren.
דָּוֶה	unwohl, menstruierend; krank, elend.
דוח	hi abspülen.
דְּוַי	Krankheit.
דַּוָּי	krank, elend.
דּוֹיֵג	n. pr. Dojeg.
דַּוָּיר	→ דּוּר.
דוך	q zerstoßen.
דּוּכִיפַת	Wiedehopf.
I דּוּמָה	Schweigen (Benennung der Unterwelt).

דּוּמָה II	*n. gent.* Dumaïter; *n. l., n. terr.* Duma.
דּוּמִיָּה	Schweigen.
דּוּמָם	still.
דּוּמֶּשֶׂק	*n. l.* Damaskus.
דוּן	*q* herrschen?
דוֹנַג	Wachs.
דוּץ°	*q* hüpfen.
דוּר	*q Ez 24*5 im Kreise schichten; *Ps 84*11 herumgehen, wohnen.
דּוּר	*Jes 22*18 Ball; *Jes 29*3 *c.* כְּ ringsum.
דּוֹר I	Zeltlager.
דּוֹר II	Menschenalter, Generation, Geschlecht; Versammlung, Gemeinschaft.
דּוֹר III	*n. l.* Dor.
דוּשׁ	*q* niedertreten, dreschen.
	ni niedergetreten werden.
	ho gedroschen werden.
דחה	*q* stoßen, einstoßen.
	ni umgestoßen werden.
	pu umgestoßen werden.
דחח	*ni* gestoßen, verstoßen werden.
דְּחִי	Anstoß, Straucheln.
דֹּחַן	Hirse.
דחף	*q pt. pass.* eilig.
	ni sich beeilen.
דחק	*q* drängen, bedrängen.
דַּי	Ausreichendes, Bedarf; genug; *c.* בְּ für, sooft; *c.* כְּ entsprechend, soviel; *c.* מִן sooft; לְמַדַּי genug.
דִּיבוֹן, דִּיבֹן	*n. l.* Dibon.
דיג	*q* herausfischen.
דַּיָּג*	Fischer.
דַּיָּה	*unreiner Vogel.*
דְּיוֹ	Tinte.
דִּי זָהָב	*n. l.* Di-Sahab.
דִּימוֹן	*n. l.* Dimon.
דִּימוֹנָה	*n. l.* Dimona.
דין	*q* Recht schaffen, Recht durchsetzen, Gericht halten.
	ni sich zanken.

דִּין Rechtssache, Rechtsanspruch, Rechtsstreit, Rechts-
spruch; *Est 1*13 Recht.

דַּיָּן Richter.

דִּינָה *n. pr. f.* Dina.

דִּיפַת *n. pr.* Difat.

דָּיֵק Belagerungswerk.

דַּיִשׁ Dreschzeit.

I דִּישׁוֹן, דִּישֹׁן *n. pr.* Dischon; *n. gent.* Dischoniter.

II דִּישֹׁן *eßbares Tier* Wisent?

דִּישָׁן *n. pr.* Dischan; *n. gent.* Dischaniter.

דַּךְ unterdrückt.

דכא *ni pt.* unterdrückt.
pi zerschlagen, zermalmen.
pu zerschlagen sein.
hitp zermalmt daliegen.

דַּכָּא zerschlagen, verzagt; *Dtn 23*2 Zerquetschung; *Ps 90*3
Staub.

דכה *q l. ni (Ps 10*10*).*
ni zerschlagen sein.
pi zerschlagen.

דֳּכִי* Klatschen.

I דַּל Tür.

II דַּל gering, unansehnlich, hilflos, machtlos, besitzlos.

דלג *q* springen.
pi springen, ersteigen.

I דלה *q* schöpfen.
pi heraufziehen.

II דלה *q Prov 26*7 herabhängen?, baumeln?

I דַּלָּה *Jes 38*12 Kettfäden.

II דַּלָּה* *Cant 7*6 offenes Haar.

III דַּלָּה* *coll. und pl.* Geringe.

דלח *q* trüben.

דְּלִי Eimer.

דְּלָיָה(וּ) *n. pr.* Delaja.

דְּלִילָה *n. pr. f.* Delila.

דָּלִית* Ranken, Laubwerk.

I דלל *q* klein, gering sein/werden; *Jes 38*14 schmachten?

II דלל *q Hi 28*4 baumeln.

דִּלְעָן   *n. l.* Dilan.

I דָּלַף   *q* durchlässig sein.

II דָּלַף   *q* schlaflos sein.

דֶּלֶף   durchlässiges Dach.

דַּלְפוֹן   *n. pr.* Dalfon.

דָּלַק   *q* in Brand setzen, brennen; hitzig verfolgen.

    hi anzünden, erhitzen.

דַּלֶּקֶת   Fieberglut.

דֶּלֶת   Türflügel, Tür; *II Reg 12 10* Deckel; *Jer 36₂₃* Kolumne, Spalte.

דָּם   Blut; Bluttat, Blutschuld.

I דמה   *q* ähnlich sein, gleichen.

    pi vergleichen, erwägen, planen.

    hitp sich gleichsetzen.

II דמה   *q* still sein/werden; *Jer 6₂ Hos 4₅ unsicher.*

    ni zum Schweigen gebracht werden, schweigen müssen; vernichtet werden.

דָּמָה   *Ez 27₃₂ text. corr.*

דְּמוּת   Nachbildung, Abbild, Gestalt.

דְּמִי   Hälfte.

דֳּמִי   Ruhe.

דְּמָיָה   → דּוּמָיָה.

*דִּמְיוֹן   Ähnlichkeit.

דמם   *q* stillstehen, sich still halten, starr sein, stumm sein; umkommen.

    ni sich still halten müssen; verwüstet werden, umkommen.

    poel beruhigen.

    hi zum Stillstehen bringen; umkommen lassen.

דְּמָמָה   Windstille.

דֹּמֶן   Dünger.

דִּמְנָה   *n. l.* Dimna.

דמע   *q* weinen.

*דֶּמַע   Überfluß?, Saft?

דִּמְעָה   *coll.* Tränen.

דַּמֶּשֶׂק   *n. l.* Damaskus.

דְּמֶשֶׂק   Damast?

דָּן   *n. pr., n. gent., n. l., n. terr.* Dan.

דְּנָאֵל   →   דָּנִיֵּאל.

דַּנָּה   *n. l.* Danna.

דִּנְהָבָה   *n. l.* Dinhaba.

דָּנִי   *n. gent.* Daniter.

דָּנִיֵּאל   *n. pr.* Daniël.

דֵּעַ*   Wissen.

דֵּעָה   Wissen.

דְּעוּאֵל   *n. pr.* Dëuël.

דעך   *q* erlöschen.

     ni versiegen.

     pu ausgelöscht werden.

דַּעַת   Wissen, Können, Erkenntnis, Einsicht; Vertrautsein, Gemeinschaft.

דֳּפִי   Makel.

דפק   *q* zu heftig antreiben; anklopfen.

     hitp einander drängen.

דָּפְקָה   *n. l.* Dofka.

דַּק   dünn, fein, leise.

דֹּק   Schleier?

דִּקְלָה   *n. pr.* Dikla.

דקק   *q* zermalmen; zerstoßen sein.

     hi zermalmen; zerstoßen.

     ho zermalmt werden.

דקר   *q* durchbohren.

     ni durchbohrt werden.

     pu pt. durchbohrt.

דֶּקֶר   *n. pr.* Deker.

דַּר   *kostbarer Bodenbelag.*

דֹּר   → II דוֹר.

דְּרָאוֹן   Abscheu.

דָּרְבָן, דָּרְבֹן*   Stachel.

דַּרְדַּע   *n. pr.* Darda.

דַּרְדַּר   Disteln.

דָּרוֹם   Süden; *Hi* 37₁₇ Südwind.

I דְּרוֹר   *f.* Schwalbe?

II דְּרוֹר   Tropfen.

III דְּרוֹר   Freilassung.

דָּרְיָוֶשׁ   *n. pr.* Darius.

דָּרְיוֹשׁ   *l.* דְּרוֹשׁ *(Esr* 10₁₆*).*

דרך   *q* treten; keltern; spannen *(Bogen).*
hi betreten lassen; festtreten; spannen *(Bogen)*; *Jdc* 20₄₃ *unsicher.*

דֶּרֶךְ   *m. und f.* Weg, Wegstrecke, Reise; Art, Brauch, Verhalten, Wandel, Ergehen.

דַּרְפְּמוֹנִים   Drachmen.

דַּרְמֶשֶׂק°   *n. l.* Damaskus.

דֶּרַע   *n. pr.* Dara.

דַּרְקוֹן   *n. pr.* Darkon.

דרשׁ   *q* suchen, forschen, fordern, sich kümmern um.
ni gesucht werden; sich suchen lassen.

דשׁא   *q* grünen.
hi Grünes hervorbringen.

דֶּשֶׁא   frisches Grün, Gras.

דִּישׁוֹן, דְּשׁן   → דִּישׁוֹן.

דשׁן   *q* fett werden.
pi fett machen, einfetten; von Fettasche säubern; *Ps* 20₄ für fett erklären.
pu fett gemacht werden.
hotpaal mit Fett gesättigt werden > triefen.

דֶּשֶׁן   Fett, Fettasche.

דָּשׁן   fett, saftig.

דָּת   *f.* Anordnung, Gesetz.

דֹּתַיִן*   *n. l.* Dotajin.

דֹּתָן   *n. l.* Dotan.

דָּתָן   *n. pr.* Datan.

ה

הֵא   da!, siehe!

הֶאָח   ha!, ei!

הָאֲרָרִי   *n. gent.* Harariter.

הַב (הָבָה, הָבִי, הָבוּ)   *imp. von* יהב gib!, auf!

הַבְהָבִי   *Hos* 8₁₃ *unsicher.*

הָבוּ → הַב.

הֵבוּ Hos 4₁₈ *unsicher*.

הָבִי → הַב.

הבל q leer, nichtig sein.
hi leer, nichtig machen.

I הֶבֶל Hauch > Nichtigkeit, Vergänglichkeit; *auch von Götzen.*

II הֶבֶל *n. pr.* Abel.

הבר q einteilen; *pt. c.* שָׁמַיִם Sterndeuter.

הֵגֵא *n. pr.* Hege.

הַנְּדֹבְדָה → נְדֹבְדָה.

I הגה q gurren, knurren, murmeln; sinnen, nachdenken; reden.
hi zum Murmeln bringen; murmeln.
poel? Jes 59₁₃ reden.

II הגה q ausscheiden, entfernen.

הֶגֶה Gemurmel, Wimmern; Grollen *(Donner).*

הָגוּת Sinnen.

הֵגַי *n. pr.* Hegai.

הָגִיג* Seufzen.

הִגָּיוֹן Gemurmel, Nachsinnen; Klingen?; *Ps* 9₁₇ *liturgische Angabe.*

הֲגִין* *Ez* 4₁?₁₃ geziemend?

הָגָר *n. pr. f.* Hagar.

הַגְרִי *n. gent.* Hagriter.

הֵד Freudengeschrei *(eigentlich Interjektion).*

הֲדַד *n. pr.* Hadad.

הֲדַדְעֶזֶר *n. pr.* Hadadezer.

הֲדַד־רִמּוֹן *Sach* 12₁₁ *Benennung eines Gottes oder n. l.* Hadad-Rimmon.

הדה q ausstrecken.

הֹדוּ *n. terr.* Hoddu, Indien.

הֲדוּרִים *Jes* 45₂ *unsicher*.

הֲדוֹרָם *n. pr.* Hadoram.

הִדַּי *n. pr.* Hiddai.

הֹדַוְיָהוּ *l. Q (I Chr* 3₂₄*) n. pr.* Hodawja.

הדך q niedertreten.

הֲדֹם Schemel.

הֲדַס	Myrte.
הֲדַסָּה	*n. pr. f.* Hadassa.
הדף	*q* stoßen, wegdrängen.
הדר	*q* auszeichnen, vorziehen.
	ni ausgezeichnet werden.
	hitp sich brüsten.
הֲדַר	*n. pr.* Hadar.
הָדָר	Auszeichnung, Schmuck, Herrlichkeit, Erhabenheit.
הֶדֶר	Schmuck.
הֲדָרָה*	Schmuck.
הֲדָרֹם	→הֲדֹורָם.
הָהּ	oh!, ach!
הוֹ	wehe!
הוּא	→ I הוה.
הוּא	er; jener.
הוֹבְנִים	*l. Q (Ez* 27₁₅*)* Ebenholz.
I הוֹד	Hoheit, Pracht.
II הוֹד	*n. pr.* Hod.
הוֹדְוָה	*n. pr.* Hodwa.
הוֹדַוְיָה	*n. pr.* Hodawja.
הוֹדִיָּה	*n. pr.* Hodija.
I הוה	*q* fallen.
II °הוה	*q* werden; bleiben.
הַוָּה*	Verderben; Frevel; Gier.
הֹוָה	Unfall, Verderben.
הוֹהָם	*n. pr.* Hoham.
הוֹי	wehe! *(in Totenklage, proph. Scheltwort).*
הוֹלֵלוֹת, הוֹלֵל	Torheit.
הוֹלֵם	*pt. q von* הלם.
הום	*q* in Verwirrung bringen.
	ni außer sich geraten.
	hi in Verwirrung bringen; außer sich geraten.
הוֹמָם	*n. pr.* Homam.
הוּן	*hi* für leicht halten.
הוֹן	Güter, Vermögen; *adv.* genug.
הוֹשָׁמָע	*n. pr.* Hoschama.
הוֹשֵׁעַ	*n. pr.* Hosea.
הוֹשַׁעְיָה	*n. pr.* Hoschaja.

הוֹת	→ הֻת.
הוֹתִיר	*n. pr.* Hotir.
הֹזֶה	*q* jappen.
הִי	Wehschrei.
הִיא	*f. sg.* sie; jene.
הֵידָד	Freudengeschrei (*eigentlich Interjektion*).
הֻּידְרוֹת	Lobgesänge.
הָיָה	*q* geschehen, werden, sein.
	ni sich begeben, sich zutragen.
הַיָּה*	Verderben, Unfall.
הֵיךְ°	wie?
הֵיכָל	Palast; Tempel, *Hauptraum des Tempels*.
הֵילֵל	Morgenstern.
הֵימָם	*n. pr.* Hemam.
הֵימָן	*n. pr.* Heman.
הִין	Flüssigkeitsmaß IIin (*zwischen 3,66 l und 7,5 l*).
הכר	*q* zusetzen?
הַכָּרָה*	*c.* פָּנִים Parteilichkeit.
הלא	*ni pt.* weit entfernt.
הָלְאָה	weiter, fortan.
הִלּוּלִים	Festjubel.
הַלָּז	*m. und f.* der da, die da; dort.
הַלָּזֶה	der da.
הַלֵּזוּ	die da.
הַלֵּחוֹת	*l. Q (Jer 48₅).*
הָלִיךְ*	Schritt.
הֲלִיכָה*	Weg; *pl.* Weg, Bahn, Treiben, Karawane, Prozession.
הלך	*q* gehen, wandeln, sich verhalten; weggehen, dahingehen.
	ni dahingehen müssen.
	pi gehen, wandeln, umhergehen; vergehen; *Prov* 6₁₁ *pt.* Wegelagerer.
	hi gehen lassen, führen; bringen.
	hitp hin und her gehen, sich ergehen, wandeln, sich verlaufen (*Wasser*).
הֶלֶךְ	*I Sam* 14₂₆ Fließen; *II Sam* 12₄ Besucher.
I הלל	*hi* leuchten lassen.

הלל II   *pi* jauchzen, rühmen, preisen, loben.

      pu gerühmt, gepriesen werden;

      hitp sich rühmen; *Prov 31₃₀* gelobt werden.

הלל III   *q* verblendet sein.

      poel zum Toren, Gespött machen.

      poal pt. sinnlos.

      hitpo sich verrückt aufführen.

הִלֵּל   *n. pr.* Hillel.

הלם   *q* hämmern, schlagen; stampfen; bezwingen.

הֲלֹם   hierher, hier.

הֶלֶם   *n. pr.* Helem.

הַלְמוּת   Hammer.

הָם   *n. l.* Ham.

הָם*, הָמֶה*   Pracht?

הֵם   *m. pl.* sie.

הַמְּדָתָא   *n. pr.* Hammedata.

המה   *q* lärmen, brausen; brummen, knurren, gurren, kläffen; tönen; stöhnen; unruhig sein.

הֵמָּה   *m. pl.* sie.

הַמוּלָּה   → הֲמֻלָּה.

הָמוֹן   Lärm, Getümmel; Menge, Reichtum; Erregung, Regung.

הֲמוֹנָה   *n. l.?*

הֱמִיָה*   Rauschen.

הֲמֻלָּה   Getöse?, Volksmenge?

המם   *q* verwirren, aufreiben; *Jes 28₂₈* antreiben; *Jer 51₃₄* unsicher.

הָמָן   *n. pr.* Haman.

הֲמָסִים   Reisig.

הֵן   siehe!; wenn *(aram.)*.

הֵנָּה I   hier, hierher; bis jetzt.

הֵנָּה II   *f. pl.* sie.

הִנֵּה   siehe!; wenn.

הֲנָחָה   Erlaß, Amnestie.

הִנֹּם   *n. pr.* Hinnom.

הֵנַע   *n. l.* Hena.

הֲנָפָה   das Schwingen.

הַס   still!

הִסָּה   *hi* beschwichtigen.

הָסוּרִים   *pt. pass. q von* אסר.

הֵפָנָה*   Aufhören.

הָפַךְ   *q* wenden; umstürzen, zerstören; verwandeln; sich wenden, sich ändern, werden.

ni sich wenden; umgestürzt, zerstört werden; verwandelt werden; sich wandeln.

ho sich wenden.

hitp Gen 3₂₄ zucken; Jdc 7₁₃ rollen; Hi 37₁₂ sich hin und her wenden; Hi 38₁₄ sich verwandeln.

הֶפֶךְ   Gegenteil, Verkehrtheit.

הֲפֵכָה   Zerstörung.

הֲפַכְפַּךְ   gewunden.

הַצִּיץ   *n. l.* Hazziz.

הַצָּלָה   Rettung.

הַצְלֶלְפּוֹנִי   *n. pr. f.* Hazlelponi.

הֹצֶן   Haufe?

הַקּוֹץ   *n. pr.* Hakkoz.

הַר   Berg, Gebirge.

הֹר   *n. l.* Hor.

הָרָא   *n. terr.* Hara.

הַרְאֵל   *l.* I אֲרִיאֵל *(Ez 43₁₅).*

הָרָבִית   *l Q (II Sam 14₁₁) inf. abs. st. cs. hi von* רבה.

הרג   *q* töten, totschlagen; schlachten.

ni getötet werden.

pu getötet werden.

הֶרֶג   Töten, Morden.

הֲרֵגָה   Töten, Schlachten.

הרה   *q* empfangen, schwanger werden/sein; *pt.* Mutter, Eltern.

pu empfangen werden.

poel? Jes 59₁₃ empfangen.

הָרָה   schwanger.

הָרוּם   *n. pr.* Harum.

הֲרוֹרִי   *n. gent.* Haroriter.

הָרִיָּה*   schwanger.

הֵרָיוֹן   Empfängnis.

הָרָם   → בֵּית הָרָם.

הֹרָם	*n. pr.* Horam.
הַרְמוֹן*	*unerklärt.*
הָרָן	*n. pr.* Haran.
הֵרֹן*	Schwangerschaft.
הרס	*q* einreißen, wegreißen, zerstören; durchbrechen, vordringen; *Ps 58₇* ausschlagen.
	ni niedergerissen werden.
	pi zerstören.
הֶרֶס	Zerstörung.
הֲרִסָה*	Trümmer.
הֲרִסֻת*	Zerstörung.
הָרָר*	*Nf. von* הַר.
הֲרָרִי, הֲרָרִי	*n. gent.* Harariter.
הָשֵׁם	*n. pr.* Haschem.
הַשְׁמָעֻת	Mitteilung.
הַשְׁפוֹת	אַשְׁפֹּת *c. Artikel.*
הַתּוּךְ	Schmelzen.
הִתְחַבְּרוּת	*inf. hitp von* חבר II.
הֲתָךְ	*n. pr.* Hatach.
התל	*pi* verspotten.
הֲתֻלִים	Gespött.
התת	*poel* mit Vorwürfen überhäufen.

ו

וְ, וּ	und; auch, samt; und zwar; oder; וֹ—וֹ sowohl — als auch, sei es — sei es.
וְדָן	*n. l.* Wedan.
וָהֵב	*n. l.* Waheb.
וָו*	Nagel.
וָזָר	schuldig?
וַיְזָתָא	*n. pr.* Waisata.
וָלָד	Kind.
וַנְיָה	*n. pr. m.* Wanja.
וָפְסִי	*n. pr.* Wofsi.
וַשְׁנִי	*n. pr.* Waschni.
וַשְׁתִּי	*n. pr. f.* Waschti.

ז

זְאֵב I	Wolf.
זְאֵב II	*n. pr.* Seëb.
זֹאת	*f. sg.* diese.
זבד°	*q* beschenken.
זֶבֶד°	Geschenk.
זָבָד°	*n. pr.* Sabad.
זַבְדִּי°	*n. pr.* Sabdi.
זַבְדִּיאֵל°	*n. pr.* Sabdiël.
זְבַדְיָה(וּ)°	*n. pr.* Sebadja.
זְבוּב	*coll.* Fliegen.
זָבוּד°	*n. pr.* Sabud.
זְבוּלוֹן, זְבֻלֻן	*n. pr., n. gent.* Sebulon.
זְבוּלֹנִי	*n. gent.* Sebuloniter.
זבח	*q* schlachten, opfern.
	pi opfern.
זֶבַח I	Schlachtopfer.
זֶבַח II	*n. pr.* Sebach.
זַבַּי	*n. pr.* Sabbai.
זְבִידָּה°	*n. pr. f. l. Q (II Reg 23₃₆)* Sebuda.
זְבִינָא°	*n. pr.* Sebina.
זבל	*q* anerkennen?; wohnen bei?
זְבֻל I	Wohnung.
זְבֻל II	*n. pr.* Sebul.
זְבֻלוֹן	→ זְבוּלֹון.
זַג	Haut.
זֵד	frech, vermessen.
זָדוֹן	Vermessenheit.
זֶה	dieser; hier; nun; *in der Poesie auch Relativpartikel.*
זֹה	*f. sg.* diese.
זָהָב	Gold.
זהם	*pi* verleiden.
זַהַם	*n. pr.* Saham.
זהר I	*hi* glänzen.
זהר II	*ni* sich warnen lassen.
	hi warnen.
זֹהַר	Glanz.

זִו   Siw *(Monatsname, April / Mai).*

זוֹ   *f. sg.* diese.

זוּ   *Relativpartikel; Hab 1*11 *text. corr.?; Ps 62*12 dieses.

זוּב   *q* fließen; *Thr 4*9 verschmachten?

זוֹב   Ausfluß.

זוּד   → זיד.

זוּזִים   *n. gent.* Susiter.

זוֹחֵת   *n. pr.* Sohet.

זָוִית*   Ecke.

זוּל   *q* ausschütten.

זוּלָה*   außer; *Jos 11*13 ausgenommen daß.

זוּן   *Prov 17*4 *hi von* I אזן.

זוֹנָה   Dirne.

זוּע   *q* zittern.
     pilp zittern machen.

זְוָעָה, זַעֲוָה,   Zittern, Schrecken.

I זוּר   *q* ausdrücken, zerdrücken.

II זוּר   *q* sich abwenden.
     ni sich abwenden.
     ho pt. entfremdet.

III זוּר   *q* widerlich sein.

זָזָא   *n. pr.* Sasa.

זחח   *ni* sich verrücken, rutschen.

זחל   *q* kriechen, sich verkriechen.

זֹחֶלֶת   Schlange.

זיד   *q* vermessen sein.
     hi frech handeln, vermessen handeln; sich erhitzen, er-
     regen; *Gen 25*29 kochen.

זֵידוֹן*   überschäumend.

I זִיז   Gewimmel.

II זִיז   Euter, Zitze.

זִיזָא   *n. pr.* Sisa.

זִיזָה   *n. pr.* Sisa.

זִינָא   *n. pr.* Sina.

זִיעַ   *n. pr.* Sia.

זִיף   *n. pr., n. l.* Sif.

זִיפָה   *n. pr.* Sifa.

זִיפִי   *n. gent.* Sifiter.

זִיקוֹת	Brandpfeile.
זַיִת	Ölbaum; *coll.* Oliven.
זֵיתָן	*n. pr.* Setan.
זַךְ	rein, lauter.
זכה	*q* rein sein.
	pi rein halten.
	hitp sich reinigen.
זְכוֹכִית	Glas.
זָכוּר*	was männlich ist.
זָכוּר	eingedenk.
זַכּוּר	*n. pr.* Sakkur.
זַכַּי	*n. pr.* Sakkai.
זכך	*q* lauter, rein sein; hell sein.
	hi reinigen.
זכר	*q* sich erinnern, denken an, gedenken.
	ni gedacht, erwähnt werden.
	hi erinnern, erwähnen; bekennen, preisen.
זָכָר	Mann; männlich.
זֵכֶר	Gedenken, Erwähnung, Nennung, Anrufung.
זֶכֶר	*n. pr.* Secher.
זִכָּרוֹן°	Gedenken, Erinnerung, Erwähnung; Denkzeichen; Denkwürdigkeit; Denkspruch.
זִכְרִי	*n. pr.* Sichri.
זְכַרְיָה(וּ)	*n. pr.* Sacharja.
זֻלּוּת	Gemeinheit.
זַלְזַלִּים	Ranken.
זלל I	*q* leichtfertig, gemein sein.
	hi verachten.
זלל II	*ni* beben, wanken.
זַלְעָפָה*, זַלְעָפָה*	Heftigkeit, Erregung.
זִלְפָּה	*n. pr. f.* Silpa.
זִמָּה I	Schandtat, Schande.
זִמָּה II	*n. pr.* Simma.
זְמוֹרָה	Ranke, Rebe.
זַמְזֻמִּים	*n. gent.* Samsummiter.
זָמִיר I	Beschneiden (*der Reben*), Schneiteln.
זָמִיר* II	Gesang.
זְמִירָה	*n. pr.* Semira.

זָמַם   *q* sinnen, trachten.

זָמָם*   Plan.

זֻמַּן   *pu pt.* festgesetzt.

זְמָן   Zeit *(abgegrenzt)*, Datum.

I זמר   *q* beschneiden *(der Reben)*, schneiteln.

     ni beschnitten werden *(der Reben)*, geschneitelt wer-
     den.

II זמר   *pi* singen, spielen; preisen.

זֶמֶר   Wildziege?, *Gazellenart?*

I זִמְרָה   Gesang, Klang.

II זִמְרָה*   Ex 15₂ Jes 12₂ Ps 118₁₄ Stärke?

III זִמְרָה*   Frucht, Erzeugnis.

זְמֹרָה   → זְמוֹרָה.

זִמְרִי   *n. pr., n. terr.* Simri.

זִמְרָן   *n. pr.* Simran.

זִמְרָת   → II זִמְרָה.

זַן   Art.

זנב   *pi* die Nachhut vernichten.

זָנָב   Schwanz; Stummel.

זנה   *q* huren; treulos sein; *Jdc* 19₂ Abneigung empfinden.
     pu gehurt werden.
     hi zur Unzucht verleiten; huren.

זֹנָה   → זוֹנָה.

זָנוֹחַ   *n. pr., n. l.* Sanoach.

זְנוּנִים   Unzucht, Hurerei; Untreue.

זְנוּת   Unzucht, Hurerei; Untreue.

I זנח   *hi* stinken.

II זנח   *q* verwerfen, verstoßen.
     hi für verworfen erklären, verwerfen.

זָנֹחַ   → זָנוֹחַ.

זנק   *pi* hervorspringen.

זֵעָה*   Schweiß.

זְוָעָה   Zittern, Schrecken.

זַעֲוָן   *n. pr.* Saawan.

זעזע   *pilp von* זוע.

זְעֵיר°   ein wenig.

זָעַךְ   *ni* ausgelöscht sein.

זָעַם   *q* verwünschen, schelten, zürnen.

     ni pt. verwünscht.

זַעַם   Verwünschung, Zorn.

זָעַף   *q* erbittert sein; *Dan* 1₁₀ schlecht aussehen.

זַעַף   Wut, Zorn.

זָעֵף   wütend.

זָעַק   *q* schreien, anrufen.

     ni aufgeboten werden; *I Sam* 14₂₀ sich versammeln.

     hi schreien; aufbieten *(Heerbann)*; *Jon* 3₇ ausrufen las-
sen; *Sach* 6₈ laut zurufen.

זְעָקָה   Geschrei, Klagegeschrei.

זִפְרֹן*   *n. l.* Sifron.

זֶפֶת   *f.* Pech.

I זִקִּים   Fesseln.

II זִקִּים   Brandpfeile.

זָקֵן   *q* alt werden/sein.

     hi alt werden.

זָקָן   *m. und f.* Bart.

זָקֵן   alt; Greis; Ältester.

זֹקֶן   Greisenalter.

זִקְנָה   Altern.

זְקֻנִים   Zeit, Zustand des Alterns, Greisenalter.

זָקַף   *q* aufrichten.

זָקַק   *q* seihen, waschen.

     pi läutern.

     pu pt. geseiht, geläutert.

זָר   fremd; Fremder; andersartig, befremdlich, seltsam; un-
erlaubt.

זֵר   Einfassung, Randleiste.

זָרָא   Brechruhr.

זרב   *pu* wasserarm werden.

זְרֻבָּבֶל   *n. pr.* Serubbabel.

זֶרֶד   *n. l.* Sered.

I זרה   *q* streuen, worfeln.

     ni zerstreut werden.

     pi streuen, zerstreuen, ausstreuen; *Prov* 20₈.₂₆ worfeln.

     pu gestreut, bestreut werden.

II זרה   *pi* abmessen.

זְרוֹעַ	Arm, Unterarm; Macht, Streitkraft.
זֵרוּעַ	Saat.
זַרְזִיף	Regenguß.
זַרְזִיר	*Prov 30*31 *text. corr.*
זרח	*q* aufgehen, hervorbrechen.
I *זֶרַח	Aufgang *(Sonne).*
II זֶרַח	*n. pr.* Serach.
זַרְחִי	*n. gent.* Serachiter.
זְרַחְיָה	*n. pr.* Serachja.
זרם	*q* wegschwemmen?
	poel ausgießen.
זֶרֶם	Wolkenbruch.
*זִרְמָה	Penis.
זרע	*q* säen.
	ni gesät werden; befruchtet werden.
	pu gesät werden.
	hi Samen bilden; *Lev 1*22 Nachkommenschaft hervorbringen.
זֶרַע	Aussaat, Saat; Same; Nachkommenschaft; Geschlecht.
זֵרֹעִים, זֵרְעֹנִים°	Gemüse.
זרק	*q* streuen, sprengen; *Hos 7*9 eingesprengt sein.
	pu gesprengt werden.
זרר	*q pass.?* ausgedrückt werden.
	poel niesen.
זֶרֶשׁ	*n. pr. f.* Seresch.
זֶרֶת	Spanne *(ca. 22 cm).*
זַתּוּא	*n. pr.* Sattu.
זֵתָם	*n. pr.* Setam.
זֵתַר	*n. pr.* Setar.

ח

*חֹב	Hemdtasche.
חבא	*ni* sich verstecken; versteckt, geborgen sein.
	pu sich versteckt halten.
	hi verstecken, versteckt halten.

ho versteckt gehalten werden.

hitp sich versteckt halten; *Hi* 38₃₀ sich verdichten.

חבב°   *q* lieben.

חֹבָב   *n. pr.* Hobab.

חבה   *q* sich verstecken.

     ni sich verstecken.

חָבוֹר   *n. fl.* Habor.

חַבּוּרָה   Wunde, Beule.

חבט   *q* abschlagen, ausklopfen.

     ni ausgeklopft werden.

חֲבָיָה   *n. pr.* Hobaja.

חֶבְיוֹן   Hülle.

I חבל   *q* pfänden.

     ni gepfändet werden.

II חבל   *q* böse handeln.

     pi verderben, zugrunde richten.

     pu vernichtet werden; verstört sein.

III חבל   *pi* empfangen.

I חֶבֶל   Seil, Strick, Schnur; Schlinge, Fangstrick; Feldstück; Bezirk, Landstrich; *I Sam* 10₅.₁₀ Bande.

II חֶבֶל   Verderben.

חֵבֶל   Wehen, Schmerzen; Leibesfrucht.

חֲבֹל   Pfand.

חִבֵּל   Mastbaum?

חֹבֵל   Matrose.

חֲבֹלָה*   Pfand.

חֹבְלִים   Verbindung.

חֲבַצֶּלֶת   Lilie *(Affodil)*.

חֲבַצִּנְיָה   *n. pr.* Habazzinja.

חבק   *q* umarmen; *Koh* 4₅ *(die Hände)* ineinander legen.

     pi umarmen; *Hi* 24₈ *Thr* 4₅ Schutz suchen.

חִבֻּק   Ineinanderlegen.

חֲבַקּוּק   *n. pr.* Habakuk.

I חבר   *hi* glänzen.

II חבר   *q* verbunden sein; bannen.

     pi verbinden, verbünden.

     pu verbunden sein/werden.

hitp sich verbünden; Handelsgemeinschaft haben.

itpa Handelsgemeinschaft haben.

חֶבֶר I	Verbindung, Gemeinschaft; Bindung, Bann.
חֶבֶר II	*n. pr.* Heber.
חָבֵר	Genosse, Gefährte; Anhänger.
חַבָּר*	Zunftgenosse.
חֲבַרְבֻּרֹת*	Flecken.
חֶבְרָה	Gemeinschaft.
חַבּוּרָה*	Wunde, Beule.
חֶבְרוֹן	*n. pr., n. l.* Hebron.
חֶבְרוֹנִי	*n. gent.* Hebroniter.
חֶבְרִי	*n. gent.* Hebriter.
חֶבְרֹנִי	→ חֶבְרוֹנִי.
חֲבֶרֶת*	Gefährtin.
חֹבֶרֶת	Reihe; Behang.
חבש	*q* binden, umbinden, verbinden; satteln; *Ez 27*₂₄ drehen; *Hi 34*₁₇ den Zügel führen; *Hi 40*₁₃ einschließen.
	pi verbinden; eindämmen.
	pu verbunden werden.
חֲבִתִּים	Pfannen.
חַג	Wallfahrtsfest.
חָגָא	Beschämung.
חָגָב I	Heuschrecke.
חָגָב II	*n. pr.* Hagab.
חֲגָבָה	*n. pr.* Hagaba.
חגג	*q* ein Wallfahrtsfest feiern; *Ps 107*₂₇ taumeln.
חָגוּ*	Schlupfwinkel.
חָגוּר*	gegürtet.
חֲגוֹר	Gürtel.
חֲגוֹרָה	Gürtel; Schurz.
חַגַּי	*n. pr.* Haggai.
חַגִּי	*n. pr.* Haggi; *n. gent.* Haggiter.
חַגִּיָּה	*n. pr.* Haggija.
חַגִּית	*n. pr. f.* Haggit.
חָגְלָה	*n. pr. f.* Hogla.
חגר	*q* gürten; sich gürten.
חֲגֹר, חֲגֹרָה	→ חֲגוֹר, חֲגוֹרָה.
חַד* I	scharf.

II חַר° *Ez* 33₃₀ einer.

חרד *q* angriffslustig sein.

ho geschärft werden.

חֲרַד *n. pr.* Hadad.

חרה° *q* sich freuen.

pi erfreuen.

חַדּוּדִים* Spitzen.

חֶדְוָה° Freude.

חָדִיד *n. l.* Hadid.

חדל *q* aufhören, ablassen, unterlassen; ausbleiben, fehlen; ruhen.

חָדֵל *Ps* 39₅ aufhörend, vergänglich; *Ez* 3₂₇ unterlassend; *Jes* 53₃ *unsicher.*

חֶדֶל Totenreich?

חַדְלַי *n. pr.* Hadlai.

חֶדֶק *Nachtschattengewächs.*

חִדֶּקֶל *n. fl.* Tigris.

חדר *q* umkreisen.

חֶדֶר Innenraum, Kammer; Innerstes.

חֲדְרָךְ *n. l.* Hadrach.

חרש *pi* neu machen, erneuern.

hitp sich erneuern, verjüngen.

חָדָשׁ neu, frisch.

I חֹדֶשׁ Neumond, Monat; *Jer* 2₂₄ Brunstzeit.

II חֹדֶשׁ *n. pr. f.* Hodesch.

חֲדָשָׁה *n. l.* Hadascha.

חֲדָשִׁי *n. l.* Hodschi.

חֲדַתָּה° → חָצוֹר חֲדַתָּה.

חוב° *pi* in Schuld bringen.

חוֹב° Schuld.

חוֹבָה *n. l.* Hoba.

חוג *q* einen Kreis ziehen.

חוּג Kreis, Horizont.

חור° *q* ein Rätsel aufgeben.

חוה° *pi* verkünden, unterrichten.

I חַוָּה* Zeltlager, Zeltdorf.

II חַוָּה *n. pr. f.* Eva.

חוֹזֶה* → חֹזֶה.

חוֹזַי   *n. pr.* Hosai.

חוֹחַ   Dornen; Dorn, Haken.

חֲוָחִים   Schlupfwinkel.

חוּט   Faden.

חִוִּי   *n. pr.* Hiwwi; *n. gent.* Hiwwiter (Hewwiter).

חֲוִילָה   *n. pr., n. terr.* Hawila.

I חול   *q* Reigen tanzen, sich wenden.

       pol Reigen tanzen.

       hitpol wirbeln.

II חול   → חיל I.

חוּל   *n. pr.* Hul.

I חוֹל   Sand.

II חוֹל   *Hi* 29₁₈ Phönix.

חֻם   dunkelfarbig.

חוֹמָה   Mauer.

חום   *q* betrübt sein; sich erbarmen, schonen.

חוֹף   Ufer, Küste.

חוּפָם   *n. pr.* Hufam.

חוּפָמִי   *n. gent.* Hufamiter.

חוּץ   Gasse; draußen; *Koh* 2₂₅ °חוּץ מִן außer.

חֻקֹּק   *n. l.* Hukok.

חור   *q* erbleichen.

I חוּר   Linnen.

II חוּר   *n. pr.* Hur.

חוֹר   → חֹר I.

חוֹרֵב   → חֹרֵב.

חוֹרִי   → חֹרִי II.

חוֹרַי   Linnen.

חוּרִי   *n. pr.* Huri.

חוּרַי   *n. pr.* Hurai.

חוּרָם   *n. pr.* Huram.

חַוְרָן   *n. terr.* Hauran.

חוֹרֹנַיִם   → חֹרֹנַיִם.

חוש   *q* eilen; *Koh* 2₂₅ sich sorgen?, genießen?

       hi eilen, beschleunigen; weichen.

חוּשָׁה   *n. pr.* Huscha.

חוּשַׁי   *n. pr.* Huschai.

חוּשִׁים   *n. pr. f.* Huschim.

חוּשָׁם → חֻשָׁם.

I חוֹתָם Siegel.

II חוֹתָם n. pr. Hotam.

חֲזָאֵל n. pr. Hasaël.

חזה q sehen, schauen; *Ex 18*₂₁ sich ausersehen.

חָזֶה Brust, Brustkern.

חֹזֶה Seher.

חֲזָהאֵל → חֲזָאֵל.

חֲזוֹ n. pr. Haso.

חָזוֹן Vision, Erscheinung.

חָזוּת Visionsbericht.

°חָזוּת Vision; *Dan 8*₅,₈ Auffälligkeit.

חֲזִיאֵל n. pr. Hasiël.

חֲזָיָה n. pr. Hasaja.

חֶזְיוֹן n. pr. Hesjon.

חִזָּיוֹן Vision, Erscheinung.

חֲזִיז Gewitterwolke.

חֲזִיר Wildschwein.

חֵזִיר n. pr. Hesir.

חזק q fest, stark werden/sein; *c.* עַל drängen; *c.* בְּ hängen bleiben, festhalten; *c.* לֵב verstockt sein.

pi fest, stark machen; *c.* לֵב *und* פָּנִים verhärten, verstokken; *Jes 33*₂₃ festhalten; *Jes 22*₂₁ *Nah 2*₂ umgürten (*aram.*).

hi fest, stark machen; ergreifen, festhalten; sich mächtig zeigen.

hitp sich stark machen/zeigen.

חָזָק fest, hart, stark; heftig.

חֵזָק stark, kräftig.

*חֹזֶק Stärke.

חֵזֶק Stärke.

*חֶזְקָה Erstarken; *Jes 8*₁₁ Zupacken.

חָזְקָה Gewalt, Stärke; *II Reg 12*₁₃ Ausbesserung (*bautechnisch*).

חִזְקִי n. pr. Hiski.

(וֹ)חִזְקִיָּה n. pr. Hiskia.

חָח Dorn, Haken; *Ex 35*₂₂ Spange.

חטא q verfehlen; schuldig sein, verschulden, sündigen; *Hab* 2₁₀ *Prov* 20₂ verwirken.

pi entsündigen, Sündopfer darbringen; *Gen* 31₃₉ ersetzen müssen.

hi zur Sünde veranlassen, verführen; *Jdc* 20₁₆ verfehlen; *Jes* 29₂₁ als schuldig hinstellen.

hitp sich entsündigen; *Hi* 41₁₇ sich zurückziehen.

חֵטְא Verfehlung, Schuld, Sünde.

חַטָּא* sündig; Sünder.

חֲטָאָה Verfehlen.

חֲטָאָה Verfehlung, Sünde; Sündopfer.

חַטָּאָה Verfehlung, Sünde.

חַטָּאת, חַטָּאוֹ Verfehlung, Sünde; Sündenstrafe; Sündopfer.

I חטב q hauen.

pu pt. geschnitzt.

II חטב *q pt. pass.* bunt.

חִטָּה Weizen.

חַטּוּשׁ *n. pr.* Hattusch.

חֲטִיטָא *n. pr.* Hatita.

חַטִּיל *n. pr.* Hattil.

חֲטִיפָא *n. pr.* Hatifa.

חטם q sich bezähmen.

חטף° q rauben.

חֹטֶר Sproß, Rute.

חַטָּת → חַטָּאת.

I חַי lebendig; frisch; כָּעֵת חַיָּה übers Jahr; → *auch* חַיִּים.

II חַי* *I Sam* 18₁₈ Sippe?

חִיאֵל *n. pr.* Hiël.

חִידָה° Rätsel; *Hab* 2₆ versteckte Anspielung; *Dan* 8₂₃ Ränke.

חיה q leben, am Leben bleiben, aufleben, genesen.

pi leben lassen, am Leben erhalten; lebendig machen, ins Leben rufen; wiederbeleben; *Hos* 14₈ (Korn) anbauen.

hi am Leben erhalten; beleben.

חָיֶה* *Ex* 1₁₉ leicht gebärend.

I חַיָּה Tier *(meist nicht domestiziert)*; Wesen.

II חַיָּה* Leben; *Hi* 33₂₀ 38₃₉ Gier.

III חַיָּה Schar, Heer.

חַיּוּת Lebensdauer; *II Sam 20₃* bei Lebzeiten *(des Mannes)*.

חַיִּים Leben, Lebenszeit, Lebensdauer; Lebensglück; Lebens-unterhalt.

חִיל I *q* Wehen haben, kreißen; sich winden, beben.
pol zum Kreißen bringen; hervorbringen.
polal geboren werden; *Hi 26₅* zum Beben gebracht wer-den.
hi beben machen.
ho geboren werden.
hitpol sich vor Angst winden.
hitpalp sich bebend winden.

חִיל II *q* Dauer, Bestand haben.

חִיל III *q* warten.
pol warten.
hitpol warten.

חִיל Kraft, Tüchtigkeit; Vermögen, Habe; Streitmacht, Heer; *Neh 3₃₄* Oberschicht.

חֵיל Vormauer?, Ringmauer?

חִיל Wehen.

חִילָה Wehen.

חִילֵז *n. l.* Hiles.

חֵילֵךְ *n. terr.* Helech, Kilikien.

חֵילָם *n. l.* Helam.

חִילֵן *n. l.* Hilen.

חִין *Hi 41₄ text. corr.*

חַיִץ Wand.

חִיצוֹן außen gelegen, äußerer; weltlich; *c.* לְ außerhalb.

חֵיק Schoß; Gewandbausch; Nierengegend; *f.* Höhlung.

חִירָה *n. pr.* Hira.

חִירוֹם *n. pr.* Hirom.

חִירָם *n. pr.* Hiram.

חִירֹת → פִּי־הַחִירֹת.

חִישׁ eilends.

חֵךְ Gaumen.

חכה *q* warten auf.
pi warten, harren; zaudern.

חַכָּה Angelhaken.

חֲכִילָה *n. l.* Hachila.

חֲכַלְיָה	*n. pr.* Hachalja.
חַכְלִילִי	dunkel.
חַכְלִלוּת	Trübheit.
חכם	*q* weise werden/sein; sich weise verhalten.
	pi weise machen; unterweisen.
	pu pt. belehrt, gewitzigt.
	hi weise machen.
	hitp sich weise, klug zeigen.
חָכָם	kundig, geschickt, kunstfertig; erfahren, klug, weise.
חָכְמָה	Fertigkeit, Geschick; Erfahrung, Klugheit, Weisheit.
חַכְמוֹנִי	*n. pr.* Hachmoni.
חָכְמוֹת	Weisheit.
חֹל	profan.
חֵל	→ חיל.
חלא	*q* erkranken.
	hi krank machen.
I *חֶלְאָה	Rost.
II חֶלְאָה	*n. pr. f.* Hela.
חֲלָאִים	*pl. von* I חֲלִי.
חֶלְאָמָה	→ חֵילָם.
חָלָב	Milch.
I חֵלֶב	Fett; Bestes, Erlesenes.
II חֵלֶב	*n. pr.* Heleb.
חֶלְבָּה	*n. l.* Helba.
חֶלְבּוֹן	*n. l.* Helbon.
חֶלְבְּנָה	Galbanumharz.
חֶלֶד	Lebensdauer; Welt.
חֶלֶד	*n. pr.* Heled.
חֹלֶד	Maulwurf.
חֻלְדָּה	*n. pr. f.* Hulda.
חֶלְדַּי	*n. pr.* Heldai.
חלה	*q* schwach, krank sein/werden.
	ni schwach, krank werden; *pt.* schlimm, unheilbar.
	pi krank machen; *c.* פָּנִים besänftigen.
	pu schwach gemacht werden.
	hi krank machen; *pt.* Krankheit.
	ho entkräftet sein.
	hitp sich krank fühlen/stellen.

חַלָּה   Brot *(ringförmig)*.

חֲלוֹם   Traum.

חַלּוֹן   Fensteröffnung, Fenster.

חֹלוֹן   *n. l.* Holon.

חֲלוֹף   Dahinschwinden?

חֲלוּשָׁה   Niederlage.

חַלַּח   *n. l.* Halach.

חַלְחוּל   *n. l.* Halhul.

חַלְחָלָה   Beben.

חלט   *q* als günstig annehmen.

חֳלִי   Krankheit, Leiden.

I חֲלִי   Schmuck.

II חֲלִי   *n l.* Hali.

חֶלְיָה*   Schmuck.

חָלִיל   Flöte.

חָלִילָה   es sei fern.

חֲלִיפָה*   Wechsel, Ablösung; *(Wechsel-)*Kleid; *Ps 55*20 gegenseitige Verpflichtung.

חֲלִיצָה*   Kleidung, Rüstung *(< Ausziehbares)*.

חֶלְפָּאִים,   *unerklärt.*
חֶלְכָה

I חלל   *ni* entweiht werden; sich entweihen.

     pi entweihen; in *(profanen)* Gebrauch nehmen; *Ez 28*16 verstoßen.

     pu pt. entweiht.

     hi anfangen; *Ez 39*7 entweihen lassen; *Num 30*3 *(das Wort)* brechen.

     ho angefangen werden.

II חלל   *q* durchbohrt sein.

     pi durchbohren.

     pu pt. durchbohrt.

     poel durchbohren.

     poal pt. durchbohrt.

III חלל   *pi* Flöte blasen.

חָלָל   durchbohrt; getötet; defloriert.

חֲלָלָה   → חָלִילָה.

I חלם   *q* kräftig werden.

     hi erstarken lassen.

II חלם   *q* träumen.
        hi? träumen lassen.

חֲלם   → חֲלוֹם.

חֵלֶם   *n. pr.* Helem.

חַלָּמוּת   *Pflanzenart* Eibisch *oder* Ochsenzunge.

חַלָּמִישׁ   Kiesel.

חֵלֹן   *n. pr.* Helon.

חלֹן   → חלוֹן.

I חלף   *q* vorüberziehen, dahinfahren; *I Sam 10*₃ wegziehen.
        pi wechseln, ändern.
        *hi Gen 31*₇.₄₁ ändern; *Gen 35*₂ *Ps 102*₂₇ wechseln; *Lev*
        *27*₁₀ ersetzen; *Jes 9*₉ an die Stelle setzen; *Jes 40*₃₁ *41*₁
        neu erhalten; *Hi 14*₇ neu ausschlagen; *Hi 29*₂₀ eins aufs
        andere folgen lassen.

II חלף   *q* durchbohren.

I °חֵלֶף   anstatt.

II חֵלֶף   *n. l.* Helef.

I חלץ   *q* ausziehen; *Thr 4*₃ übertr. (Zitzen) darbieten; *Hos 5*₆
        sich entziehen.
        ni gerettet werden.
        pi herausbrechen; retten; *Ps 7*₅ plündern.

II חלץ   *q pt. pass.* gerüstet.
        ni sich rüsten.
        hi rüstig machen.

I *חֲלָץ   Lende.

II חֶלֶץ   *n. pr.* Helez.

I חלק   *q* glatt, falsch sein.
        hi glätten; *c.* לָשׁוֹן *oder* אֲמָרִים schmeicheln.

II חלק   *q* teilen, verteilen, zuteilen; Anteil erhalten; Anteil
        geben; *II Chr 28*₂₁ ausrauben.
        ni verteilt werden; sich teilen.
        pi teilen, verteilen, zuteilen; zerstreuen.
        pu verteilt werden.
        hi an einer Erbteilung teilnehmen.
        hitp untereinander teilen.

חָלָק   glatt, einschmeichelnd; *Ez 12*₂₄ trügerisch; *pl. f. auch*
        Falschheit, Schmeichelhaftes; *Ps 73*₁₈ Schlüpfriges.

I חֵלֶק   Schmeichelei.

חֵלֶק II   Teil, Anteil, Besitz, Gewinn; Geschick.

חֵלֶק III   *n. pr.* Helek.

חַלָּק*   glatt.

חֲלָקָה* I   Glätte, Schmeichelei.

חֶלְקָה II   Feld.

חֲלֻקָּה*   Abteilung.

חֲלָקוֹת   Glätte.

חֶלְקִי   *n. gent.* Helkiter.

חֶלְקַי   *n. pr.* Helkai.

חִלְקִיָּה(וּ)   *n. pr.* Hilkia.

חֲלַקְלַקּוֹת   glatte Stellen; Glätte, Falschheit.

חֶלְקַת   *n. l.* Helkat.

חלשׁ   *q Ex 17₁₃ Jes 14₁₂* beslegen; *Hi 14₁₀* hinfällig sein.

חַלָּשׁ   Schwächling.

חָם* I   Schwiegervater *(Vater des Mannes).*

חָם II   heiß.

חָם III   *n. pr.* Ham > Ägypten.

חֹם   Hitze.

חֵמָא   → חֵמָה I.

חֶמְאָה   Butter.

חמד   *q* begehren, gieren nach; schätzen; *pt. pass. Jes 44*
Liebling, *Ps 39₁₂ Hi 20₂₀* Kostbarkeit.

          ni pt. begchrenswert.

          pi begehren.

חֶמֶד   Anmut, Schönheit.

חֶמְדָּה   Begehrenswertes, Kostbarkeit, Lieblichkeit.

חֲמֻדוֹת   Kostbarkeiten; lecker; liebenswert.

חֶמְדָּן   *n. pr.* Hemdan.

חֲמֻדֹת   → חֲמֻדוֹת.

חֹמָה   → חוֹמָה.

חַמָּה   Glut > Sonne.

חֵמָה I   Hitze, Erregung, Zorn; Gift.

חֵמָה II   → חֶמְאָה.

חַמּוּאֵל   *n. pr.* Hammuël.

חֲמוּדוֹת,   → חֲמֻדוֹת.

חֲמוּדֹת

חֲמוּטַל   *n. pr. f.* Hamutal.

חָמוּל   *n. pr.* Hamul.

חֲמוּלִי   *n. gent.* Hamuliter.

חַמּוֹן   *n. l.* Hammon.

*חָמוּץ   grell.

חָמוֹץ   Bedrücker.

*חַמּוּק   Rundung.

חֲמוֹר I   Esel.

חֲמוֹר II   *I Sam* 16₂₀ Haufe; *Jdc* 15₁₆ *c. du.* haufenweise.

חֲמוֹר III   *n. pr.* Hamor.

*חָמוֹת   Schwiegermutter *(Mutter des Mannes).*

חֹמֶט   *ein Reptil.*

חֻמְטָה   *n. l.* Humta.

חֲמִיטַל   *II Reg* 24₁₈ *Jer* 52₁ *l. Q.*

חָמִיץ   Sauerampfer.

חֲמִישִׁי   fünfter; *f. auch* fünfter Teil; *I Reg* 6₃₁ fünfeckig.

חמל   *q* Mitleid haben; schonen, sparen; *II Sam* 12₄ nicht über sich bringen können; *c.* לֹא *auch* mitleidlos.

*חֶמְלָה   Mitleid.

חֶמְלָה   Mitleid.

חמם   *q* warm werden, sich wärmen; heiß, erregt werden.
ni pt. glühend, brünstig.
pi wärmen.
hitp sich wärmen.

*חַמָּן   Räucheraltar.

חמם   *q Jer* 22₃ *Hi* 21₂₇ gewalttätig behandeln, bedrücken; *Ez* 22₂₆ *Zeph* 3₄ verletzen; *Hi* 15₃₃ abwerfen; *Thr* 2₆ niederreißen.
ni bedrückt werden.

חָמָס   Gewalttat, Unrecht.

חמץ I   *q* durchsäuert werden/sein.
hi sauer schmecken.
hitp verbittert sein.

חמץ II   *q* unterdrücken.

חָמֵץ   Gesäuertes.

חֹמֶץ   Essig.

*חֶמְצָה   *inf. q von* חמץ I.

חמק   *q* abbiegen, weggehen.
hitp hin und her laufen, schwanken.

I חָמַר   q schäumen; *Ex* 2₃ verpichen.
      poalal gären.

II חָמַר   *poalal* gerötet sein.

חֶמֶר   Wein.

I חֹמֶר   Lehm, Ton; Kot.

II חֹמֶר   *Hohlmaß* Homer *(zwischen 220 l und 450 l)*; *Ex* 8₁₀
      Haufe.

III חֹמֶר   Wogenschwall.

חֵמָר   Asphalt, Erdpech.

חֲמֹר   → I חֲמוֹר.

חַמְרָן   *n. pr.* Hamran.

חמש   q *pt. pass.* in Kampfgruppen geordnet.
      pi den fünften Teil erheben.

חָמֵשׁ   fünf; *pl.* fünfzig.

I חֹמֶשׁ   *Gen* 47₂₆ Fünftel.

II חֹמֶשׁ   Unterleib, Bauch.

חֲמִשִׁי, חֲמִשִׁית   → חֲמִישִׁי.

חֵמֶת   Schlauch.

חֲמָת   *n. l.* Hamat.

חַמַּת   *n. pr., n. l.* Hammat.

חֲמָתִי   *n. gent.* Hamatiter.

חֵן   Anmut, Schönheit; Gunst, Geneigtheit, Beliebtheit;
      Sach 12₁₀ Mitleid.

חֲנָדָד   *n. pr.* Henadad.

חנה   q sich neigen; sich lagern, Kriegslager aufschlagen.
      pi gnädig sein.

חַנָּה   *n. pr. f.* Hanna.

חֲנוֹךְ   *n. pr., n. l.* Henoch.

חָנוּן   *n. pr.* Hanun.

חַנּוּן   freundlich, huldvoll.

°*חָנֻת   Gewölbe.

I חנט   q *Gen* 50₂.₂₆ einbalsamieren.

II חנט   q *Cant* 2₁₃ reif werden.

חֲנָטִים   Einbalsamierung.

חַנִּיאֵל   Hanniël.

חֲנִיּוֹת   *pl. von* חָנוּת.

*חָנִיךְ   Gefolgsmann?; erprobt?

חֲנִינָה   Freundlichkeit, Huld.

חֲנִית   Speer.

חנך   q anleiten, einweihen.

חֲנֻכָּה   Einweihung.

חֲנֹכִי   n. gent. Henochiter.

חִנָּם   unentgeltlich, ohne Entschädigung; vergeblich; ohne Grund, ohne Verschuldung.

חֲנַמְאֵל   n. pr. Hanamel.

חֲנָמֵל   Wasserflut.

חנן I   q gnädig, gütig sein.
ni Jer 22₂₃ von אנח.
pi lieblich machen.
poel Erbarmen haben.
ho Erbarmen finden.
hitp um Gnade, Erbarmen flehen.

חנן II   q stinken.

חָנָן   n. pr. Hanan.

חֲנַנְאֵל   n. l. Hananel.

חֲנָנִי   n. pr. Hanani.

חֲנַנְיָה(וּ)   n. pr. Hananja.

חָנֵס   n. l. Hanes.

חנף   q entweiht, gottlos sein; Jer 3₉ entweihen.
hi entweihen; abtrünnig machen.

חָנֵף   gottlos.

חֹנֶף   Gottlosigkeit.

חֲנֻפָּה   Gottlosigkeit.

חנק   pi erwürgen.
ni sich erdrosseln.

חַנָּתֹון   n. l. Hannaton.

חסד I   hitp sich verbunden erweisen.

חסד II°   pi schmähen.

חֶסֶד I   Gemeinschaftspflicht, Verbundenheit, Solidarität; pl. auch Gnadenerweise, Frömmigkeitserweise.

חֶסֶד II   Schmach.

חֶסֶד III   n. pr. Hesed.

חֲסַדְיָה   n. pr. Hasadja.

חסה   q sich bergen, Zuflucht suchen.

חֹסָה   n. pr., n. l. Hosa.

חָסוּת   Zuflucht.

חָסִיד	treu, fromm.
חֲסִידָה	Storch?, Reiher?
חָסִיל	Heuschrecke?, Schabe?
חָסִין	stark.
חסל	q abfressen.
חסם	q zubinden, versperren.
°חסן	ni aufgespeichert werden.
°חֹסֶן	Vorrat, Schatz.
°חָסֹן	stark.
חספס	pt.(pass.) flockig?
חסר	q abnehmen; leer sein; fehlen, entbehren; Mangel leiden.
	pi fehlen lassen, entbehren lassen.
	hi mangeln lassen, Mangel haben.
חָסֵר	ermangelnd, fehlend.
חֶסֶר	Mangel.
חֹסֶר	Mangel.
חַסְרָה	n. pr. Hasra.
°חֶסְרוֹן	Mangel.
°חַף	rein.
חפא	pi II Reg 17₉ unerklärt.
חפה	q verhüllen.
	ni bedeckt sein.
	pi überziehen.
I חֻפָּה	Schutzdach; Brautgemach.
II חֻפָּה	n. pr. Huppa.
חפז	q forthasten.
	ni fortgetrieben werden.
חִפָּזוֹן	eilige Flucht, Hast.
חֻפִּים, חֻפָּם	n. pr. Huppim.
*חֹפֶן	hohle Hand.
חָפְנִי	n. pr. Hofni.
חפף	q schirmen.
I חפץ	q gern haben, Gefallen haben; wollen; willens sein, Lust haben.
II חפץ	q Hi 40₁₇ hängen lassen?, ausstrecken?
חָפֵץ	Gefallen habend, willig.

חֵפֶץ	Gernhaben, Freude, Gefallen; Wunsch, Anliegen; Geschäft, Angelegenheit, Sache *(aram.)*.
חֶפְצִי־בָהּ	*n. pr. f.* Hefziba.
חפר I	*q* graben, scharren; ausfindig machen.
חפר II	*q* sich schämen, beschämt sein.
	hi sich beschämt wissen; schändlich handeln.
חֵפֶר	*n. pr., n. l.* Hefer.
חֶפְרִי	*n. gent.* Hefriter.
חֲפָרַיִם	*n. l.* Hafarajim.
חָפְרַע	*n. pr.* Hofra.
חֲפֹר פֵּרוֹת*	*l.* חֲפַרְפָּרוֹת Spitzmäuse.
חפש	*q* erforschen, durchsuchen.
	ni durchsucht werden.
	pi suchen, durchsuchen, forschen.
	pu sich verbergen?, ersonnen werden?
	hitp sich unkenntlich machen, sich entstellen.
חֵפֶשׂ	Anschlag?
חפש	*pu* freigelassen werden.
חֹפֶשׁ	Stoff.
חֻפְשָׁה	Freilassung.
חָפְשׁוּת	*l. Q (II Chr 26₂₁).*
חָפְשִׁי	freigelassen, frei.
חָפְשִׁית	Freilassung; der Geschäfte ledig.
חֵץ	Pfeil.
חצב	*q* brechen, aushauen, behauen; spalten, zerschlagen.
	ni ausgehauen werden.
	pu ausgehauen werden.
	hi niederhauen.
חצה	*q* teilen, verteilen, abteilen; *Jes* 30₂₈ *c.* עַד reichen bis.
	ni sich teilen.
חֲצוֹצְרָה	→ חֲצֹצְרָה.
חָצוֹר	*n. l.* Hazor.
חָצוֹר חֲדַתָּה	*n. l.* Hazor-Hadatta.
חָצוֹת	Mitte.
חֲצִי	Hälfte; Mitte, halbe Höhe.
חֵצִי	Pfeil.
חָצִיר	Gras, Schilf; *Nu* 11₅ Lauch.
חֵצֶן*, חֹצֶן	Kleiderbausch, Busen.

חצץ   *q* Abstand halten.
     pi verteilen.
     pu knapp bemessen sein.

חָצָץ   Steinchen, Kiesel.

חַצְצוֹן תָּמָר,   *n. l.* Hazezon-Tamar.
חַצְצֹן תָּמָר

חצצר   blasen, trompeten.

חֲצֹצְרָה   Trompete.

חָצֵר   Siedlung, Hof, eingehegter Raum.

חָצֹר   → חָצוֹר.

חֲצַר־אַדָּר   *n. l.* Hazar-Addar.

חֲצַר גַּדָּה   *n. l.* Hazar-Gadda.

חֶצְרוֹ   *n. pr.* Hezro.

חֶצְרוֹן   *n. pr.*, *n. l.* Hezron.

חֶצְרוֹנִי   *n. gent.* Hezroniter.

חֲצֵרוֹת   *n. l.* Hazerot.

חֶצְרַי   *n. pr.* Hezrai.

חֲצַרְמָוֶת   *n. pr.* Hazarmawet.

חֶצְרֹן   → חֶצְרוֹן.

חֶצְרֹנִי   → חֶצְרוֹנִי.

חֲצַר סוּסָה,   *n. l.* Hazar-Susa, Hazar-Susim.
חֲצַר סוּסִים

חֲצַר עֵינוֹן   *n. l.* Hazar-Enon, Hazar-Enan.
חֲצַר עֵינָן

חֲצַר שׁוּעָל   *n. l.* Hazar-Schual.

חֲצֵרֹת   → חֲצֵרוֹת.

חֵק   → חֵיק.

חֹק   Festgesetztes, Bestimmtes; Maß, Ziel; bestimmte Zeit; zukommende Gebühr, Verpflichtung, Anspruch; Bestimmung, Regel, Vorschrift, Ordnung, Gesetz; *Ps 27* Königsprotokoll.

חקה   *pu pt.* eingeritzt, gezeichnet.
     hitp einzeichnen.

חֻקָּה   Festgesetztes, Bestimmtes; Vorschrift, Satzung, Ordnung, Gesetz; *Jer 5₂₄* Zeit.

חֲקוּפָא   *n. pr.* Hakufa.

חקק   *q* einritzen, einzeichnen; festsetzen, bestimmen, anordnen; *Jes 22₁₆* aushauen.

pu pt. vorgeschrieben.

ho aufgezeichnet werden.

poel ordnen, bestimmen; *pt. auch* Ordnerstab; Führer.

חְקְקֵי   *pl. cs. von* חֹק.

חקר   *q* erforschen, auskundschaften, prüfen.

ni erforscht werden; berechnet werden; durchdringlich sein.

pi forschen.

חֵקֶר   Forschen; Erforschung; Erforschtes.

I *חֹר   Freier, Vornehmer.

II חֹר   Loch, Höhle.

חֹר   Loch, Versteck.

*חֲרָאִים   Kot, Mist.

I חרב   *q* austrocknen, vertrocknet sein; wüst, öd daliegen.

ni verwüstet sein.

pu ausgetrocknet sein.

hi vertrocknen lassen; verwüsten, öde machen.

ho verwüstet worden sein.

II חרב   *q* niederstoßen, niedermachen.

ni einander niedermachen.

ho II Reg 3₂₃ *inf. abs. in Verbindung mit ni.*

חָרֵב   trocken; verwüstet, verödet.

חֶרֶב   Messer, Dolch, Schwert; Meißel; *Ez 26₉* Eisen?

חֹרֶב   Trockenheit, Hitze; Verwüstung, Öde.

חֹרֵב   *n. l.* Horeb.

חָרְבָּה   verödetes Land, Trümmerstätte; *Hi 3₁₄* Pyramiden.

חָרָבָה   Trockenes.

*חַרְבוֹן   trockene Hitze.

חַרְבוֹנָא,   *n. pr.* Harbona.
חַרְבוֹנָה

חרג   *q* herauskommen.

חַרְגֹּל   *Heuschreckenart.*

חרד   *q* zittern, beben.

hi schrecken, in Schrecken versetzen.

חָרֵד   bebend, ängstlich, bange.

חֲרֹד   *n. l.* Harod.

I חֲרָדָה   Beben, Angst, Schrecken.

II חֲרָדָה   *n. l.* Harada.

חֲרֹדִי   *n. gent.* Haroditer.

חרה   *q* brennen, entbrennen; zornig werden; Jes 24₆ unsicher.

     ni pt. zornig.

     hi sich erhitzen; eifrig tätig sein.

     hitp sich erzürnt zeigen.

     tiphal wetteifern.

חֹר הַגִּדְגָּד   *n. l.* Hor-Haggidgad.

חַרְהֲיָה   *n. pr.* Harhaja.

חֲרוֹדִי   → חֲרֹדִי.

חֲרוּזִים   Kette.

חָרוּל   Unkraut, Distelkraut.

חֲרוּמַף   *n. pr.* Harumaf.

חָרוֹן   Glut.

חֹרוֹן   → בֵּית חֹרוֹן.

חֹרוֹנַיִם   *n. l.* Horonajim.

I חָרוּץ   Gold.

II חָרוּץ   Graben; Einschnitt; verstümmelt; Dreschwagen; Joel 4₁₄ Entscheidung.

III חָרוּץ   fleißig.

IV חָרוּץ   *n. pr.* Haruz.

חַרְחוּר   *n. pr.* Harhur.

חַרְחַס   *n. pr.* Harhas.

חַרְחֻר   Fieberhitze, Entzündung.

חֶרֶט   Griffel.

*חַרְטֹם   Gelehrter, Wahrsagepriester.

חֲרִי   Glut.

I חֹרִי   Gebäck.

II חֹרִי   *n. pr.* Hori; *n. gent.* Horiter.

חֲרֵי   *st. cs. von* *חֲרָאִים.

*חָרִיט   Behälter, Geldbeutel.

חֲרֵייוֹנִים   *l.* חֲרֵי יוֹנִים (*II Reg* 6₂₅).

חָרִיף   *n. pr.* Harif.

חֲרִיפִי   *l. K (I Chr* 12₆) *n. gent.* Chariphiter.

I *חָרִיץ   Schnitte, Stück.

II *חָרִיץ   Pickel, Haue.

חָרִישׁ   Pflügezeit; zu Pflügendes > Ackerland.

*חֲרִישִׁי   *unerklärt.*

חֲרַךְ	q *unerklärt.*
חֲרַכִּים	Gitterfenster.
I חרם	*hi* bannen, durch den Bann weihen; vernichten.
	ho gebannt werden.
II חרם	*q pt. pass.* mit gespaltener Nase.
	*hi Jes 11*15 spalten.
I חֵרֶם	Bann; Gebanntes, Banngut.
II חֵרֶם	Netz.
חָרִם	*n. pr.* Harim.
חֹרֵם	*n. l.* Horem.
חָרְמָה	*n. l.* Horma.
חֶרְמוֹן	*n. l.* Hermon.
חֶרְמוֹנִים	Hermongipfel.
חֶרְמֹן	→ חֶרְמוֹן.
חֶרְמֵשׁ	Sichel.
חָרָן	*n. pr., n. l.* Haran.
חֹרֹנִי	*n. gent.* Horoniter.
חֹרֹנַיִם	→ חוֹרֹנַיִם.
חַרְנֶפֶר	*n. pr.* Harnefer.
I חֶרֶס	*f.* Schorf, Krätze.
II חֶרֶס	Sonne.
III חֶרֶס	*n. l.* Heres.
חַרְסוּת	*l. Q (Jer 19*2*)* Scherbe.
I חרף	*q* überwintern.
II חרף	*q* schmähen, verhöhnen.
	pi schmähen, verhöhnen; reizen; gering achten.
III חרף	*ni pt. Lev 19*20 bestimmt.
חָרֵף	*n. pr.* Haref.
חֹרֶף	Frühzeit, Jugend; Herbst; Winter.
חֶרְפָּה	Schmähung; Schmach, Schande.
I חרץ	*q* bestimmen, festsetzen; *c.* לָשׁוֹן bedrohen.
	ni pt. Beschlossenes, Entscheidung.
II חרץ	*q* sich beeilen.
חַרְצֹב*	Fessel; Qual.
חַרְצָן*	Kern.
חרק	*q* knirschen.

חרר	*q* glühen, brennen.
	ni angebrannt, versengt, entzündet sein.
	pilp in Glut bringen.
חֲרֵרִים	Steinwüste, Lavafelder.
חֶרֶשׂ	Tonerde; Scherbe.
חֲרֶשֶׂת	→ קִיר חֲרֶשֶׂת.
I חרשׂ	*q* eingraben; bearbeiten, schneiden; pflügen; bereiten.
	ni gepflügt werden.
	hi bereiten.
II חרשׂ	*q* taub sein, stumm sein.
	hi stumm sein, schweigen, verschweigen; unterlassen, untätig sein; zum Schweigen bringen.
	hitp sich still verhalten.
I* חֶרֶשׂ	Zauberkunst.
II חֶרֶשׂ	heimlich.
III חֶרֶשׂ	*n. pr.* Heresch.
חֹרֶשׂ	Wald.
חָרָשׂ	Handwerker.
חֵרֵשׂ	taub.
חַרְשָׁא	*n. pr.* Harscha.
חֹרְשָׁה	*n. l.* Horescha.
חֲרֹשֶׂת	Bearbeitung.
חֲרֹשֶׂת	→ קִיר חֲרֶשֶׂת.
חֲרֹשֶׂת הַגּוֹיִם	*n. l.* Haroschet-Haggojim.
חרת°	*q* eingraben.
חֶרֶת	*n. l.* Heret.
חֲשׂוּפָא	*n. pr.* Hasufa.
חשׂך	*q* zurückhalten, schonen, sparen; ausbleiben.
	ni zurückgehalten, geschont werden
חשׂף	*q* abschälen, entblößen; schöpfen.
חָשׂף*	Häuflein, kleine Schar.
חֲשׂפָא	→ חֲשׂוּפָא.
חשׁב	*q* anrechnen, für wertvoll halten/achten; für etw. halten; beabsichtigen, ersinnen, planen; *Ps* 40₁₈ sorgen; *pt. auch* Stoffwirker, Techniker.
	ni angerechnet werden, geachtet werden, gelten als.
	pi berechnen; bedenken; ersinnen, planen.
	hitp sich zählen unter.

חֵשֶׁב	Gurt.
חַשְׁבַּדָּנָה	*n. pr.* Haschbaddana.
חֲשֻׁבָה	*n. pr.* Haschuba.
I חֶשְׁבּוֹן	Berechnung, Erkenntnis.
II חֶשְׁבּוֹן	*n. l.* Hesbon.
חִשְּׁבוֹן*	*pl.* Ränke; Belagerungsmaschine.
חֲשַׁבְיָה(וּ)	*n. pr.* Haschabja.
חֲשַׁבְנָה	*n. pr.* Haschabna.
חֲשַׁבְנְיָה	*n. pr.* Haschabneja.
חשה	*q* untätig sein; schweigen.
	hi schweigen heißen; untätig sein; schweigen; zaudern.
חַשּׁוּב	*n. pr.* Haschub.
חָשׁוּק*	Querstange.
חֲשֵׁיכָה	→ חֲשֵׁכָה.
חֲשִׁים	→ חֻשִׁים.
חשׁך	*q* dunkel sein/werden.
	hi verdunkeln, verfinstern; dunkel sein.
חֹשֶׁךְ	Dunkelheit, Finsternis, Verfinsterung.
חָשֹׁךְ*	dunkel > gering.
חֲשֵׁכָה	Finsternis.
חשׁל	*ni pt.* Nachzügler.
חָשֻׁם	*n. pr.* Haschum.
חֻשָׁם	*n. pr.* Huscham.
חֻשִׁם	*n. gent.* Huschiter.
חֶשְׁמוֹן	*n. l.* Heschmon.
חַשְׁמַל	Elektron.
חַשְׁמֹנָה	*n. l.* Haschmona.
חַשְׁמַנִּים	Bronzesachen.
חֹשֶׁן	Brustschild.
חשׁק	*q an jmd.* hängen, lieben.
	pi verbinden.
	pu pt. Verbindung *oder* verbunden.
חֵשֶׁק	Begehren.
חִשֻּׁק*	Radspeiche.
חִשֻּׁר*	Radnabe.
חֲשֵׂרָה*	Ansammlung?
חֲשַׁשׁ	dürres Gras; Laub.
חֻשָׁתִי	*n. gent.* Huschatiter.

חַת   Schrecken; schreckerfüllt.

חֵת   *n. pr.* Het.

I חתה   *q Ps 52₇* niederschlagen.

II חתה   *q* zusammenscharren.

*חִתָּה   Schrecken.

חִתּוּל   Verband.

חֲתַחְתִּים   Schrecken.

חִתִּי   *n. gent.* Hetiter.

חִתִּית   Schrecken.

חתך   *ni* bestimmt sein.

חתל   *pu* gewickelt werden.

     ho Ez 16₄ inf. abs. in Verbindung mit pu.

*חֲתֻלָּה   Windel.

חֶתְלֹן   *n. l.* Hetlon.

חתם   *q* siegeln, versiegeln; *Hi 33₁₆ Dan 9₂₄* bestätigen.

     ni versiegelt werden.

     pi sich einschließen.

     hi verstopft sein.

חֹתָם   → I חוֹתָם.

חֹתֶמֶת   Siegelgerät.

חתן   *q pt.* Schwiegervater; *Dtn 27₂₃* Schwiegermutter *(Eltern der Frau).*

     hitp sich verschwägern.

חָתָן   Schwiegersohn; Bräutigam; *II Reg 8₂₇* verwandt.

*חֲתֻנָּה   Hochzeit.

חתף   *q* hinwegraffen.

חֶתֶף   Räuber.

חתר   *q* durchbrechen; *Jon 1₁₃* rudern.

חתת   *q* mutlos, erschrocken sein.

     ni zerschlagen sein; niedergeschlagen, erschreckt sein.

     pi Jer 51₅₆ zerbrochen werden; *Hi 7₁₄* erschrecken.

     hi zerschmettern; erschrecken, mutlos machen.

I חֲתַת   Schrecken.

II חֲתַת   *n. pr.* Hatat.

ט

טָאטָא wegfegen.

טוב → I טוב‎.

טָבְאַל *n. pr.* Tabeal.

טָבְאֵל *n. pr.* Tabeël.

טְבוּל* Turban.

טַבּוּר Nabel.

טבח *q* schlachten, abschlachten.

I טֶבַח Schlachten.

II טֶבַח *n. pr.* Tebach.

טַבָּח *sg.* Schlächter, Koch; *pl.* Leibwache

טַבָּחָה* Köchin.

טִבְחָה Schlachten; Schlachtfleisch.

טִבְחַת *n. l.* Tibhat.

טוֹבִיָּה → טוֹבִיָּה‎.

טבל *q* ein-, untertauchen.

ni eingetaucht werden.

טְבַלְיָהוּ *n. pr.* Tebalja.

טבע *q* eindringen, einsinken.

pu versenkt werden.

ho eingesenkt werden; *Jer 38₂₂* eingesunken sein.

טַבָּעוֹת *n. pr.* Tabbaot.

טַבַּעַת Siegelring, Ring.

טַבְרִמֹּן *n. pr.* Tabrimmon.

טֵבֵת° Tebet *(Monatsname, Dezember/Januar)*.

טַבָּת *n. l.* Tabbat.

טָהוֹר rein.

טהר *q* rein sein.

pi reinigen, für rein erklären.

pu pt. gereinigt.

hitp sich reinigen.

טֹהַר Reinheit; Reinigung.

טֹהַר* Glanz.

טָהֹר → טָהוֹר‎.

טָהֳרָה Reinwerden; Reinigung; Reinigungsvorschrift.

טוב *q* gut, schön, froh, beliebt sein.

hi gut handeln.

טוב I	gut; angenehm, brauchbar, zweckmäßig, schön, freundlich; gütig.
טוב II	Wohlgeruch.
טוב III	*n. terr.* Tob.
טוב	Gut, Wohlstand, Glück, Güte, Schönheit.
טוב אֲדֹנִיָּה	*n. pr.* Tob-Adonija.
טוֹבִיָּה(וּ)	*n. pr.* Tobija.
טוה	*q* spinnen.
טוח	*q* bestreichen, überstreichen.
	ni überstrichen werden.
טוֹטָפֹת	Merkzeichen.
טול	*pilp* hinwerfen.
	hi schleudern, werfen.
	ho hingeworfen werden.
טוּר	Lage, Reihe.
טוּשׂ°	*q* umherfliegen.
טחה	*pil pt.* Schußweite.
טָחוֹן	Handmühle.
טְחוֹת	Ps 51₈ *text. corr.*; Hi 38₃₆ Ibis.
טחח	*q* verklebt sein.
טחן	*q* mahlen, zerreiben, zermalmen; Koh 12₃ *pt. f.* Mahlzahn.
טַחֲנָה	Mühle.
טְחֹרִים	Hämorrhoiden.
טֹטָפֹת	→ טוֹטָפֹת.
טִיחַ	Lehmüberzug.
טִיט	Schlamm, Lehm.
טִירָה*	Steinlager, Zeltlager; Cant 8₉ Zinne.
טַל	Tau; Nieselregen.
טלא	*q pt. pass.* gefleckt.
	pu pt. geflickt.
טְלָאִים I	*n. l.* Telaïm.
טְלָאִים II	*pl. von* טָלֶה.
טָלֶה	Lamm.
טַלְטֵלָה	weiter Wurf.
טלל°	*pi* überdachen.
טֶלֶם	*n. pr. (aram.), n. l.* Telem.

טַלְמוֹן°, *n. pr.* Talmon.
טַלְמֹן°

טמא   *q* unrein werden.
     ni sich verunreinigen.
     pi verunreinigen, für unrein erklären.
     pu pt. verunreinigt.
     hitp sich verunreinigen.
     hotpaal verunreinigt werden.

טָמֵא   unrein.
טֻמְאָה   Unreinheit.
טמה   *ni* unrein sein?
טמן   *q* verstecken, versteckt anbringen; verscharren.
     ni sich verstecken.
     hi sich versteckt halten.

טֶנֶא   Korb.
טנף°   *pi* beschmutzen.
טעה°   *hi* verleiten.
טעם   *q* kosten, schmecken, genießen; empfinden.
טַעַם   Geschmack, Empfindung; Verstand; *Jon* 3₇ Befehl, Erlaß (*aram.*).
I טען   *pu pt.* durchbohrt.
II °טען   *q* beladen.
טַף   *coll.* Kinder; nicht Marschfähige; Familie.
I טפח   *pi* ausbreiten.
II טפח   *pi* pflegen.
טֶפַח   Handbreit; *I Reg* 7₉ Kragstein?
טֹפַח   Handbreit.
טִפֻּחִים   Pflegen.
טפל   *q* beschmieren, besudeln, zuschmieren.
טַפְסָר*, טִפ°   *Amtsbezeichnung* Tafelschreiber?
טפף   *q* trippeln.
טפש   *q* unempfindlich sein.
טָפַת°   *n. pr. f.* Tafat.
טרד   *q* rinnen.
טְרוֹם   ehe noch.
טרח   *hi* belasten.
טֹרַח   Last.
טָרִי*   frisch, feucht.

טֶרֶם   Anfang; noch nicht; ehe noch, bevor.

טרף I   *q* reißen, zerreißen.

      ni zerrissen werden.

      pu zerrissen werden.

טרף II   *hi* genießen lassen.

טֶרֶף I   Raub.

טֶרֶף II   Nahrung.

טָרָף   frisch gepflückt.

טְרֵפָה   Zerrissenes.

י

יאב°   *q* sich sehnen.

יֹאָב   → יוֹאָב.

יאה   *q* gebühren.

יָאוֹר   → יְאֹר.

יַאֲזַנְיָה(וּ)   *n. pr.* Jaasanja.

יָאִיר   *n. gent.* Jaïr.

יאל I   *ni* töricht handeln, sich als Tor erweisen.

יאל II   *hi* auf etw. aus sein; sich entschließen; anfangen.

יְאֹר   Fluß, Strom; *meist* Nil; *pl. meist* Nilarme; *Hi* 28₁₀ Stollen?

יָאֲרִי   *n. gent.* Jaïriter.

יאש   *ni* verzweifeln; *pt. auch* vergeblich.

      pi verzweifeln lassen.

יֹאָשׁ   → יוֹאָשׁ.

יֹאשִׁיָּה(וּ)   *n. pr.* Josia.

יֵאָתוֹן   *l. Q (Ez 40₁₅)* Eingang?

יְאָתְרַי   *n. pr.* Jeaterai.

יבב   *pi* klagen.

יְבוּל   Ertrag.

יְבוּס   *n. l.* Jebus.

יְבוּסִי   *n. gent.* Jebusiter.

יִבְחָר   *n. pr.* Jibhar.

יָבִין   *n. pr.* Jabin.

יָבֵישׁ   → II יָבֵשׁ.

יָבַל   *hi* bringen.
    ho gebracht werden.
I *יָבָל   Graben.
II יָבָל   *n. pr.* Jabal.
יְבוּל → יָבֻל.
יוֹבֵל → יֹבֵל.
יִבְלְעָם   *n. l.* Jibleam.
יַבֶּלֶת   Warze?
יבם   *pi* Leviratsehe vollziehen.
*יָבָם   Schwager *(Bruder des Ehemanns)*.
*יְבֵמָה   Schwägerin.
יַבְנְאֵל   *n. l.* Jabneël.
יַבְנֶה   *n. l.* Jabne.
יִבְנְיָה   *n. pr.* Jibneja.
יִבְנִיָּה   *n. pr.* Jibnija.
יְבֻסִי → יְבוּסִי.
יַבֹּק   *n. fl.* Jabbok.
יְבֶרֶכְיָהוּ   *n. pr.* Jeberechja.
יִבְשָׂם   *n. pr.* Jibsam.
יבש   *q* austrocknen, trocken werden, verdorren.
    pi austrocknen.
    hi vertrocknen lassen, verdorren lassen; austrocknen.
I יָבֵשׁ   vertrocknet, verdorrt.
II יָבֵשׁ   *n. pr., n. l.* Jabesch.
יַבָּשָׁה   Trockenes, trockenes Land, Festland.
יַבֶּשֶׁת   trockenes Land.
יִגְאָל   *n. pr.* Jigal.
ינב   *q pt.* Bauer?
*יָגֵב   Acker?
יָגְבְּהָה   *n. l.* Jogboha.
יִגְדַּלְיָהוּ   *n. pr.* Jigdalja.
I יגה   *ni pt.* betrübt.
    pi betrüben.
    hi plagen, betrüben.
II יגה   *hi II Sam* 20₁₃ wegschaffen.
יָגוֹן   Kummer, Qual.
יָגוּר   *n. l.* Jagur.
יָגוֹר   fürchtend.

יָנִיעַ*	erschöpft.
יְנִיעַ	Mühe, Arbeit; Ertrag, Erwerb, Besitz.
יַנְלִי	n. pr. Jogli.
יגע	q müde sein, sich mühen um, sich abmühen.
	pi müde machen, bemühen.
	hi ermüden.
יְגַע	Arbeitsertrag.
יָגֵעַ	müde, sich abmühend.
יְגִעָה*	Ermüdung.
יגר	q fürchten.
יְגַר	aram. Steinhaufe.
יָד	Hand; Seite, Ufer; Bereich, Platz; Kraft, Macht, Gewalt; Denkmal, Denkzeichen; pl. Handgriffe, Armlehnen, Zapfen; mit Zahlwort Teile, -mal soviel; Jes 57₈ männliches Glied; Ez 21₂₄ Wegzeichen.
יְדָאֲלָה	n. l. Jidala.
יִדְבָּשׁ	n. pr. Jidbasch.
ידד	q werfen.
יְדִדוּת	Liebling.
I ידה	q schießen.
	pi werfen, niederwerfen.
II ידה	hi preisen, bekennen.
	hitp bekennen.
יִדּוֹ	n. pr. Jiddo.
יַדַּוּ	n. pr. l. Q (Esr 10₄₃) Jaddai.
יָדוֹן	n. pr. Jadon.
יַדּוּעַ	n. pr. Jaddua.
יְדוּתוּן	n. pr. Jedutun.
יָדִיד*	Liebling; lieblich.
יְדִידָה	n. pr. f. Jedida.
יְדִידְיָה	n. pr. Jedidja.
יְדִידֹת	Liebe.
יְדָיָה	n. pr. Jedaja.
יְדִיעֲאֵל	n. pr. Jediaël.
יְדִיתוּן	n. pr. Jeditun.
יִדְלָף	n. pr. Jidlaf.

ידע　*q* wahrnehmen, merken; erfahren, erkennen, verstehen, wissen; sich kümmern, kennenlernen, kennen,
vertraut sein; beiwohnen.

ni sich zeigen, sich zu erkennen geben, sich kund tun;
sichtbar sein; bekannt sein/werden, erkannt werden;
Jer 31₁₉ zur Einsicht gelangen.

pi wissen lassen.

pu pt. bekannt, vertraut.

poel anweisen?

hi wissen lassen, mitteilen, kund tun.

ho bekannt werden.

hitp sich zu erkennen geben.

יָדָע　*n. pr.* Jada.

יְדַעְיָה　*n. pr.* Jedaja.

יִדְּעֹנִי　Wahrsagegeist, Wahrsager.

יְדֻתוּן　→ יְדוּתוּן.

יָהּ　*Kurzform von Jahwe.*

יהב　→ הַב.

יְהָב*°　Last?, Sorge?

יהד　*hitp* sich zum Judentum bekennen.

יְהֻד　*n. l.* Jehud.

יֶהְדַּי　*n. pr.* Johdai.

יֵהוּא　*n. pr.* Jehu.

יְהוֹאָחָז　*n. pr.* Joahas.

יְהוֹאָשׁ　*n. pr.* Joas.

יְהוּד　→ יְהֻד.

יְהוּדָה　*n. pr., n. gent., n. terr.* Juda.

יְהוּדִי　*n. pr.* Jehudi; *n. gent.* Judäer, Jude.

יְהוּדִית I　*adv.* auf judäisch.

יְהוּדִית II　*n. pr. f.* Judit.

יהוה　Jahwe.

יְהוֹזָבָד°　*n. pr.* Josabad.

יְהוֹחָנָן　*n. pr.* Johanan.

יְהוֹיָדָע　*n. pr.* Jojada.

יְהוֹיָכִין, יְהוֹיָכִ　*n. pr.* Jojachin.

יְהוֹיָקִים, יְהוֹיָ　*n. pr.* Jojakim.

יְהוֹיָרִיב　*n. pr.* Jojarib.

יְהוּכַל　*n. pr.* Juchal.

יְהוֹנָדָב	*n. pr.*	Jonadab.
יְהוֹנָתָן	*n. pr.*	Jonatan.
יְהוֹסֵף	*n. pr.*	Josef.
יְהוֹעַדָּה	*n. pr.*	Joadda.
יְהוֹעַדִּ(י)ן	*n. pr. f.*	Joaddan.
יְהוֹצָדָק	*n. pr.*	Jozadak.
יְהוֹרָם	*n. pr.*	Joram.
יְהוֹשֶׁבַע	*n. pr. f.*	Joscheba.
יְהוֹשַׁבְעַת	*n. pr.*	Joschabat.
יְהוֹשׁוּעַ,	*n. pr.*	Josua.
יְהוֹשֻׁעַ		
יְהוֹשָׁפָט	*n. pr.*	Josafat.
יָהִיר		anmaßend, stolz.
יַהֵל	*pi von*	אהל.
יְהַלֶּלְאֵל	*n. pr.*	Jehallelel.
יַהֲלֹם, יָהֲלֹם		Jaspis?
יַהַץ, יָהְצָה	*n. l.*	Jahaz.
יוֹאָב	*n. pr.*	Joab.
יוֹאָח	*n. pr.*	Joach.
יוֹאָחָז	*n. pr.*	Joahas.
יוֹאֵל	*n. pr.*	Joël.
יוֹאָשׁ	*n. pr.*	Joas.
יוֹב	*n. pr.*	Job.
יוֹבָב	*n. pr.*	Jobab; *n. gent.* Jobabiter.
יוֹבֵל		Widder; *c.* שָׁנָה Jobeljahr.
I יוֹבֵל		Kanal.
II יוֹבֵל	*n. pr.*	Jubal.
יוֹזָבָד°	*n. pr.*	Josabad.
יוֹחָא	*n. pr.*	Jocha.
יוֹחָנָן	*n. pr.*	Johanan.
יוּטָה	→	יַטָּה.
יוֹיָדָע	*n. pr.*	Jojada.
יוֹיָכִין	*n. pr.*	Jojachin.
יוֹיָקִים	*n. pr.*	Jojakim.
יוֹיָרִיב	*n. pr.*	Jojarib.
יוֹכֶבֶד	*n. pr. f.*	Jochebed.
יוּכַל	*n. pr.*	Juchal.

יוֹם   Tag; *pl.* Tage; Zeit, Dauer; Jahr; הַיּוֹם *auch* heute; כַּיּוֹם,
כְּהַיּוֹם jetzt, zuvor, *c.* הַזֶּה wie es jetzt ist, wie es zutage
liegt.

יוֹמָם   *adv.* tagsüber, bei Tage.

יָוָן   *n. pr.* Jawan; *n. gent.* Jonier; *n. terr.* Jonien.

יָוָן   Bodensatz, Schlamm.

יוֹנָדָב   *n. pr.* Jonadab.

I יוֹנָה   Taube.

II יוֹנָה   *n. pr.* Jona.

III יוֹנָה   *pt. q von* ינה.

יְוָנִי*   *n. gent.* Jonier.

יוֹנֵק, יוֹנֶקֶת*   Säugling; Trieb, Schößling.

יוֹנָתָן   *n. pr.* Jonatan.

יוֹסֵף   *n. pr., n. gent.* Josef.

יוֹסִפְיָה   *n. pr.* Josef.

יוֹעֵאלָה   *n. pr.* Joëla.

יוֹעֵד   *n. pr.* Joëd.

יוֹעֶזֶר   *n. pr.* Joëser.

יוֹעָשׁ   *n. pr.* Joas.

יוֹצֵאת   *Ps 144*14 Fehlgeburt.

יוֹצָדָק   *n. pr.* Jozadak.

יוֹצֵר   Töpfer.

יוֹקִים   *n. pr.* Jokim.

יוֹרֶה   Frühregen.

יוֹרָה   *n. pr.* Jora.

יוֹרַי   *n. pr.* Jorai.

יוֹרָם   *n. pr.* Joram.

יוּשָׁב חֶסֶד   *n. pr.* Juschab-Chesed.

יוֹשִׁבְיָה   *n. pr.* Joschibja.

יוֹשָׁה   *n. pr.* Joscha.

יוֹשַׁוְיָה   *n. pr.* Joschawja.

יוֹשָׁפָט   *n. pr.* Josafat.

יוֹתָם   *n. pr.* Jotam.

יוֹתֵר   was übrigbleibt; was zuviel ist, überflüssig, zu sehr; *c.*
לְ Vorteil; *adv.* überaus, mehr; *c.* שֶׁ es ist unnötig, daß.

יְזַוְאֵל   *n. pr. l. Q (I Chr 12*3*)* Jesiël.

יִזִּיָּה   *n. pr.* Jisija.

יָזִיז   *n. pr.* Jasis.

יִזְלִיאָה   *n. pr.* Jislia.

יֹן   *pu pt.* brünstig.

יֶזַנְיָה(וּ)   *n. pr.* Jesanja.

יֶזַע   Schweiß.

יִזְרַח   *l.* זַרְחִי (*I Chr* 27₈).

יִזְרַחְיָה   *n. pr.* Jisrachja.

יִזְרְעֶאל   *n. pr., n. l.* Jesreël.

יִזְרְעֵאלִי   *n. gent.* Jesreëliter.

יֹחָא   → יוֹחָא.

יְחֻבָּה   *n. pr.* Jechubba.

יחד   *q* sich versammeln, sich gesellen.

     pi sich sammeln.

יחד   Vereinigung, Gesamtheit; *adv.* beisammen, miteinander, zusammen, gänzlich, gleichzeitig, ebenfalls; *Esr* 4₃ allein.

יַחְדָּו   zusammen, miteinander, zugleich, ebenfalls.

יַחְדוֹ°   *n. pr.* Jachdo.

יַחְדִּיאֵל°   *n. pr.* Jachdiël.

יֶחְדְּיָהוּ°   *n. pr.* Jechdeja.

יַחְדָּיו   → יַחְדָּו.

יָחוּאֵל   *l. Q* (*II Chr* 29₁₄).

יַחֲזִיאֵל°   *n. pr.* Jahasiël.

יַחְזְיָה°   *n. pr.* Jachweja.

יְחֶזְקֵאל   *n. pr.* Ezechiël, Hesekiël.

יְחִזְקִיָּה(וּ)   *n. pr.* Hiskia.

יַחְזֵרָה   *n. pr.* Jachsera.

יְחִיאֵל   *n. pr.* Jehiël.

יְחִיאֵלִי   *n. gent.* Jehiëliter.

יָחִיד   einzig, allein, einsam.

יְחִיָּה   *n. pr.* Jehija.

יָחִיל   harrend.

יחל   *ni* warten.

     pi warten.

     hi warten.

יַחְלְאֵל   *n. pr.* Jachleël.

יַחְלְאֵלִי   *n. gent.* Jachleëliter.

יחם   *q* brünstig sein.

     pi brünstig sein/machen; empfangen.

יַחְמוּר   Rehbock.

יַחְמַי   *n. pr.* Jachmai.

יָחֵף   barfuß.

יַחְצְאֵל   *n. pr.* Jachzeël.

יַחְצְאֵלִי   *n. gent.* Jachzeëliter.

יַחֲצִיאֵל   *n. pr.* Jahaziël.

יחר   יִיחַר *hi von* אחר.

יחש   *hitp* sich in das Geschlechtsregister eintragen lassen.

יַחַשׂ   *c.* סֵפֶר Geschlechtsregister.

יַחַת   *n. pr.* Jachat.

יטב   *q* gut sein, gut gehen; *c.* בְּעֵינֵי gefallen; *c.* לֵב fröhlich sein.
     hi gut, recht handeln; wohltun; erheitern; zurechtmachen.

יָטְבָה   *n. l.* Jotba.

יָטְבָתָה   *n. l.* Jotbata.

יֻטָּה   *n. l.* Jutta.

יְטוּר   *n. pr., n. gent.* Jetur.

יַיִן   Wein; Trunkenheit.

יַךְ   *l.* Q (*I Sam* 4₁₃).

יְכוֹנְיָה   *n. pr.* Jechonja.

יְכָנְיָה   *l.* Q (*Jer* 27₂₀).

יכח   *ni* sich gerichtlich auseinandersetzen; sich als im Recht erweisen.
     hi entscheiden, richten; sich verteidigen, sich rechtfertigen; zur Rechenschaft ziehen; zurechtweisen, züchtigen, strafen.
     ho gezüchtigt werden.
     hitp sich auseinandersetzen.

יְכִילְיָה   *l.* Q (*II Chr* 26₃).

יָכִין   *n. pr.* Jachin (*auch Name der rechten Säule vor dem Jerusalemer Tempel*).

יָכִינִי   *n. gent.* Jachiniter.

יכל   *q* fassen, ertragen, fähig sein zu; können, vermögen; überlegen sein, besiegen; *Hi* 31₂₃ standhalten.

יְכָלְיָהוּ   *n. pr. f.* Jecholja.

יְכָנְיָה(וֹ)   *n. pr.* Jechonja, Jojachin.

יָלַד   *q* gebären; zeugen.

ni geboren werden.

pi gebären helfen; *pt. f.* Hebamme.

pu geboren werden.

hi gebären lassen; zeugen.

ho geboren werden.

hitp sich in das Geschlechtsregister eintragen lassen.

יֶלֶד   Knabe, Kind; Junger, Junges; *Ex 21₂₂ pl.* Leibesfrucht.

יַלְדָּה   Mädchen, Kind.

יַלְדוּת   Kindheit, Jugendzeit.

יִלּוֹד   geboren.

יָלוֹן   *n. pr.* Jalon.

יְלִיד*   Sohn; יְלִיד בַּיִת im Haus geborener Sklave.

יָלַל   *hi* heulen, wehklagen.

יְלֵל   Geheul.

יְלָלָה*   Geheul, Wehgeschrei.

יֵלַע   *impf. q von* I לָעַע.

יַלֶּפֶת   Hautflechte.

יֶלֶק   Heuschrecke *(kriechend, ungeflügelt).*

יַלְקוּט   Hirtentasche.

יָם   Meer, See; Westen; Strom; *Ez 32₂* Nilarm.

יְמוּאֵל   *n. pr.* Jemuël.

יְמִימָה   *n. pr. f* Jemima.

I יָמִין   rechte Seite, rechts; Süden, südlich.

II יָמִין   *n. pr.* Jamin.

יְמִינִי   *n. gent.* Jaminiter.

יְמִינִי   *l. Q (Ez 46 II Chr 3₁₇).*

יְמִינִי   *n. gent.* Benjaminiter.

יִמְלָא, יִמְלָה   *n. pr.* Jimla.

יַמְלֵךְ   *n. pr.* Jamlech.

יֵמִם   Vipern.

ימן   *hi* nach rechts gehen, halten; *pt. auch* rechtshändig.

יִמְנָה   *n. pr.* Jimna.

יְמָנִי   rechts; südlich.

יִמְנָע   *n. pr.* Jimna.

ימר   *hi von* מור.

hitp sich großmachen?

יִמְרָה   *n. pr.* Jimra.

יִמֹש   *hi* betasten lassen.

יָנה   *q* gewalttätig sein.

      hi bedrücken.

יָנוֹחַ   *n. l.* Janoach.

יָנוֹחָה   *n. l.* Janoha.

יָנוּם   *n. l.* Janum.

יְנִיקָה*   Schößling.

ינק   *q* saugen.

      hi säugen, stillen; *Dtn 32*13 schlürfen lassen.

יַנְשׁוּף, יַנְשׁוֹף   Ohreneule?; Bienenfresser?

I יסד   *q* gründen, errichten auf; festlegen, bestimmen.

      ni gegründet werden.

      pi gründen; bestimmen; einsetzen.

      pu gegründet werden.

      ho gegründet werden.

II יסד   *ni* sich zusammentun.

יְסֹד   Beginn?

יְסֹד, יְסוֹד   Grundmauer, Sockel.

יְסוּדָה*   Gründung.

יִסּוֹר   Tadler.

יְסוּרַי   *l. Q (Jer 17*13*).*

יִסְכָּה   *n. pr. f.* Jiska.

יִסְמַכְיָהוּ   *n. pr.* Jismachja.

יסף   *q* hinzufügen; fortfahren.

      ni hinzugefügt werden.

      hi hinzufügen; steigern, vermehren, übertreffen; fort-fahren.

יסר   *q* unterweisen.

      ni sich unterweisen lassen.

      pi zurechtweisen, züchtigen.

      hi züchtigen.

      nitp sich warnen lassen.

יַעְבֵּץ   *n. pr., n. l.* Jabez.

יעד   *q* bestimmen, zuweisen.

      ni sich treffen lassen, sich einfinden; sich versammeln; sich verabreden.

      hi vorladen.

      ho pt. bestellt, beordert.

יֶעְדִּי	*n. pr. l.* Q (II Chr 9₂₉) Jedo.
יעה	*q* wegfegen.
יְעוּאֵל	*n. pr.* Jëuël.
יְעוּץ	*n. pr.* Jëuz.
יָעוּר	*n. pr. l.* Q (I Chr 20₅) Jaïr.
יְעוּשׁ	*n. pr.* Jëusch.
יעז	*ni pt.* frech.
יַעֲזִיאֵל	*n. pr.* Jaasiël.
יַעְזִיָּהוּ	*n. pr.* Jaasija.
יַעְזֵיר, יַעְזֵר	*n. l.* Jaser.
יעט	*hi von* I עטה.
יְעִיאֵל	*n. pr.* Jeïel.
יָעִים	Schaufeln
יָעִיר	*n. pr.* Jaïr.
יְעִישׁ	*n. pr.* Jeïsch.
יַעְכָּן	*n. pr.* Jakan.
יעל	*hi* helfen, nützen.
I* יָעֵל	Steinbock.
II יָעֵל	*n. pr. f.* Jaël.
יַעְלָא, יַעְלָה	*n. pr.* Jala.
יַעֲלָה*	Steinbockweibchen.
יַעְלָם	*n. pr.* Jalam.
יען	Anlaß יען; wegen, weil.
יָעֵן*	Strauß.
יַעֲנָה	*c.* בַּת Strauß.
יַעֲנַי	*n. pr.* Janai.
יעף	*q* müde werden.
	ho pt. ermüdet?
יָעֵף	ermüdet.
יָעֵף*	Ermüdung?; eilender Lauf?
יעץ	*q* raten, beraten, beabsichtigen, beschließen.
	ni sich beraten, anraten, sich raten lassen, beschließen.
	hitp sich beraten.
יַעֲקֹב	*n. pr.* Jakob; *übertr. für Israel.*
יַעֲקֹבָה	*n. pr.* Jakoba.
יַעֲקוֹב	→ יַעֲקֹב.
יַעְקָן	*n. pr.* Jaakan.
I יַעַר	Dickicht, Gehölz; Wald; *Koh* 2₆ Park.

יַעַר II	Honigwabe.
יַעַר III	*n. l.* Jaar.
יַעֲרָה*	Honigwabe.
יַעֲרָה	*n. pr.* Jara.
יַעֲרֵי אֹרְגִים	*n. pr.* Jaare-Oregim.
יַעֲרֶשְׁיָה	*n. pr.* Jaareschja.
יַעֲשֹׂו	*n. pr.* Jaasaw.
יַעֲשִׂיאֵל	*n. pr.* Jaasiël.
יִפְדְּיָה	*n. pr.* Jifdeja.
יפה	*q* schön sein.
	pi schmücken.
	hitp sich schön machen.
יָפֶה	schön; wohlgeordnet, gut.
יְפֵה־פִיָּה	schön.
יָפֹו(א)	*n. l.* Jafo (Jaffa).
יפח	*hitp* stöhnen.
יָפֵחַ*	schnaubend.
יְפִי*	Schönheit.
יָפִיעַ	*n. pr., n. l.* Jafia.
יַפְלֵט	*n. pr.* Jaflet.
יַפְלֵטִי	*n. gent.* Jafletiter.
יְפֻנֶּה	*n. pr.* Jefunne.
יפע	*hi* strahlend erscheinen.
יִפְעָה*	Glanz.
יֶפֶת	*n. pr.* Jefet.
יִפְתָּח	*n. pr., n. l.* Jefta.
יִפְתַּח־אֵל	*n. l.* Jiftach-El.
יצא	*q* herausgehen, herauskommen, ausziehen; hervorgehen, abstammen; davonkommen, entgehen; sich erstrecken *(Grenze)*; ausgeben, verkaufen *(Geld, Ware)*; enden *(Zeit)*.
	hi herausführen, herausbringen, ausziehen lassen; hervorbringen, herausgehen lassen; wegbringen, wegschikken.
	ho herausgeführt werden.
יצב	*hitp* sich hinstellen, standhalten.

יצנ *hi* hinstellen, hinlegen, abstellen; *Gen* 33₁₅ zurücklassen; *Am* 5₁₅ zur Geltung bringen.
ho zurückgelassen werden.

I יִצְהָר Öl.

II יִצְהָר *n. pr.* Jizhar.

יִצְהָרִי *n. gent.* Jizhariter.

יָצוּעַ* Lager.

יָצֻעַ *l. Q* Anbau.

יִצְחָק *n. pr.* Isaak; *übertr. für* Israel.

יִצְחָר *n. pr. l. Q* Zohar *oder l. K* Jizhar.

יצע *hi* ein Lager ausbreiten.
ho als Lager ausgebreitet werden.

יצק *q* ausgießen, ausschütten; sich ergießen; gießen.
hi ausgießen; *II Reg* 4₅ *l.* מוֹצֶקֶת hineingießen.
ho ausgegossen, gegossen werden; *Hi* 11₁₅ unerschütterlich.

יְצֻקָה* Guß.

יצר *q* formen, bilden; *pt. auch* Töpfer.
ni gebildet werden.
pu vorgebildet werden.
ho geformt werden.

I יֵצֶר Gebilde.

II יֵצֶר *n. pr.* Jezer.

יֹצֵר → יוֹצֵר.

יִצְרִי *n. pr.* Jizri; *n. gent.* Jizriter.

יְצֻרִים* Glieder.

יצת *q* anzünden, verbrennen.
ni sich entzünden, verbrannt werden.
hi anzünden.

יֶקֶב Kufe; Kelter.

יֶקֶב־זְאֵב *n. l.* Jekeb-Seëb.

יִקְבֵי הַמֶּלֶךְ *n. l.* Jikbe-Hammelech.

יַקַבְצְאֵל *n. l.* Jekabzeël.

יקד *q* brennen.
ho angezündet, entzündet werden.

יְקֹד Brand.

יָקְדְעָם *n. l.* Jokdeam.

יָקֶה *n. pr.* Jake.

יְקָהָה* Gehorsam.

יְקֹד → יָקֹד.

יָקֻד Feuerstelle.

יָקוֹט *l.* קַיִט (קְשֻׁרֵי) *(Hi 8₁₄)* Sommer(fäden).

יְקוּם Bestand, Lebewesen.

יָקוֹשׁ, יָקֻשׁ Vogelsteller.

יְקוּתִיאֵל *n. pr.* Jekutiël.

יָקְטָן *n. pr.* Joktan.

יָקִים *n. pr.* Jakim.

יַקִּיר teuer, wert.

יְקַמְיָה *n. pr.* Jekamja.

יְקַמְעָם *n. pr.* Jekamam.

יָקְמְעָם *n. l.* Jokmeam.

יָקְמְעָם *n. l.* Jokmoam.

יָקְנְעָם *n. l.* Jokneam.

יָקְנְעָם *n. l.* Joknoam.

יקע *q* sich verrenken; sich abwenden, sich entfremden.
hi aussetzen.
ho ausgesetzt werden.

יְקְפָאוֹן *l. Q (Sach 14₆)* Frost.

יקץ *q* erwachen.

יקר *q* wertvoll, kostbar sein; *I Sam 18₃₀* angesehen sein;
Ps 139₁₇ gewichtig sein.
hi kostbar, selten machen.

יָקָר kostbar, wertvoll; *I Sam 3₁* selten; *Jer 15₁₉* edel.

יְקָר° Kostbares; Wert, Preis; Glanz, Ansehen.

יִקְרָה* Zusammentreffen.

יקש *q* mit dem Stellholz fangen; *pt.* Vogelsteller.
ni gefangen werden; sich verstricken lassen.
pu gefangen werden.

יָקְשָׁן *n. pr.* Jokschan.

יָקְתְאֵל *n. l.* Jokteël.

ירא *q* fürchten, sich fürchten.
ni gefürchtet werden; *pt. auch* furchtbar.
pi in Furcht versetzen.

יָרֵא in (Ehr)furcht, furchtsam.

יִרְאָה Furcht, Ehrfurcht.

יִרְאוֹן *n. l.* Jiron.

יְרָאִיָּה   *n. pr.* Jirija.

רַב   *l.* (מַלְכִּי) רָב *(Hos* 5₁₃ 10₆*)* Groß(könig).

יְרֻבַּעַל   *n. pr.* Jerubbaal.

יָרָבְעָם   *n. pr.* Jerobeam.

יְרֻבֶּשֶׁת   *n. pr. Schimpfform für* יְרֻבַּעַל Jerubbeschet.

ירד   *q* hinabgehen, -steigen, herabkommen; *auch übertr.*
hi hinab-, herabbringen, -führen, -nehmen; herunter-lassen.
ho hinabgeführt, -gestürzt werden; *Num* 10₁₇ abge-brochen werden.

יֶרֶד   *n. pr.* Jered.

יַרְדֵּן   *n. fl.* Jordan.

I ירה   *q* weisen, schießen; *Gen* 31₅₁ errichten; *Hi* 38₆ legen.
ni erschossen werden.
hi schießen.

II ירה   *hi Hos* 6₃ benetzen?
ho Prov 11₂₅ benetzt, gelabt werden?

III ירה   *hi* unterweisen, lehren.

יְרוּאֵל   *n. l.* Jeruël.

יָרוֹחַ   *n. pr.* Jaroach.

יָרוֹק   Grünes.

יְרוּשָׁא, יְרוּשָׁה   *n. pr. f.* Jeruscha.

יְרוּשָׁלַיִם   *n. l.* Jerusalem.

I יֶרַח   Monat.

II יֶרַח   *n. pr.* Jerach.

יָרֵחַ   Mond.

יְרֵחוֹ, יְרֵחוֹ   *n. l.* Jericho.

יְרֹחָם   *n. pr.* Jeroham.

יְרַחְמְאֵל   *n. pr.* Jerachmeël.

יְרַחְמְאֵלִי   *n. gent.* Jerachmeëliter.

יַרְחָע   *n. pr.* Jarha.

ירט   *q Hi* 16₁₁ stürzen; *Num* 22₃₂ überstürzt sein?

יְרִיאֵל   *n. pr.* Jeriël.

I יָרִיב*   Rechtsgegner.

II יָרִיב   *n. pr.* Jarib.

יְרִיבַי   *n. pr.* Jeribai.

יְרִיָּה(וּ)   *n. pr.* Jerija.

יְרִיחֹה, יְרִיחוֹ   *n. l.* Jericho.

יְרִימוֹת	*n. pr.* Jerimot.
יְרֵימוֹת	*n. pr.* Jeremot.
יְרִיעָה	Zeltdecke.
יְרִיעוֹת	*n. pr. f.* Jeriot.
יָרֵךְ	Oberschenkel, Hüfte, Seite; *Ex* 25₃₁ 37₁₇ *Num* 8₄ Schaft.
יַרְכָּה*	Rückseite, entlegenster Teil.
יָרָם	→ יוֹרָם.
יַרְמוּת	*n. l.* Jarmut.
יְרֵמוֹת	*n. pr.* Jeramot.
יְרֵמוֹת	*n. pr.* Jeremot.
יִרְמַי	*n. pr.* Jeremai.
יִרְמְיָה(וּ)	*n. pr.* Jeremia.
ירע	*q* zittern, zagen.
יִרְפְּאֵל	*n. l.* Jirpeël.
ירק	*q* speien.
יָרָק	Gemüse.
יֶרֶק	Grünes.
יַרְקוֹן	*n. fl.* Jarkon.
יֵרָקוֹן	Getreiderost; *Jer* 30₆ Blässe.
יָרְקְעָם	*n. pr.* Jorkoam.
יְרַקְרַק	gelblichgrün, fahlgrün.
ירשׁ	*q* in Besitz nehmen, unterwerfen, aus dem Besitz verdrängen; beerben; *pt. auch* Eroberer.
	ni verarmen.
	pi in Besitz nehmen.
	hi vertreiben; in Besitz nehmen; verarmen lassen; entgelten lassen.
יְרֵשָׁה	Besitz.
יְרֻשָּׁה	Besitz.
יִשְׂחָק	*n. pr.* Isaak.
יְשִׂימָאֵל	*n. pr.* Jesimiël.
יִשְׂרָאֵל	*n. pr., n. gent.* Israel.
יִשַׂרְאֵלָה	*n. pr.* Jesarela.
יִשְׂרְאֵלִי	*n. gent.* Israelit; israelitisch.
יִשָּׂשׂכָר	*n. pr., n. gent.* Issachar.
יֵשׁ	es ist vorhanden, es gibt.

יֹשֵׁב	*q* sich setzen, sitzen, bleiben, wohnen; bewohnt werden.
	ni bewohnt werden.
	pi aufstellen.
	hi setzen; bleiben lassen; wohnen lassen; besiedeln; *Esr 10 Neh 13* heiraten.
	ho bewohnt werden; ansässig gemacht sein.
יֹשֵׁב בַּשֶּׁבֶת	*n. pr.* Joscheb-Baschebet.
יֶשֶׁבְאָב	*n. pr.* Jeschebab.
יִשְׁבָּח°	*n. pr.* Jischbach.
יָשֻׁבִי לֶחֶם	*n. pr.* Jaschubi-Lehem.
יָשָׁבְעָם	*n. pr.* Jaschobam.
יִשְׁבָּק	*n. pr.* Jischbak.
יָשָׁבְקָשָׁה	*n. pr.* Joschbekascha.
יָשׁוּב	*n. pr.* Jaschub.
יָשׁוּבִי	*n. gent.* Jaschubiter.
יִשְׁוָה	*n. pr.* Jischwa.
יִשְׁוֹחָיָה	*n. pr.* Jeschohaja.
יִשְׁוִי	*n. pr.* Jischwi; *n. gent.* Jischwiter.
יֵשׁוּעַ	*n. pr., n. l.* Jeschua.
יְשׁוּעָה	Hilfe, Heil.
יִשַׂח*	*unerklärt.*
יֶשַׁט°	*hi* entgegenstrecken.
יִשַׁי	*n. pr.* Isai.
יָשִׁיב	*n. pr.* Jaschib.
יִשִּׁיָּה(וּ)	*n. pr.* Jischija.
יְשִׁימוֹן	Wüste.
יְשִׁימוֹת	Verderben?
יְשִׁימֹן	→ יְשִׁימוֹן.
יָשִׁישׁ	altersschwach.
יְשִׁישַׁי	*n. pr.* Jeschischai.
יִשְׁמָא	*n. pr.* Jischma.
יְשִׁמ(וֹ)ן	→ יְשִׁימוֹן.
יִשְׁמָעֵאל	*n. pr.* Ismaël.
יִשְׁמְעֵ(א)לִי	*n. gent.* Ismaëliter.
יִשְׁמַעְיָה(וּ)	*n. pr.* Jischmaja.
יִשְׁמְרַי	*n. pr.* Jischmerai.

I יָשֵׁן   *q* einschlafen, schlafen.
        pi einschläfern.

II יָשֵׁן   *ni* lange eingesessen sein; veraltet, vorjährig sein.

יָשָׁן   alt, vorjährig.

I יָשֵׁן   schlafend.

II יָשֵׁן   *n. pr.* Jaschen.

יְשָׁנָה   *n. l.* Jeschana.

יָשַׁע   *ni* sich helfen lassen, Hilfe empfangen, gerettet werden;
        siegreich sein.
        hi helfen, retten, zu Hilfe kommen.

יֶשַׁע   Hilfe, Rettung, Heil, Glück.

יִשְׁעִי   *n. pr.* Jischi.

יְשַׁעְיָה(וּ)   *n. pr.* Jesaja.

יִשְׁפָּה   *n. pr.* Jischpa.

יָשְׁפֵה   Jade.

יִשְׁפָּן   *n. pr.* Jischpan.

יָשַׁר   *q* gerade, eben, recht sein.
        pi gerade, eben machen; geradeaus gehen, leiten.
        pu pt. platt geschlagen; Blech.
        hi ebnen; geradeaus blicken lassen.

יָשָׁר   gerade, eben, recht, zuverlässig, redlich.

יֵשֶׁר   *n. pr.* Jescher.

יֹשֶׁר   Geradheit, Redlichkeit; was recht ist; *Hi 33₂₃* Pflicht.

*יִשְׁרָה   Redlichkeit.

יְשֻׁרוּן   Jeschurun *(Ehrenbezeichnung für Israel)*.

יָשֵׁשׁ   altersschwach.

יָתֵד   Zeltpflock; *Sach 10₄* Stütze.

יָתוֹם   vaterloser Knabe, (Halb)waise.

יָתוּר   Erspähtes.

יַתִּיר   *n. l.* Jattir.

יִתְלָה   *n. l.* Jitla.

יִתְמָה   *n. pr.* Jitma.

יַתְנִיאֵל   *n. pr.* Jatniël.

יִתְנָן   *n. l.* Jitnan.

יָתַר   *q pt.* → יוֹתֵר.
        ni übrig gelassen werden, übrig bleiben.
        hi übrig lassen, übrig haben > *inf. abs.* übergenug;
        Überfluß haben; Vorrang haben.

I יֶתֶר Sehne, Strick.

II יֶתֶר Rest; Überfluß.

III יֶתֶר *n. pr.* Jeter.

יַתִּר → .יַתִּיר

יֹתֵר → .יוֹתֵר

יִתְרָא *n. pr.* Jitra.

יִתְרָה Erübrigtes.

יִתְרוֹ *n. pr.* Jetro.

יִתְרוֹן° Gewinn; Vorzug.

יִתְרִי *n. gent.* Jitriter.

יִתְרָן *n. pr.* Jitran.

יִתְרְעָם *n. pr.* Jitream.

יֹתֶרֶת (Leber)lappen.

יְתֵת *n. gent.?* Jetet.

כ

כְּ wie, genauso wie, entsprechend, gemäß; als, sobald, falls; כַּאֲשֶׁר wie, weil, wie wenn, als; *c.* כֵּן wie — so, je mehr — desto.

כאב *q* Schmerzen haben.
    hi Schmerzen bereiten; *II Reg 3₁₉* verwüsten.

כְּאֵב Schmerz.

כאה *ni* verzagen.
    hi verzagt machen.

כָּאֹר *l.* כִּיְאֹר (*Am 8₈*).

כַּאֲשֶׁר → כְּ.

כבד *q* schwer, stumpf, gewichtig, geehrt sein; *II Sam 13₂₅* beschwerlich fallen.
    ni geehrt werden, Ansehen genießen; sich ehrenvoll aufführen, sich verherrlichen.
    pi ehren; belohnen; *I Sam 6₆* stumpf machen.
    pu geehrt werden; *pt.* ehrwürdig.

hi schwer machen, schwer lasten lassen; stumpf machen, verstocken; gewichtig, zahlreich machen; zu Ehren bringen.

hitp sich zahlreich, sich wichtig machen.

I כָּבֵד ‏ ‎ schwer, lastend, drückend; zahlreich; schwierig; stumpf, verstockt; schwerfällig.

II כָּבֵד ‏ ‎ Leber.

כָּבֹד ‏ ‎ → כָּבוֹד.

כֹּבֶד ‏ ‎ Schwere, Wucht, Menge.

כְּבֵדֻת ‏ ‎ Schwierigkeit.

כבה ‏ ‎ *q* erlöschen.

pi auslöschen.

כָּבוֹד ‏ ‎ Schwere, Last; Gewicht, Besitz, Ansehen; Person, Ich; Ansehnlichkeit, Pracht; Auszeichnung, Ehre, Herrlichkeit; *Ps 149*5 Lobgesang.

כְּבוּדָּה ‏ ‎ Wertvolles, Pracht.

כָּבוּל ‏ ‎ *n. l.* Kabul.

כַּבּוֹן ‏ ‎ *n. l.* Kabon.

כַּבִּיר ‏ ‎ stark, gewaltig, viel.

כָּבִיר* ‏ ‎ Fell?

כֶּבֶל° ‏ ‎ Fessel.

כבס ‏ ‎ *q* walken.

pi reinigen, abwaschen.

pu gewaschen werden.

hotpaal abgewaschen werden.

כבר ‏ ‎ *hi* viel machen; *pt.* in Fülle.

I כְּבָר° ‏ ‎ längst.

II כְּבָר ‏ ‎ *n. fl.* Kebar.

I כְּבָרָה ‏ ‎ Sieb.

II כְּבָרָה* ‏ ‎ Strecke; ein Stück weit.

כֶּבֶשׂ ‏ ‎ junger Widder.

כִּבְשָׂה ‏ ‎ junges Schaf.

כבש ‏ ‎ *q* unterwerfen, niedertreten; vergewaltigen.

ni unterworfen, leibeigen gemacht werden.

pi unterwerfen.

hi l. Q *(Jer 34*11).

כֶּבֶשׁ ‏ ‎ Fußschemel.

כִּבְשָׁן ‏ ‎ Schmelzofen.

כַּד Krug.

כַּדּוּר Knäuel, Ball.

כְּרֵי → דַּי.

כַּדְכֹּד Rubin?

כְּדָרְלָעֹמֶר, n. pr. Kedorlaomer.
כְּדָר־לָעֹמֶר

כֹּה so; hier, hierhin; jetzt.

כהה q ausdruckslos, blöd werden.
pi abblassen; verzagen; I Sam 3₁₃ zurechtweisen.

כֵּהֶה* ausdruckslos, blaß; verzagt; lichtlos, glimmend.

כֵּהָה Linderung.

כהן *pi* als Priester amtieren.

כֹּהֵן Priester.

כְּהֻנָּה Priestertum, Priesteramt, Priesterschaft.

כּוּב n. terr.? Kub.

כּוֹבַע Helm.

כוה *ni* sich versengen, sich verbrennen.

כְּוִיָּה Brandmal.

כּוֹחַ → I כֹּחַ.

כּוֹכָב Stern.

כול q erfassen.
hi fassen, aufnehmen; ertragen.
pilp (um)fassen, in sich aufnehmen; versorgen; ertragen; Ps 112₅ besorgen.
polp versorgt werden.

כּוּל → כֹּל.

כּוּמָז Frauenschmuck.

כון q l. pol (Hi 31₁₅).
ni fest stehen, prall sein; fest, gesichert sein; Bestand haben; sich bereit halten, gerüstet sein; feststehen; *pt. f. auch* Zuverlässiges, Richtiges.
pol hinstellen, bereiten, gründen; fest, dauernd hinstellen; zielen *(Pfeil).*
polal bereitet werden.
hi bereitstellen, zurüsten; festsetzen, bestimmen, lenken, einsetzen; festigen; instand setzen; *etw.* unbeirrt, beharrlich *tun.*

ho hingestellt sein.

hitpol gegründet sein, sich aufstellen.

כּוּן   *n. l.* Kun.

כַּוָּן*   Opferkuchen.

כּוֹנַנְיָהוּ   *n. pr. l. K* Konanja.

כּוֹס I   *f.* Becher.

כּוֹס II   *Eulenart* Käuzchen?

כּוּר   Schmelzofen.

כּוֹרֶשׁ   *n. pr.* Cyrus.

כּוּשׁ   *n. pr., n. terr.* Kusch, Äthiopien.

כּוּשִׁי   *n. pr.* Kuschi; *n. gent.* Kuschiter, Äthiopier.

כּוּשָׁן   *n. gent.* Kuschan.

כּוּשַׁן רִשְׁעָתַיִם   *n. pr.* Kuschan-Rischatajim.

כּוֹשָׁרָה*   Gedeihen.

כּוּת, כּוּתָה   *n. terr.* Kut.

כּוֹתֶרֶת   → כֹּתֶרֶת.

כזב   *q* lügen.

ni sich als lügnerisch, erlogen erweisen.

pi lügen, täuschen, trügen.

hi der Lüge bezichtigen.

כָּזָב   Lüge, Täuschung, Trug.

כֹּזְבָא   *n. l.* Koseba.

כָּזְבִּי   *n. pr. f.* Kosbi.

כָּזִיב   *n. l.* Kesib.

כֹּחַ I   Kraft, Gewalt; Fähigkeit, Tauglichkeit; Ertrag, Vermögen, Habe.

כֹּחַ II   *Eidechsenart.*

כחד   *ni* verborgen sein; sich verlaufen, umkommen.

pi verborgen halten, verhehlen.

hi vertilgen; *Hi* 20₁₂ zergehen lassen.

כחל   *q* schminken.

כחש   *q* abmagern.

ni Ergebung heucheln.

pi lügen, täuschen; leugnen, verleugnen.

hitp sich heuchlerisch verhalten.

כַּחַשׁ   Verfall; Lüge.

כֶּחָשׁ*   verlogen.

כִּי I so; dann, ebenso; vielmehr, sondern, trotzdem; weil, denn; daß; als, da, wann, wenn; selbst wenn, obschon; siehe!, da!

כִּי II *Jes* 3₂₄ Brandmal.

כִּי אִם außer, außer wenn; sondern, vielmehr, jedoch, dennoch; nur; fürwahr.

כִּיר* Verfall.

כִּידוֹד* Funke.

כִּידוֹן Wurfspeer.

כִּידוֹר Angriff.

כִּידֹן *n. pr.* Kidon.

כִּיּוּן *l.* כִּיוָן *(Am* 5₂₆*) n. pr.* Kewan *(Saturn).*

כִּיּוֹר Becken, Kessel; *II Chr* 6₁₃ Gestell?

כִּילַי Betrüger?

כִּילַפֹּת Keil?

כִּימָה Siebengestirn, Plejaden.

כִּיס Beutel.

כִּיר* kleiner Herd.

כִּיֹר כִּיּוֹר → .כִּיּוֹר

כִּישׁוֹר Spinnwirtel.

כָּכָה so.

כִּכָּר *f.* runde Scheibe; *Gewichtseinheit* Talent *(ca.* 34 *kg);* Umkreis.

כֹּל Gesamtheit, Ganzes; ganz, alle, jeder; irgendeiner, etwas; allerlei; jedesmal wenn, sooft.

כלא *q* zurückhalten, vorenthalten; jmd. abhalten von; einschließen, gefangensetzen.

ni abgehalten, zurückgehalten werden.

כֶּלֶא Gefängnis.

כֶּלֶא *l.* כְּלָה *(Ez* 36₅).

כִּלְאָב *n. pr.* Kilab.

כִּלְאַיִם zweierlei.

כֶּלֶב Hund.

כָּלֵב *n. pr.* Kaleb.

כָּלִבִּי *n. gent.* Kalebiter.

כלה *q* aufhören, zu Ende gehen/sein; fertig werden/sein; vergehen; entschieden, beschlossen sein; schmachten, schwach werden.

pi vollenden, fertig werden, aufhören; vernichten, vertilgen; schwinden lassen; *etw.* vollständig *tun.*
pu vollendet, zu Ende sein.

כָּלֶה* schmachtend.
כָּלָה Vernichtung, Ende.
כַּלָּה Schwiegertochter, Braut.
כְּלֻהַי *n. pr. text. corr.*
כְּלוּב I Korb, Käfig.
כְּלוּב II *n. pr.* Kelub.
כְּלוּבַי *n. pr.* Kelubai.
כְּלוּלֹת* Brautstand.
כֶּלַח I Rüstigkeit.
כֶּלַח II *n. l.* Kelach.
כָּל־חֹזֶה *n. pr.* Kolhose.
כְּלִי Behälter, Gefäß; Gerät, Werkzeug, Sache, Waffe; *Jes 18₂* Boot.
כֶּלֶי → כִּילַי.
כְּלִיא *l. K* Gefängnis.
כִּלְיָה* Niere.
כִּלָּיוֹן Vernichtung; Schmachten.
כִּלְיוֹן *n. pr.* Kiljon.
כָּלִיל völlig, vollkommen; Ganzes; Ganzopfer.
כַּלְכֹּל *n. pr.* Kalkol.
כלל *q* vollenden.
כְּלָל *n. pr.* Kelal.
כלם *ni* gekränkt, beschimpft werden; sich schämen; zuschanden werden.
hi schmähen, beschämen, in Schande bringen.
ho beschämt, beleidigt werden.

כִּלְמַד *n. terr.* Kilmad? *text. corr.*
כְּלִמָּה Schimpf.
כְּלִמּוּת Schimpf.
כַּלְנֵה, כַּלְנוֹ *n. l.* Kalne.
כמה *q* schmachten.
כִּמְהָם *n. pr.* Kimham.
כִּמְהָן *n. pr.* Kimhan.
כְּמוֹ wie, als.
כְּמוֹהָם *l. Q (Jer 41₁₇).*

כְּמוֹשׁ   *n. pr.* Kamos *(Benennung eines Gottes).*

כְּמִישׁ   → כְּמוֹשׁ.

כַּמֹּן   Kümmel.

כמס   *q pt. pass.* aufbewahrt.

כמר   *ni* heiß, erregt werden.

כֹּמֶר*   Priester *(fremder Götter).*

I כֵּן   so, ebenso; soviel, sosehr, solange; denn, darum; בְּכֵן sodann; עַד־כֵּן bis dahin; עַל־כֵּן deshalb.

II כֵּן   feststehend, aufrecht, gerade; richtig, wahr, recht.

III כֵּן   Gestell, Stelle; Amt.

IV כֵּן   Mücke.

כנה   *pi* jmd. einen Ehrennamen geben > schmeicheln.

כַּנֶּה   *n. l.* Kanne

כַּנֵּה   *imp. q von* כנן.

כִּנּוֹר   Zither.

כְּנוֹת   *l. Q pl. von* כְּנָת*.

כָּנְיָהוּ   *n. pr.* Konja, Jojachin.

כִּנָּם   *coll.* Mücken.

כנן   *q* bedecken?, schützen?

כְּנָנִי   *n. pr.* Kenani.

כְּנַנְיָה(וּ)   *n. pr.* Kenanja.

כנס   *q* sammeln.

     pi versammeln.

     hitp sich einhüllen.

כנע   *ni* geschlagen, gebeugt, gedemütigt werden; sich demütigen.

     hi unterwerfen, demütigen.

כְּנָעָה*   Traglast, Bündel.

כְּנַעַן   *n. pr., n. gent., n. terr.* Kanaan; *übertr. coll.* Händler.

כְּנַעֲנָה   *n. pr.* Kenaana.

כְּנַעֲנִי   *n. gent.* Kanaanäer; *übertr.* Händler.

כְּנַעֲנִי*   Händler.

כנף   *ni* sich verbergen.

כָּנָף   *f.* Flügel; Zipfel; Äußerstes, Rand.

כִּנֶּרֶת, כִּנְרוֹת, כִּנֲרוֹת   *n. l.* Kinneret, Genezaret.

כְּנָת*   Genosse.

כֶּסֶא   Vollmond.

כִּסֵּא	Sessel, Sitz, Thron.
כסה	*q* bedecken, verborgen halten.
	ni bedeckt werden.
	pi bedecken, zudecken; verbergen, verheimlichen; in sich bergen.
	pu bedeckt werden, verborgen sein.
	hitp sich bedecken; *Prov 26₂₆* einhüllen.
כֵּסֶה	→ כֵּסֶא.
כֵּסֶה	→ כֵּסֶא.
כְּסוּי*	Decke.
כְּסֻלּוֹת	*n. l.* Kesulot.
כְּסוּת	Bedeckung, Decke, Bekleidung.
כסח	*q pt. pass.* abgehauen.
כִּסְיָה	Thron Jahwes.
I כְּסִיל	töricht; Tor.
II כְּסִיל	Orion; *pl.* große Sternbilder*?*
III כְּסִיל	*n. l.* Kesil.
כְּסִילוּת	Torheit.
כסל	*q* töricht sein.
I כֶּסֶל	Lende.
II כֶּסֶל	Unerschütterlichkeit, Zuversicht; *Koh 7₂₅* Torheit.
כִּסְלָה	*Ps 85₉* Torheit; *Hi 4₆* Zuversicht.
כִּסְלֵו	Kislew *(Monatsname, November/Dezember)*.
כִּסְלוֹן	*n. pr.* Kislon.
כְּסָלוֹן	*n. l.* Kesalon.
כִּסְלוֹת תָּבֹר	*n. l.* Kislot-Tabor.
כַּסְלֻחִים	*n. gent.* Kasluhiter.
כְּסָלָיו	→ כִּסְלֵו.
כסם	*q* stutzen.
כֻּסְּמִים	Emmer.
כֻּסֶּמֶת	Emmer.
כסס	*q* rechnen.
כסף	*q* sich sehnen, verlangen.
	ni sich sehnen; *Zeph 2₁* sich schämen.
כֶּסֶף	Silber, Geld.
כָּסִפְיָא	*n. l.* Kasifja.
כֶּסֶת*	Binde.

כעם   *q* unmutig sein.

       pi zum Unmut reizen.

       hi unmutig machen, kränken, beleidigen.

כַּעַשׂ, כַּעַשׂ   Unmut, Kränkung.

כַּף   *f.* hohle Hand, Handfläche, Hand; *Lev 11₂₇* Tatze; *c.* רֶגֶל Fußsohle; *Lev 23₄₀* Zweig; *m.* Pfanne, Schale.

כֵּף*°   Fels.

כפה   *q* abwenden, beschwichtigen.

כִּפָּה   Schilfsprosse, Wedel.

כְּפוֹר I   Becher.

כְּפוֹר II   Reif.

כָּפִים   Stuck?; Sparren?

כְּפִיר   junger Löwe.

כְּפִירָה,   *n. l.* Kefira.

כְּפִירִים

כפל   *q* doppelt legen.

       ni verdoppelt werden.

כֶּפֶל   Verdopplung; *du.* Doppeltes; *Jes 40₂* Gegenwert, Äquivalent.

כפן*°   *q* entgegenstrecken.

כָּפָן*°   Hunger.

כפף   *q* beugen.

       ni sich beugen.

כפר   *q* bestreichen, verpichen.

       pi bedecken, sühnen, entsühnen, entsündigen; abwenden.

       pu gesühnt werden; *Jes 28₁₈* aufgehoben werden.

       hitp gesühnt werden.

       nitp gesühnt werden.

כְּפָר*°   Dorf.

כֹּפֶר°I   Dorf.

כֹּפֶר II   Asphalt.

כֹּפֶר III   Cyperblume, Henna.

כֹּפֶר IV   Schweigegeld, Lösegeld.

כְּפֹר   → II כְּפוֹר.

כִּפֻּרִים   Sühnehandlung; *c.* יוֹם Versöhnungstag.

כַּפֹּרֶת   Deckplatte.

כפש   *hi* niederdrücken.

כַּפְתּוֹר I,   Knauf, Kapitäl; Knoten.
כַּפְתֹּר

כַּפְתּוֹר II   *n. terr.* Kaftor.

כַּפְתֹּרִי*   *n. gent.* Kaftoriter.

כַּר I   Widder; Sturmbock.

כַּר II   Weideplatz.

כַּר III   Satteltasche.

כֹּר   *Hohlmaß* Kor *(zwischen 220 l und 450 l).*

כרבל   *pu pt.* eingehüllt.

כרה I   *q* graben.
     ni gegraben werden.

כרה II   *q* (ein)handeln.

כרה III   *q c.* כֵּרָה ein Festmahl geben.

כֵּרָה*   *unerklärt.*

כֵּרָה   Festmahl.

כְּרוּב I   Kerub.

כְּרוּב II   *n. l.* Kerub.

כֵּרִי   *n. gent.* Kariter.

כְּרִית   *n. fl.* Kerit.

כְּרִיתֻת,   Entlassung, Scheidung.
כְּרִיתֻת

כַּרְכֹּב   Einfassung.

כַּרְכֹּם   Safran.

כַּרְכְּמִישׁ,   *n. l.* Karkemisch.
כַּרְכְּמִשׁ

כַּרְכַּס   *n. pr.* Karkas.

כִּרְכָּרָה*   Kamelstute.

כֶּרֶם   *m. und f.* Weingarten.

כֹּרֵם*   Winzer.

כַּרְמִי   *n. pr.* Karmi; *n. gent.* Karmiter.

כַּרְמִיל   Karmesin.

כַּרְמֶל I   Baumgarten.

כַּרְמֶל II   junges Korn.

כַּרְמֶל III   *n. l.* Karmel.

כַּרְמְלִי   *n. gent.* Karmeliter.

כְּרָן   *n. pr.* Keran.

כרסם   *pi* abfressen.

כָּרַע   *q* niederknien, niedergehen *(von Tieren)*; sich beugen; in die Knie brechen, zusammenbrechen.

hi in die Knie zwingen; *Jdc 11₃₅* jmd. niederbeugen.

כְּרָעַיִם   *f.* Unterschenkel; *Lev 11₂₁* Springbein.

כַּרְפַּס   feines Gewebe.

כרר   *pilp* tanzen.

כָּרֵשׂ*   Bauch.

כֹּרֶשׂ   → כּוֹרֶשׂ.

כַּרְשְׁנָא   *n. pr.* Karschena.

כרת   *q* abschneiden, abhauen, fällen; ausrotten; *c.* בְּרִית eine Verpflichtung eingehen/auferlegen.

ni gefällt, ausgerottet, vertilgt werden; *Jos 3f.* geteilt werden.

pu umgehauen, abgeschnitten werden.

hi ausrotten, vertilgen.

ho abgeschnitten werden.

כְּרֻתוֹת   Balken.

כְּרֵתִי   *n. gent.* Kreti, Kreter.

כְּרֵתת   → כְּרֻתוֹת.

כֶּשֶׂב   junger Widder.

כִּשְׂבָּה   junges Schaf.

כֶּשֶׂד   *n. pr.* Kesed.

כַּשְׂדִּים   *n. gent.* Kaldäer; *n. terr.* Kaldäa; *Dan 2₂.₄* Weise, Astrologen.

כשׂה   *q* sich mästen.

כְּשִׂי   → כּוּשִׂי.

כַּשִּׁיל   Axt.

כשׁל   *q* straucheln, stolpern; erschöpft sein.

ni straucheln, stolpern; erschöpft sein.

pi l. Q (Ez 36₁₄).

hi zum Straucheln, Stolpern bringen.

ho pt. zu Fall gebracht.

כִּשָּׁלוֹן   Straucheln, Fall.

כשׁף   *pi* Zauberei treiben.

כֶּשֶׁף*   Zauberei.

כַּשָּׁף*   Zauberer.

כשׁר°   *q* gelingen, gefallen.

hi gelingen?

פִּשָׁרוֹן°   Gelingen, Gewinn.

כתב   q schreiben, auf-, beschreiben.

     ni geschrieben, aufgeschrieben werden.

     pi eifrig schreiben.

כְּתָב°   Schriftstück, Verzeichnis; Schreibweise.

כְּתֹבֶת   Schrift.

כִּתִּיִּם, כִּתִּים   n. gent. Kittäer.

כָּתִית   gestoßen; lauter.

כֹּתֶל*   Wand.

כִּתְלִישׁ   n. l. Kitlisch.

כתם°   ni ein Schmutzfleck sein.

כֶּתֶם   Gold.

כְּתֹנֶת, כֻּתֹּנֶת   Leibrock.

כָּתֵף, כָּתֵף   f. Schulter-, -blatt, -stück; Seitenteil, -wand; Berghang.

כתר   pi umringen; Geduld haben (aram.).

     hi umringen; krönen (aram.).

כֶּתֶר°   Krone; Kopfputz.

כֹּתֶרֶת   Kapitäl.

כתשׁ   q zerstoßen.

כתת   q zerschlagen, zerstoßen; schmieden.

     pi zerschlagen; schmieden.

     pu zerschlagen werden.

     hi zersprengen.

     ho zerschlagen, zersprengt werden.

ל

לְ   nach—hin, zu—hin; an, bis an, bis zu, bis gegen, nach; binnen; in bezug auf; zu; zugunsten von; nämlich; gemäß; wegen; nota dativi; לְ-auctoris.

לֹא   nicht, un-.

לֵא   → לוּ.

לֹא דְבָר   n. l. Lodebar.

לאה   *q* müde werden/sein; aufgeben.

       ni ermüdet sein, sich abmühen; nicht imstande sein.

       hi müde machen.

לֵאָה   *n. pr. f.* Lea.

לְאוֹם   → לְאֹם.

לאט   *pf. q von* לוט.

לְאַט   leise, sanft.

לָאט   → לָט.

לָאֵל   *n. pr.* Laël.

לְאֹם   Volk; *Prov 11₂₆* Leute.

לְאֻמִּים   *n. gent.* Lëummim.

לֵב   Herz, Inneres; *übertr.* Gemüt, Wille, Verstand, Gewissen.

לְבֹא*   *n. l.?* Labo.

לָבָא*   Löwe.

לְבָאָה*   Löwin.

לְבָאוֹת   *n. l.* Lebaot.

I לבב   *ni* verständig werden.

       pi Herzklopfen bereiten.

II לבב   *pi* zubereiten.

לֵבָב   → לֵב.

לְבִבָה*   Herzkuchen?

לְבַד   → I בַּד.

לַבָּה*   Flamme.

לִבָּה*   Herz.

לָבוֹא*   → לָבָא.

I לְבוֹנָה   → לְבֹנָה.

II לְבוֹנָה   *n. l.* Lebona.

לְבוּשׁ   Kleid, Gewand.

לָבוּשׁ   bekleidet.

לבט   *ni* niedergetreten werden.

לָבִיא   Löwe.

לְבִיָּא   Löwin.

לֵבִים   → לוּבִים.

I לבן   *hi* weiß machen, reinigen; weiß werden.

       hitp sich reinigen lassen.

II לבן   *q (Ziegel)* streichen.

לָבָן I	weiß.
לָבָן II	*n. pr., n. l.* Laban.
לְבָנָה I	Vollmond.
לְבָנָה II	*n. pr.* Lebana.
לְבֹנָה	Weihrauch.
לְבֵנָה	Ziegel; *Ex 24*₁₀ Platte.
לִבְנֶה	Storaxbaum.
לִבְנָה	*n. l.* Libna.
לְבָנוֹן	*n. l.* Libanon.
לִבְנִי	*n. pr.* Libni; *n. gent.* Libniter.
לִבְנָת	*n. fl.* Libnat.
לֵב קָמַי	*Codename für* Chaldäer.
לבש	*q* anziehen, bekleiden; anlegen; sich bedecken.
	pu pt. bekleidet; *Esr 3*₁₀ im Ornat.
	hi bekleiden; anlegen.
לָבֵשׁ, לְבֵשׁ	→ לָבוּשׁ, לְבוּשׁ.
לֹג	*Flüssigkeitsmaß* Log *(zwischen 0,3 l und 0,625 l)*.
לֹד	*n. l.* Lod.
לִדְבִר	*n. l.* Lidbir.
לֵדָה	Gebären.
לֹה	*l.* לֹא *(Dtn 3*₁₁*)*.
לַהַב	Flamme; Klinge.
לֶהָבָה	Flamme; Klinge.
לְהָבִים	*n. gent.* Lehabiter.
לַהַג	Studieren.
לַהַד	*n. pr.* Lahad.
להה	*q* erschöpft werden.
	hitpalp sich unsinnig aufführen.
להט	*q* verzehren.
	pi verzehren; versengen.
לַהַט	Klinge.
לְהָטִים*	Zaubereien.
להם	*hitp pt.* Leckerbissen.
לָהֵן	*Ruth 1*₁₃ deshalb.
לַהֲקָה*	Schar.
לוּ, לוּא	wenn; wenn doch, o daß doch.
לוּבִים	*n. gent.* Libyer.
לוּד	*n. gent.* Lud, Lyder.

לֹו דְּבַר → לֹא דְבָר.

I לוה‎ q begleiten.

    ni sich an jmd. anschließen, gebunden sein an.

II לוה‎ q entleihen.

    hi leihen.

לוז‎ q weichen.

    ni pt. verkehrt, Verkehrtes.

    hi weichen.

I לוז‎ Mandelbaum.

II לוז‎ *n. l.* Lus.

לוּחַ‎ Tafel; Planke, Brett.

לוּחִית‎ *n. l.* Luhit.

לוֹחֵשׁ‎ *n. pr.* Lohesch.

לוט‎ q verhüllen, einwickeln.

    hi verhüllen.

I לוֹט‎ Hülle.

II לוֹט‎ *n. pr.* Lot.

לוֹטָן‎ *n. pr.* Lotan.

לֵוִי‎ Levit; *n. pr., n. gent.* Levi.

לְוָיָה*‎ Kranz.

לִוְיָתָן‎ Levjatan, Schlange; *Hi* 40₂₅ Krokodil.

לֻל*‎ Treppe?, Falltür?

לוּלֵא, לוּלֵי‎ wenn nicht; es sei denn, daß; *Ps* 27₁₃ sicherlich.

לון‎ *ni* murren.

    hi murren.

לוּץ‎ → לִיץ.

לוּשׁ‎ q kneten.

לַוְשׁ‎ *l. Q (II Sam* 3₁₅*).*

לָו, לָוֶה, לָווּ‎ → הַלָּו, הַלָּוֶה, הַלָּווּ.

לָזוּת*‎ Verkehrtheit.

לַח‎ feucht, frisch, neu.

לֵחַ*‎ Frische.

לְחוּם‎ *unerklärt.*

לְחוּת‎ → לוּחִית.

I לְחִי‎ Kinnbacken, Wange.

II לְחִי‎ *n. l.* Lechi.

לַחַי רֹאִי‎ → בְּאֵר לַחַי רֹאִי.

לָחַךְ   *q* abfressen.

       pi lecken, auflecken; verzehren.

I לחם   *q* kämpfen.

       ni kämpfen, Krieg führen, belagern, siegen.

II לחם   *q* essen.

לֶחֶם   Kampf?

לֶחֶם   Brot, Speise; Korn.

לְחֶם   → לְחוּם.

לַחְמִי   *n. pr.* Lachmi.

לַחְמָס   *n. l.* Lachmas.

לחץ   *q* (be)drängen, (be)drücken, quälen.

       ni sich drücken.

לַחַץ   Bedrückung, Bedrängnis.

לחשׁ   *pi* beschwören.

       hitp miteinander flüstern.

לַחַשׁ   Flüstern, Beschwörung; *Jes* 3₂₀ summende Muschel.

לָט   geheime Kunst; *c.* בְּ heimlich.

לֹט   Mastixrinde.

לְטָאָה   Gecko.

לְטוּשִׁים   *n. gent.* Letuschiter.

לטשׁ   *q* hämmern, schärfen; *pt.* Schmied.

       pu pt. geschärft.

לֹיָה*   Kranz.

לַיִל, לַיְלָה   Nacht, nachts.

לִילִית   *n. pr. f.* Lilit.

לין   *q* übernachten, die Nacht über bleiben.

       hitpol übernachten, weilen.

ליץ   *q* prahlen.

       pol pt. übermütig?

       hi das Wort führen, dolmetschen; spotten.

       hitpol spotten.

I לַיִשׁ   Löwe.

II לַיִשׁ   *n. pr., n. l.* Lajisch.

לֵישָׁה   *n. l.* Laischa.

לכד   *q* fangen, einnehmen; besetzen, abschneiden; *Jos* 7₁₄ bezeichnen; *I Sam* 14₄₇ übernehmen.

       ni gefangen, eingenommen werden; bezeichnet werden.

       hitp sich aneinanderfügen.

לֶכֶד Fang.

לֵכָה *n. l.* Lecha.

לָכִישׁ *n. l.* Lachisch.

לָכֵן daher, darum.

לָלְאֹת Schlingen, Schleifen.

למד *q* lernen.

pi lehren; gewöhnen.

pu belehrt, gewöhnt sein.

לִמֻּד geübt; Schüler, Jünger.

לָמָּה, warum? *meist informativ.*

לְמָה, לָמָה

לְמוֹ für, bezüglich.

לְמוּאֵל, לְמוֹאֵל *n. pr* Lemuel.

לְמוּד → לִמֻּד.

לֶמֶךְ *n. pr.* Lamech.

לְמִן von — her.

לְמַעַן → מַעַן.

לַן* *pt. q von* לִין.

לֹעַ* Kehle.

לעב° *hi* verspotten.

לעג *q* verspotten.

ni fremd reden.

hi spotten, verhöhnen.

לַעַג Stottern; Verspottung, Spott.

לָעֵג* fremd redend.

לַעְדָּה *n. pr.* Lada.

לַעְדָּן *n. pr.* Ladan.

לעז° *q* unverständlich reden.

לעט *hi* verschlingen lassen.

לַעֲנָה Wermut.

I לעע *q* unbedacht reden.

II לעע *q* schlürfen.

לַפִּיד Fackel.

לַפִּידוֹת *n. pr.* Lappidot.

לפת *q* umfassen.

ni abgebogen werden; sich vorbeugen.

לֵץ Spötter.

לָצוֹן Spott.

לַקּוּם   *n. l.* Lakkum.

לקח   *q* nehmen, fassen, ergreifen; wegnehmen; mit sich, an sich nehmen; annehmen; aufnehmen; holen, bringen; entrücken; *Prov* 31₁₆ erwerben.

     ni weggenommen, entrückt werden; geholt werden.

     pu genommen, weggenommen, entrückt werden; gebracht werden.

     hitp aufflackern, zucken.

לֶקַח   Lehre, Überredung, Einsicht.

לִקְחִי   *n. pr.* Likchi.

לקט   *q* sammeln, auflesen.

     pi auflesen, einsammeln.

     pu aufgelesen werden.

     hitp sich sammeln.

לֶקֶט   Nachlese.

לקק   *q* lecken.

     pi lecken.

לקשׁ   *pi* plündern.

לֶקֶשׁ   Spätsaat.

לָשָׁד*   Backwerk; Mark.

לָשׁוֹן   Zunge, Sprache.

לִשְׁכָּה   Raum, Halle, Kammer.

I לֶשֶׁם   *Edelstein.*

II לֶשֶׁם   *n. l.* Leschem.

לשׁן   *poel* verleumden.

     hi verleumden.

לָשֹׁן   → לָשׁוֹן.

לֶשַׁע   *n. l.* Lescha.

לַשָּׁרוֹן   → שָׁרוֹן.

לַת   *inf. q von* ילד.

לֶתֶךְ   *Getreidemaß* Letech *(zwischen 110 l und 225 l).*

מ

מַאֲבוּס*   Speicher.

מֹאָבִי   → מוֹאָבִי.

מְאֹד   Kraft, Vermögen; sehr.

מֵאָה I hundert; *du.* zweihundert; *pl.* Hunderte.

מֵאָה II *n. l.* Mea.

מַאֲוַי* Begierde.

מְאוּם, מְאוֹם Makel, Flecken.

מְאוּמָה irgend etwas.

מָאוֹר Leuchte, Lichtkörper; Leuchter; *Ps 90*8 *Prov 15*30 Licht.

מְאוּרָה* Junges?

מֹאזְנַיִם Waage.

מֵאוֹת *pl. von* I מֵאָה.

מַאֲכָל Speise, Nahrung.

מַאֲכֶלֶת Messer.

מַאֲכֹלֶת Fraß.

מַאֲמָץ* Anstrengung.

מַאֲמָר*ᴜ Wort, Befehl.

מאן *pi* sich weigern.

מאס I *q* verschmähen, verabscheuen; ablehnen, verwerfen; *Hi 42*6 widerrufen.

    ni verworfen werden.

מאס II *ni* zerfließen, vergehen.

מַאֲפֶה* Gebäck.

מַאְפֵּל Finsternis.

מַאְפֵּלְיָה Finsternis.

מאר *hi pt.* schmerzhaft, bösartig.

מַאֲרָב Hinterhalt.

מְאֵרָה Fluch.

מִבְדָּלוֹת Enklaven.

מָבוֹא Eingang; Eintreten; Untergang *(Sonne)* > Westen.

מְבוּכָה Verwirrung.

מַבּוּל Himmelsozean; Sintflut.

מְבוּנִים *l. Q (II Chr 35*3).

מְבוּסָה Niedertreten.

מַבּוּעַ Quelle.

מְבוּקָה Öde.

מִבְחוֹר Auslese, Bestes.

מִבְחָר* I Auslese, Bestes.

מִבְחָר II *n. gent.?* Mibhar.

מַבָּט* Hoffnung.

מִבְטָא übereiltes Versprechen.

מִבְטָח	Vertrauen; Sicherheit.
מַבְלִיגִית*	Erheiterung.
מִבְנֶה*	Bau.
מְבֻנַּי	n. pr. Mebunnai.
מִבְצָר I	fester Platz, Befestigung, Festung.
מִבְצָר II	n. gent.? Mibzar.
מִבְרָח*	Flüchtling.
מִבְשָׂם	n. pr. Mibsam.
מְבֻשִׁים*	Schamteile.
מְבַשְּׁלוֹת	Kochplätze.
מַג	Bestandteil eines bab. Beamtentitels.
מַגְבִּישׁ	n. pr. Magbisch.
מִגְבָּלֹת	Schnüre.
מִגְבָּעָה*	Kopfbund.
מֶגֶד	Gabe; Bestes.
מְגִדּוֹ(ן)	n. l. Megiddo.
מִגְדּוֹל	→ מִגְדָּל.
מַגְדִּיאֵל	n. gent.? Magdiël.
מִגְדִּיל	l. K (II Sam 22₅₁).
מִגְדָּל I	Turm; Neh 8₄ Podium; Cant 5₁₃ Schrank?
מִגְדַּל* II	Bestandteil von n. l. Migdal.
מִגְדֹּל	n. l. Migdol.
מִגְדָּנוֹת	reiche Geschenke, Kostbarkeiten.
מָגוֹג	n. pr., n. terr. Magog.
מָגוֹר	Grauen.
מָגוּר*	Ps 55₁₆ unerklärt.
מְגוֹרָה*	Grauen.
מְגוּרָה	Getreidegrube.
מְגוּרִים*	Schutzbürgerschaft, Aufenthalt.
מַגְזֵרָה*	Axt.
מַגָּל	Sichel.
מְגִלָּה	Buchrolle.
מְגַמָּה*	Streben?
מגן	pi preisgeben, ausliefern; Prov 4₉ beschenken.
מָגֵן I	Schild; Hi 41₇ Schuppe.
מָגֵן II	unverschämt.
מָגְנָּה*	Unverschämtheit.
מִגְעֶרֶת	Bedrohung.

מַגֵּפָה	Plage.
מַגְפִּיעָשׁ	*n. pr.* Magpiasch.
מגר	*q pt. pass.* preisgegeben.
	pi niederstoßen *(aram.).*
מְגֵרָה	Steinsäge.
מִגְרוֹן	*n. l.* Migron.
מִגְרָעוֹת	Absätze, Verjüngungen.
מְגֵרָפָה*	Schaufel?, Erdscholle?
מִגְרָשׁ	Weideland; unbestelltes Land.
מִגְרָשׁוֹת	Wogen?
מַד*	Gewand.
מִדְבָּר I	Steppe, Wüste.
מִדְבָּר* II	Reden.
מדד	*q* messen.
	ni gemessen werden.
	pi abmessen, ausmessen.
	hitpo sich hinstrecken.
מִדָּה I	Abmessung, Maß; *nachgestellt* hochgewachsen, geräumig.
מִדָּה* II	Abgabe.
מַדְהֵבָה	*l.* מַרְהֵבָה (Jes 14₄) Ansturm.
מַדּוּ*	Gewand.
מַדְוֶת* I	Gewand.
מַדְוֶה* II	Krankheit, Seuche.
מַדּוּחִים	Verleitung.
מָדוֹן I, מִדְיָן*	Streit, Zank.
מָדוֹן II	*n. l.* Madon.
מַדּוּעַ	warum? *meist vorwurfsvoll.*
מְדוּרָה	Holzstoß.
מַדְחֵה	Sturz.
מַדְחֵפָה*	Stoß.
מָדַי	*n. pr.* Madai; *n. gent.* Meder; *n. terr.* Medien.
מָדִי	*n. gent.* Meder.
מַדַּי	< מַה־דַּי.
מִדְיָן* I	Streit, Zank.
מִדְיָן II	*n. pr., n. terr.* Midian; *n. gent.* Midianiter.
מִדִּין I	Gewänder.
מִדִּין II	*n. l.* Middin.

מָדִין   *l.* מִדָּה (*II Sam* 21₂₀).

מְדִינָה°   Gerichts-, Amtsbezirk, Satrapie, Land.

מְדִינִי   *n. gent.* Midianiter.

מְדֹכָה   Mörser.

מַדְמֵן   *n. l.* Madmen.

I מַדְמֵנָה   Misthaufen.

II מַדְמֵנָה   *n. l.* Madmena.

מַדְמַנָּה   *n. pr., n. l.* Madmanna.

מְדָן   *n. pr.* Medan.

מְדָנִים   *n. gent.* Medaniter.

מַדָּע°, מַדָּע°   Verständnis; *Koh* 10₂₀ Schlafgemach.

מֹדָע   Verwandter.

מַדּוּעַ   → מַדּוּעַ.

מֹדַעַת*   Verwandter.

מַדְקָרָה*   Stich.

מַדְרֵגָה   Felsensteige.

מִדְרָךְ*   (fuß)breit.

מִדְרָשׁ*   Erklärung, Auslegung.

מְדֻשָׁה*   Gedroschenes.

מָה   was?, wie?, warum?; was; wie!, עַד־מָה wie lange.

מהה   *hitpalp* zögern.

מְהוּמָה   Lärm, Getümmel; Verwirrung, Bestürzung.

מְהוּמָן   *n. pr.* Mehuman.

מְהֵיטַבְאֵל   *n. pr. m. (aram.) und f.* Mehetabel.

מָהִיר   geschickt, beflissen.

מהל   *q pt. pass.* gepanscht.

מַהֲלָךְ*   Weg, Reise, Gang; *pl.* Zutritt.

מַהֲלָל*   Anerkennung.

מַהֲלַלְאֵל   *n. pr.* Mahalalel.

מַהֲלֻמוֹת   Schläge, Prügel.

מהמה   → מהה.

מַהֲמֹרוֹת   Regenlöcher.

מַהְפֵּכָה*   Zerstörung.

מַהְפֶּכֶת   Block.

I מהר   *ni* sich überstürzen; *pt.* voreilig, ungestüm, bestürzt.
     pi eilen; beschleunigen; *imp. auch* rasch.

II מהר   *q* (gegen Heiratsgeld) erwerben.

מֹהַר   Heiratsgeld.

מְהֵרָה	Eile; eilends.
מַהְרַי	*n. pr.* Mahrai.
מַהֲתַלּוֹת	Täuschungen.
מוֹאָב	*n. pr., n. terr.* Moab; *n. gent.* Moabiter.
מוֹאָבִי	*n. gent.* Moabiter.
מוֹאָל	→ מוּל.
מוֹבָא	Eingang.
מוג	*q* wanken.
	ni wogen, hin und her wanken.
	pol aufweichen, zergehen lassen.
	hitpol sich auflösen, in Bewegung geraten.
מוד	*pol* erschüttern.
חוח	*q* wanken.
	ni wanken; wackeln.
	hi herabkommen lassen.
	hitpol hin und her wanken.
מוט	Traggestell, Stange.
מוֹטָה	Jochholz, Tragholz.
מוּךְ	*q* herunterkommen, verarmen.
I מול	*q* beschneiden.
	ni sich beschneiden lassen.
II מול	*hi* abwehren.
מֻל, חוּל	vor, gegenüber; מול פָּנִים Vorderseite; מִמּוּל vorweg, vorn an, nach—hin.
מוֹלָדָה	*n. l.* Molada.
מוֹלֶדֶת	Nachkommenschaft, Verwandtschaft; *pl. auch* Herkunft.
מֻלָּה*	Beschneidung.
מוֹלִיד	*n. pr.* Molid.
מום	→ מְאוּם.
מוּמָה	→ מְאוּמָה.
מוֹמְכָן	*l. Q (Est I₁₆).*
מוּסָב*	Umgang?
מוּסָד*	Grundmauer, Grundlage.
מוּסָד	Gründung.
מוּסָדָה	Fundament.
מוֹסָדָה*	*m.* Grundmauer, Grundlage.
מוֹסֵר*	Fessel.

מוּסָר	Züchtigung, Zucht; Mahnung, Warnung.
מוֹסֵרָה* I	Fessel.
מוֹסֵרָה II	*n. l.* Mosera.
מוֹעֵד	Treffpunkt, Versammlungsplatz; Versammlung, Begegnung; Termin; festgesetzte Zeit, Festzeit.
מוֹעָד*	Sammelplatz?
מוּעָדָה	Festsetzung.
מוֹעַדְיָה	*n. pr.* Moadja.
מוּעָף	Finsternis.
מוֹעֵצָה*	Ratschlag, Plan.
מוּעָקָה	*Ps 66₁₁ unerklärt.*
מוּפָז	*pt. ho von* I פזז.
מוּפַעַת	→ מֵיפַעַת.
מוֹפֵת	Wahrzeichen.
מוֹצָא I	Ausgangsort, Ausgang; Äußerung; Aufbruch; Aufgang *(Sonne)* > Osten.
מוֹצָא II	*n. pr.* Moza.
מוֹצָאָה*	Ursprung; Abtritt.
מוּצָק I	(Metall)guß.
מוּצָק II	Bedrängnis.
מוּצָקָה*	Guß; Röhre.
מוק°	*hi* verhöhnen.
מוֹקֵד	Feuerstelle.
מוֹקְדָה	Feuerstelle.
מוֹקֵשׁ	Stellholz, Falle.
מוּר	→ מֹר.
מוּר	*ni* sich ändern. *hi* vertauschen, ändern.
מוֹרָא	Furcht, Schrecken; Ehrfurcht.
מוֹרַג	Dreschschlitten.
מוֹרָד	Abhang; *I Reg 7₂₉* Gehänge.
מוֹרֶה	Frühregen.
מוֹרָה I	*m.* Schermesser.
מוֹרָה II	→ מוֹרָא.
מוֹרָט	*pt. pu von* מרט.
מוֹרִיָּה	→ מֹרִיָּה.
מוֹרָשׁ* I	Besitztum.
מוֹרָשׁ* II	Wunsch.

מוֹרָשָׁה   Erwerb, Besitz.

מוֹרֶשֶׁת גַּת   *n. l.* Moreschet-Gat.

מוֹרַשְׁתִּי   *n. gent.* Moraschtiter.

מוּשׁ I   *q* betasten.

    hi betasten lassen; betasten, greifen können.

מוּשׁ II   *q* weichen, ablassen; entfernen.

מוֹשָׁב   Sitz, Sitzplatz; Wohnsitz, Aufenthaltsort; Standort, Lage; Versammlung; Wohnen; Bewohner.

מוּשִׁי   *n. pr.* Muschi; *n. gent.* Muschiter.

מוֹשָׁעָה*   Hilfe.

מוּת   *q* sterben.

    pol töten, den Todesstoß geben.

    hi sterben lassen, töten, töten lassen.

    ho getötet werden, mit dem Tode büßen.

מָוֶת   Tod, Sterben; Pest; Totenreich.

מוֹתָר°   Vorteil, Vorzug.

מִזְבֵּחַ   Altar.

מֶזֶג   Mischwein.

מָזֶה*   entkräftet.

מִזָּה   *n. pr.* Missa.

מָזוּ*   Speicher.

מְזוּזָה   Türpfosten.

מָזוֹן   Speise.

מָזוֹר I   eiternde Wunde, Geschwür.

מָזוֹר II   Falle?, Hinterhalt?

מֵזַח I   Werft.

מֵזַח II   Gürtel.

מְזִיחַ   Gürtel.

מַזְכִּיר   Sprecher *(Beamtentitel).*

מִזְלָג*   Fleischgabel.

מַזְלֵג   Fleischgabel.

מַזָּלוֹת   Tierkreiszeichen.

מְזִמָּה   Sinnen, Plan; Anschlag, Machenschaft; Besonnenheit.

מִזְמוֹר   Psalm.

מַזְמֵרָה*   Winzermesser.

מְזַמֶּרֶת*   Dochtschere.

מִזְעָר   Weniges.

מִזְרֶה   Worfschaufel.

מַזָּרוֹת	südliche Tierkreiszeichen?
מִזְרָח	Aufgang *(Sonne)* > Osten.
מְזָרִים	Nordwinde.
מִזְרָע*	Saatland.
מִזְרָק	Schale.
מֵחַ*	Fettschaf.
מֹחַ	Mark.
מחא°	*q* schlagen, klatschen.
מַחֲבֵא	Versteck.
מַחֲבֹאִים	Verstecke.
מְחַבְּרוֹת	Binder, Klammer.
מַחְבֶּרֶת	Nahtstelle, Reihe.
מַחֲבַת	Platte.
מַחֲגֹרֶת	Umgürtung.
מחה I	*q* abwischen, wegwischen; vertilgen.
	ni ausgewischt, vertilgt werden.
	hi auslöschen.
מחה° II	*q* stoßen, treffen.
מחה III	*pu pt.* markig.
מְחוּגָה	Zirkel.
מָחוֹז*	Hafen.
מְחוּיָאֵל	*n. pr.* Mechujaël.
מַחֲוִים	*n. gent.* Machawiter.
מָחוֹל I	Reigentanz.
מָחוֹל II	*n. pr.* Machol.
מַחֲזֶה	Erscheinung, Vision.
מֶחֱזָה	Fenster.
מַחֲזִיאוֹת	*n. pr.* Machasiot.
מְחִי°	Stoß.
מְחִידָא	*n. pr.* Mechida.
מִחְיָה	Erhaltung des Lebens; Erneuerung, neues Fleisch; Lebensmittel, Lebensunterhalt; Aufleben.
מְחִיָּאֵל	*n. pr.* Mechijaël.
מְחִיר I	Gegenwert, Kaufpreis, Lohn.
מְחִיר II	*n. pr.* Mehir.
מַחֲלֶה*	Krankheit.
מַחְלָה	*n. pr. m. und f.* Machla.
מַחֲלָה	Krankheit.

מְחֹלָה*	Reigentanz.
מְחִלָּה*	Höhle.
מַחְלוֹן	*n. pr.* Machlon.
מַחְלִי	*n. pr.* Machli; *n. gent.* Machliter.
מַחֲלָיִים	Krankheiten.
מַחְלָף*	*unsicher.*
מַחְלָפוֹת*	Zöpfe.
מַחֲלָצוֹת	feine Gewänder.
מַחְלְקוֹת	*n. pr.* Machlekot.
מַחֲלֹקֶת	Anteil; Abteilung.
מָחֲלַת I	*liturgische Angabe.*
מָחֲלַת II,	*n. pr.* Mahalat.
מַחֲלַת	
מְחֹלָתִי	*n. gent.* Meholatiter.
מַחְמָאֹת	Milchiges.
מַחְמָד*	Begehrenswertes, Kostbarkeit; Lust; *Hos* 9₁₆ Liebling.
מַחְמֹד*	Kostbarkeit.
מַחְמָל	*unerklärt.*
מַחְמֶצֶת	Gesäuertes.
מַחֲנֶה	Lagerplatz, Kriegs-, Wanderlager; Schar, Heer.
מַחֲנֵה־דָן	*n. l.* Mahane-Dan.
מַחֲנַיִם	*n. l.* Mahanajim.
מַחֲנַק	Erstickung
מַחְסֶה, מַחֲסֶה	Zuflucht.
מַחְסוֹם	Zaum?, Maulkorb?
מַחְסוֹר	Mangel, Verlust.
מַחְסֵיָה	*n. pr.* Machseja.
מחץ	*q* zerschlagen.
מַחַץ	Wunde.
מַחְצֵב	*c.* אֶבֶן zugehauen.
מֶחֱצָה	Hälfte.
מַחֲצִית	Hälfte, Mitte.
מחק°	*q* zerschlagen.
מֶחְקָר*	Tiefe.
מָחָר	morgen.
מֹחֲרָאֹת	*l. K (II Reg* 10₂₇) Abtritt.
מַחֲרֵשָׁה*,	Pflugschar.
מַחֲרֶשֶׁת*	

מָחֳרָת	folgender Tag.
מַחְשֹׂף	Abschälen.
מַחֲשָׁבָה,	Gedanke, Vorhaben, Plan; Erfindung.
מַחֲשֶׁבֶת,	
מַחֲשֶׁבֶת	
מַחְשָׁךְ	finsterer Ort, Schlupfwinkel.
מַחַת	n. pr. Mahat.
מְחִתָּה	Schrecken; Zerstörung.
מַחְתָּה	Kohlenpfanne, Feuerbecken.
מַחְתֶּרֶת	Einbruch.
מַמְאַטֵא	Besen.
מַטְבֵּחַ	Schlachtbank.
מַטֶּה	Stock, Stab; Stamm; *Ez 19 auch* Ast.
מַטָּה	drunten.
מִטָּה	Lager.
מֻטֶּה	Beugung.
מִטֶּה*	Spannweite.
מַטְוֶה	Gespinst.
מָטִיל*	Stange.
מַטְמוֹן	(verborgener) Schatz.
מַטָּע	Pflanzung.
מַטְעַמּוֹת,*	Leckerbissen.
מַטְעַמִּים	
מִטְפַּחַת	Umschlagtuch.
מטר	*ni* beregnet werden.
	hi regnen lassen.
מָטָר	Regen.
מַטָּרָא°	Ziel.
מַטְרֵד	n. pr. f. Matred.
מַטָּרָה°	Ziel; Wache.
מַטְרִי	n. gent. Matriter.
מַי*	Wasser, Gewässer; *Jes 52₅ l. Q.*
מִי	wer?, welcher; wer immer; מִי יִתֵּן wer gibt? > o daß doch!
מֵידְבָא	n. l. Medeba.
מֵידָד	n. pr. Medad.
מוֹדַע	l. Q (Ruth 2₁) Verwandter.
מֵי הַיַּרְקוֹן	n. l. Mehajarkon.

מֵי זָהָב   *n. pr.* Mesahab.

מֵיטָב*   Bestes.

מִיכָא   *n. pr.* Micha.

מִיכָאֵל   *n. pr.* Michael.

מִיכָה   *n. pr.* Micha.

מִיכָהוּ   *l. Q (II Chr 18₈).*

מִיכָיָה(וּ)   *n. pr.* Micha.

מִיכָיְהוּ   *n. pr.* Micha.

מִיכַל   *n. pr. f.* Michal; *II Sam 17₂₀ unerklärt.*

מַיִם   → מֵי.

מִיָּמִ(י)ן   *n. pr.* Mijamin.

מִין*   Art, Gattung.

מֵינֶקֶת   Amme,

מיסָךְ   *l. Q (II Reg 16₁₈)* bedeckter Gang?

מֵיפַעַת   *n. l.* Mefaat.

מִיץ   Pressen.

מִיצִיאוּ   *l. Q (II Chr 32₂₁)* abstammend.

מִיש   → מוּש.

מֵישָׁא   *n. pr.* Mesa.

מֵישָׁאֵל   *n. pr.* Mischael.

מִישׁוֹר   Ebene, Ebenes; Aufrichtigkeit; *Ps 67₅* recht.

מֵישַׁךְ   *n. pr.* Mesach.

מֵישַׁע   *n. pr.* Mesa.

מֵישָׁע   *n. pr.* Mesa.

מִישָׁר   → מִישׁוֹר.

מֵישָׁרִים   Geradheit, Aufrichtigkeit; gerade, recht; *Dan 11₆* Ausgleich.

מֵיתָר*   Bogensehne; Zeltstrick.

מַכְאוֹב   Schmerz, Leiden.

מַכְבֵּנָה   *n. pr.* Machbena.

מַכְבַּנַּי   *n. pr.* Machbannai.

מַכְבֵּר   Decke?

מִכְבָּר   Gitterwerk.

מַכָּה   Schlag, Wunde; Plage; Niederlage.

מִכְוָה   Brandwunde.

מָכוֹן   Stätte, Grundlage.

מְכוֹנָה   Stelle, Stätte; Gestell.

מְכוֹרָה*   Herkunft *(auch pl.).*

מָכִי   *n. pr.* Machi.

מָכִיר   *n. pr.*, *n. gent.* Machir.

מָכִירִי   *n. gent.* Machiriter.

מכך   *q* zusammensinken.

     ni sich senken.

     ho erniedrigt werden.

מִכְלָא*, מִכְלָ   Hürde.

מִכְלוֹל   Vollkommenheit.

מִכְלוֹת   Vollendung, Lauterkeit.

מִכְלָל*   Vollkommenheit.

מַכְלָלִים   Prachtgewänder.

מַכֹּלֶת   Speise.

מִכְמַנִּים*°   Schätze.

מִכְמָס   *n. l.* Michmas.

מִכְמָר, מַכְמֹ   Stellnetz.

מִכְמֶרֶת*,   Fischnetz.

מִכְמֹרֶת

מִכְמָשׁ   → מִכְמָס.

מִכְמְתָת   *n. l.* Michmetat.

מַכְנַדְבַי   *n. pr.* Machnadbai.

מְכֹנָה I   → מְכוֹנָה.

מְכֹנָה II   *n. l.* Mechona.

מִכְנָס*   Hose.

מֶכֶס   Abgabe.

מִכְסָה*   Anzahl, Betrag.

מִכְסֶה   Decke.

מִכְסֶּה   Decke; Kleidung; Deck.

מַכְפֵּלָה   *n. l.* Machpela.

מכר   *q* verkaufen, preisgeben.

     ni sich verkaufen, verkauft werden.

     hitp sich verkaufen, hergeben zu.

מֶכֶר   Kaufpreis; Ware.

מַכָּר*   Bekannter?

מִכְרֶה*   Grube.

מְכֵרָה*   Schwert?

מִכְרִי   *n. pr.* Michri.

מְכֵרָתִי   *n. gent.* Mecheratiter.

מִכְשׁוֹל, מִכְ   Anstoß, Hindernis.

מַכְשֵׁלָה   Verfall.

מִכְתָּב   Schrift, Schriftstück.

מִכְתָּה*   Zerschlagenes.

מִכְתָּם   *Bezeichnung eines Liedes.*

I מַכְתֵּשׁ   Mörser; Backenzahn.

II מַכְתֵּשׁ   *n. l.* Machtesch.

מלא   *q* voll sein, vollzählig sein, zu Ende sein; anfüllen.

     ni angefüllt, erfüllt werden; *Koh* 6₇ gestillt werden.

     pi erfüllen, anfüllen; *c.* יָד *auch* einsetzen, einweihen;

     c. אַחֲרֵי treu halten zu.

     pu. pt. besetzt.

     hitp sich zusammenrotten.

מָלֵא   voll.

מְלֹא   Fülle.

מְלֵאָה   voller Ertrag.

מִלֻּאָה*   Besatz.

מִלֻּאִים   Einsetzung; Besatz.

מַלְאָךְ   Bote.

מְלָאכָה   Auftrag, Aufgabe, Geschäft, Arbeit, Dienst; Sache.

מַלְאָכוּת*   Botschaft.

מַלְאָכִי   *n. pr.?* Maleachi.

מְלֵאת   Fülle?

מַלְבּוּשׁ   Gewand.

מַלְבֵּן   Ziegelform?, Ziegelei?, Ziegelterasse?

מלה   *pi* anfüllen.

מִלָּה°   Wort; Gerede.

מְלֹא, מְלוֹא   → מְלֹא.

מִלּוֹא   Aufschüttung, Akropolis; Millo.

מִלּוּאִים   → מִלֻּאִים.

מַלּוּחַ   Salzkraut.

מַלּוּךְ   *n. pr.* Malluch.

מְלוּכָה   Königtum, Königsgeschlecht, Königs-.

מְלוּכִי   *l.* מַלּוּךְ (*Neh* 12₁₄).

מָלוֹן   Nachtlager.

מְלוּנָה   Wachthütte.

מַלּוֹתִי   *n. pr.* Malloti.

I מלח   *ni* zerrissen werden.

II מלח   *q* salzen.

pu pt. gesalzen.

ho mit Salzwasser abgerieben werden.

I *מֶלַח   Kleiderfetzen.

II מֶלַח   Salz.

*מַלָּח   Schiffer.

מְלֵחָה   Salzland.

מִלְחָמָה   Kampf, Schlacht, Krieg; *Ps 76₄* Waffe?

I מלט   *ni* sich in Sicherheit bringen, entrinnen.

pi retten; *II Reg 23₁₈* unberührt lassen; *Jes 34₁₅ (Eier)* legen?

hi retten; *Jes 66₇* gebären.

hitp hervorsprühen.

II מלט   *hitp* sich als kahl erweisen.

°מֶלֶט   Mörtel.

מְלַטְיָה   *n. pr.* Melatja.

*מְלִילָה   (zerriebene) Ähre.

מְלִיצָה   Rätselspruch.

I מלך   *q* König sein, herrschen; *Prov 30₂₂* zur Herrschaft kommen.

hi als König einsetzen.

ho als König eingesetzt werden.

II °מלך   *ni* mit sich selbst zu Rate gehen.

I מֶלֶךְ   König.

II מֶלֶךְ   *n. pr.* Melech.

מֹלֶךְ   *Schimpfform für* I מֶלֶךְ *(Titel einer Gottheit)* Molech.

*מַלְכֹּדֶת   Schlinge.

מַלְכָּה   Königin *(auch Frau des Königs)*.

מְלֻכָה   → מְלוּכָה.

מִלְכָּה   *n. pr.* Milka.

מַלְכוּת   Königsherrschaft; Königswürde; Regierungszeit; Königreich; königlich.

מַלְכִּיאֵל   *n. pr.* Malkiel.

מַלְכִּיאֵלִי   *n. gent.* Malkieliter.

מַלְכִּיָּה(וּ)   *n. pr.* Malkija.

מַלְכִּי־צֶדֶק   *n. pr.* Melchisedek.

מַלְכִּירָם   *n. pr.* Malkiram.

מַלְכִּי־שׁוּעַ   *n. pr.* Malkischua.

מַלְכָּם   *n. pr.* Malkam.

מִלְכֹּם   Milkom *(Benennung eines Gottes).*

מַלְפֵּן   *l.* Q *(II Sam 12₃₁).*

מַלְכַּת   Königin.

מֹלֶכֶת   *n. pr.* Molechet.

I מלל   *q* welken.

       poel zusammensinken.

       hitpo schlaff sein?

II מלל   *q* beschneiden.

       ni sich beschneiden lassen; abgeschnitten werden.

III° מלל   *q* Zeichen geben.

       pi reden, künden.

מִלְלַי   *n. pr.* Milalai.

מַלְמָד*   Treibstecken.

מלץ   *ni* glatt sein.

מֶלְצַר   Aufseher *(babylonischer Beamtentitel).*

מלק   *q* abkneifen.

מַלְקוֹחַ   Beute; *du.* Gaumen.

מַלְקוֹשׁ   Spätregen.

מֶלְקָחַיִם   Dochtschere.

מֶלְתָּחָה   Kleiderkammer.

מַלְתָּעוֹת*   Kinnladen.

מַמְּגֻרָה*   Getreidegrube.

מֵמַד*   Maß.

מְמוּכָן   *n. pr.* Memuchan.

מְמוֹתִים*   Tod.

מַמְזֵר   Bastard.

מִמְכָּר   Verkauf, Ware, Verkauftes.

מִמְכֶּרֶת   Verkauf.

מַמְלָכָה   Königsherrschaft; Königswürde; Regierungszeit; Königreich; königlich; Königtum; König.

מַמְלָכוּת   Königsherrschaft, Königreich.

מַמְלֶכֶת   Regierungszeit.

מִמְסָךְ   Würzwein.

מֶמֶר   Bitterkeit, Verdruß.

מַמְרֵא   *n. pr., n. l.* Mamre.

מַמְרוֹרִים   Bitterkeit.

מִמְשַׁח   *unsicher.*

מִמְשָׁל   Herrschaft; *pl.* Oberhäupter.

מֶמְשָׁלָה	Herrschaft, Herrschaftsgebiet; Macht.
מִמְשָׁק*	Besitz?
מַמְתַקִּים	Süßigkeiten.
I מָן	Manna.
II מָן	was?
I מֵן*	Saite.
II מֵן*	Ps 68₂₄ Teil ? *text. corr.*
מִן	Teil von > von, aus; von—aus, von—weg, in, -wärts; von—an, gleich nach, seit, nach; wegen, vor, weil; ohne, fern von; so daß; *komparativisch.*
מְנָאוֹת	*pl. von* מְנָת.
מַנְגִּינָה*	Spottlied.
מנה	*q* zählen, bestimmen.
	ni gezählt werden, zählbar sein.
	pi zuteilen, bestimmen, bestellen *(aram.).*
	pu pt. bestellt.
מָנֶה	*Gewichtseinheit* Mine *(50 Schekel, 571,2 g).*
מָנָה	Teil, Anteil.
מֹנֶה*	*pl.* Male.
מִנְהָג	Art zu lenken.
מִנְהָרָה*	Kluft.
מָנוֹד*	Schütteln.
I מָנוֹחַ	Ruheplatz.
II מָנוֹחַ	*n. pr.* Manoach.
מְנוּחָה	Ruhe, Ruheplatz; *II Sam 14₁₇* B̓eruhigung.
מָנוֹן	Verächter?
מָנוֹס	Zufluchtsstätte, Zuflucht.
מְנוּסָה	Flucht.
מָנוֹר	Weberbaum.
מְנוֹרָה	Leuchter.
מִנְזָרִים*	Wächter.
מִנְחָה	Geschenk; Opfergabe, Speiseopfer.
מְנֻחָה	→ מְנוּחָה.
מְנָחוֹת	*n. gent.* Menuchot.
מְנַחֵם	*n. pr.* Menahem.
מָנַחַת	*n. pr., n. l.* Manachat.
מָנַחְתִּי	*n. gent.* Manachtiter.
מְנִי	Schicksal(sgott).

מִנִּי I	*n. terr.* Minni.
מִנִּי II, מֶנִי	*poetische Form von* מִן.
מְנָיוֹת	*pl. von* מָנָת.
מִנְיָמִ(י)ן	*n. pr.* Minjamin.
מִנִּית	*n. l.* Minnit.
מִנְלָם	*unsicher.*
מנע	*q* zurückhalten, vorenthalten, verweigern.
	ni sich abhalten lassen, vorenthalten werden.
מַנְעוּל	Verschluß, Riegel.
מַנְעָל*	Riegel, Schloß.
מַנְעַמִּים	Leckerbissen.
מְנַעַנְעִים	Sistrum, Rassel.
מְנֻצָּח	→ נצח.
מְנַקִּיתᴬ	Opferschale.
מֵינֶקֶת	→ מֵינֶקֶת.
מְנוֹרָה	→ מְנוֹרָה.
מְנַשֶּׁה	*n. pr., n. gent.* Manasse.
מְנַשִּׁי	*n. gent.* Manassiter.
מְנָת	Anteil.
מָם	*unsicher.*
מַם	Fronarbeit; *coll.* Fronarbeiter.
מֵסַב	Tafelrunde, Umgebung, rundum.
מְסִבָּה*	*pl.* rundum.
מַסְגֵּר	Schlosser?, Baumeister?; Gefängnis.
מִסְגֶּרֶת	Bollwerk; Leiste.
מַסָּד	Grundlage.
מִסְדְּרוֹן*	Vorhalle?, Abort?
מסה	*hi* zerfließen machen, schwemmen, auflösen, verzehren.
מַסָּה I	Erprobung, Versuchung.
מַסָּה* II	Verzagen.
מַסָּה III	*n. l.* Massa.
מִסָּה*	nach Maßgabe, je nachdem.
מַסְוֶה	Hülle.
מְסוּכָה	Dornhecke.
מַסָּח	abwechselnd.
מִסְחָר*	Handel.
מסך	*q* mischen.
מֶסֶךְ	Würzzusatz.

מָסָךְ   Decke, Vorhang; *übertr.* Schutz.

מְסֻכָּה*   Decke.

I מַסֵּכָה   Gußbild; *Jes 30₁* Trankopfer?

II מַסֵּכָה   Decke.

מִסְכֵּן   arm, bedürftig.

מִסְכְּנוֹת   Vorräte, Magazine.

מִסְכֵּנֻת   Armut.

מַסֶּכֶת   Kettenfaden.

מְסִלָּה   Straße, Bahn.

מַסְלוּל   Straße.

מַסְמֵר,*   Nagel.

מַשְׂמֵר*

מַסְמְרָה*   Nagel.

מסס   *q* verzagen?

      ni zerschmelzen, zerfließen; schwach werden, verzagen.

      hi zerfließen machen.

מַסַּע   Abbruch, Aufbruch; Wegstrecke, Station.

מַסָּע   Bruch; *Hi 41₁₈* Geschoß?

מִסְעָד   Stütze?

מִסְפֵּד   Trauerbrauch, Trauerfeier, Klage.

מִסְפּוֹא   Futter.

מִסְפָּחוֹת   Hüllen.

מִסְפַּחַת   Schorf.

I מִסְפָּר   Zahl, Aufzählung; Erzählung.

II מִסְפָּר   *n. pr.* Mispar.

מִסְפֶּרֶת   *n. pr. m.* Misperet.

מסר   *q unerklärt.*

      ni ausgehoben werden?

מוֹסֵרוֹת   *n. l.* Moserot.

מֹסָרָם   *l.* מוֹסָר *(Hi 33₁₆)*.

מַסֹרֶת   Bindung?

מִסְתּוֹר   Versteck.

מַסְתֵּר   Verhüllen.

מִסְתָּר   Versteck.

מַעֲבָּד*   Tat.

מַעֲבֶה*   Gießerei?

מַעֲבָר*   Furt, Durchgang, Schlucht; *Jes 30₃₂* Hieb.

מַעְבָּרָה   Furt, Durchgang; Schlucht.

I מַעְגָּל	Wagenspur, Spur, Bahn.
II מַעְגָּל	Lagerrund.
מָעַד	q wanken.
	pu pt. l. q.
	hi wanken machen.
מֹעֵד	→ מוֹעֵד.
מַעֲדַי	n. pr. Maadai.
מַעַדְיָה	n. pr. Maadja.
מַעֲדַנִּים	Leckerbissen, Labsal.
מַעֲדַנֹּת	Fesseln.
מַעְדֵּר	Hacke.
*מָעָה	Korn.
מֵעָה	→ מֵעַיִם.
מָעוֹג	Gebackenes?
מָעוֹז	Zufluchtsstätte, Bergfeste; Schutz.
מָעוֹךְ	n. pr. Maoch.
I מָעוֹן	Versteck, Aufenthalt(sort), Wohnung.
II מָעוֹן	n. pr., n. gent., n. l. Maon.
מְעוּנִים	n. gent. Mëuniter.
מְעוּנֹתַי	n. pr. Meonotai.
*מָעוּף	Finsternis.
*מָעוֹר	Schamteil.
מָעֹז	→ חָטוֹן.
מַעֲזְיָה(וּ)	n. pr. Maasja.
*מָעֹזֵן	l. מָעוֹז (Jes 23₁₁).
מָעַט	q wenig sein/werden; abnehmen.
	pi wenig werden.
	hi klein machen; Jer 10₂₄ Ez 29₁₅ zunichte machen.
מְעַט	Weniges, Kleinigkeit; wenig, ein wenig; Nu.
מְעָטֶה	l. מְרֻטָּה (Ez 21₂₀).
*מַעֲטֶה	Hülle.
*מַעֲטָפֶת	Überkleid?
מְעִי	Haufe.
מָעַי	n. pr. Maai.
מְעִיל	Obergewand.
*מֵעִים	Eingeweide, Inneres; Bauch.
מַעְיָן	Quellort, Quelle.
מְעַיְנִים	l. Q (I Chr 4₄₁).

מְעַךְ   *q pt. pass.* zerquetscht, gestoßen.
      pu betasten.

מַעֲכָה   *n. pr. m. und f., n. terr.* Maacha.

מַעֲכָת   *n. terr.* Maachat.

מַעֲכָתִי   *n. gent.* Maachatiter.

מָעַל   *q* treulos sein, veruntreuen.

I מַעַל   Veruntreuung, Untreue, Abfall.

II מַעַל   oben.

מֹעַל   Aufheben.

מַעֲלֶה   Anstieg, Aufgang; Paß; *Neh* 9₄ Podium.

מַעֲלָה   Stufe; *Ps 120—134* Wallfahrt; *Esr* 7₉ Hinaufzug; *Ez* 11₅ Aufsteigendes.

מַעְלָה   nach oben; weiterhin.

מַעֲלֵה עַקְרַבִּי   *n. l.* Skorpionensteig.

מַעֲלִיל*   *l. Q (Sach 14).*

מַעֲלָל*   Tat.

מַעֲמָד*   Aufwartung; Stellung; Aufgabe.

מָעֳמָד   Stand.

מַעֲמָסָה   *c.* אֶבֶן Stemmeisen.

מַעֲמַקִּים   Tiefen.

מַעַן   *immer c.* לְ mit Rücksicht auf; um—willen, wegen; damit.

I מַעֲנֶה   Antwort.

II מַעֲנֶה*   Zweck.

מַעֲנָה   Furche.

מְעֹנָה   Aufenthalt, Versteck.

מַעֲנוּת*   *l. Q (Ps 129₃)* Furche.

מַעַץ   *n. pr.* Maaz.

מַעֲצֵבָה   Qual.

מַעֲצָד   Buschmesser.

מַעְצוֹר   Hindernis.

מַעְצָר   Beherrschung.

מַעֲקֶה   Geländer.

מַעֲקַשִּׁים   holpriges Gelände.

מַעַר   Blöße.

I מַעֲרָב*   Tauschware.

II מַעֲרָב   Untergang *(Sonne)* > Westen.

מַעֲרָה*   Umgebung, Nähe.

מְעָרָה I	Höhle.
מְעָרָה* II	kahles Feld.
מַעֲרִיץ*	Furcht.
מַעֲרָךְ*	Überlegung.
מַעֲרָכָה	Reihe, Schicht; Schlachtordnung.
מַעֲרֶכֶת	Reihe, Schicht, Lage.
מַעֲרֻמִּים*	Nackte.
מַעֲרָצָה	Schrecken.
מַעֲרָת	*n. l.* Maarat.
מַעֲשֶׂה	Tat, Verhalten, Werk, Arbeit; *Jes 32*₁₇ Ertrag.
מַעֲשַׂי	*n. pr.* Masai.
מַעֲשֵׂיָה(וּ)	*n. pr.* Maaseja.
מַעֲשֵׂר	Zehntel, der Zehnte.
מַעֲשַׁקּוֹת	Erpressungen.
מֹף	*n. l.* Memphis.
מְפִבֹשֶׁת	→ מְפִי(־)בֹשֶׁת.
מִפְגָּע	Zielscheibe.
מַפָּח*	Aushauchen.
מַפֻּחַ	Blasebalg.
מְפִי(־)בֹשֶׁת	*n. pr. Schimpfform für* מְרִי־בַעַל Mefiboschet.
מֻפִּים	*n. pr.* Muppim.
מֵפִיץ	Streithammer.
מַפָּל	*Am 8*₆ Abfall; *Hi 41*₁₅ Wampen.
מִפְלָאָה*	Wunderwerk.
מִפְלַגָּה*	Abteilung.
מַפֵּלָה, מַפָּלָה	Trümmer, Zerfall.
מִפְלָט	Zufluchtsort.
מִפְלֶצֶת	abscheuliches Kultbild.
מִפְלָשׂ*	Schweben.
מַפֶּלֶת	Fall, Sturz; *Ez 31*₁₃ gefällter Stamm; *Jdc 14*₈ Kadaver.
מִפְעָל*	Tat.
מֶפַעַת	→ מֵיפַעַת.
מַפָּץ*	Zerstörung.
מַפֵּץ	Hammer.
מִפְקָד	Anweisung, Musterung.
מִפְרָץ*	Anlegeplatz.
מַפְרֶקֶת*	Genick.
מִפְרָשׂ*	Segel, Schicht.

מִפְשָׂעָה	Gesäß.
מִפְתָּח*	Auftun.
מַפְתֵּחַ	Schlüssel.
מִפְתָּן	Podium, Schwelle.
מֵץ	Bedrücker.
מֹץ	Spreu.
מצא	q erreichen, (an)treffen, finden; erwerben.
	ni gefunden werden, sich finden lassen; ausreichen.
	hi gelangen lassen, finden lassen; geraten lassen.
	Hi 37₁₃ verwirklichen.
מֹצָא	→ I מוֹצָא.
מַצָּב	Standort, Posten, Amt.
מִצָּב	Jdc 9₆ Denkstein; Jes 29₃ Posten?
מַצָּבָה	Posten, Wache.
מַצֵּבָה	Mazzebe, Malstein; Jer 43₁₃ Obelisk.
מְצֹבָיָה	n. gent.? Mezobaja.
I מַצֶּבֶת	Jes 6₁₃ Baumstumpf.
II מַצֶּבֶת	→ מַצֵּבָה.
מִצָּד	schwer zugänglicher Ort; Berghöhe, -feste.
מְצָדָה, מְצָדָה	→ מְצוּדָה II, מְצוֹדָה.
מצה	q auspressen, ausschlürfen.
	ni ausgepreßt, ausgeschlürft werden.
I מַצָּה	ungesäuertes Brot, Mazze.
II מַצָּה	Streit, Zank.
מֹצָה	n. l. Moza.
מִצְהָלָה*	Wiehern.
מָצוֹר*	Fangseil; Koh 9₁₄ Bollwerk.
I מְצוּדָה	Netz; Jagdbeute.
II מְצוּדָה	unzugänglicher Ort, Bergfeste.
מְצוֹדָה	Netz; Jes 29₇ unsicher.
מִצְוָה	Auftrag, Befehl, Gebot; Anrecht.
מְצוּלָה,	Tiefe.
מְצוֹלָה*	
מָצוֹק	Bedrängnis.
מָצוּק	Säule.
מְצוּקָה	Bedrängnis.
I מָצוֹר	Bedrängnis.
II מָצוֹר	Belagerung; Belagerungswerk.

III מָצוֹר   *n. terr.* Ägypten.

מְצוּרָה   Festung, Befestigung.

מֵצַח   Stirn.

מִצְחָה*   Beinschiene.

מְצִלָּה*   Schelle.

מְצֻלָּה   → מְצוֹלָה.

מְצִלְתַּיִם   Zimbel.

מִצְנֶפֶת   Turban, Kopfbund.

מַצָּע   Lager.

מִצְעָד*   Schritt; *pl. auch* Gefolge.

מִצְעָר   Kleines, Unbedeutendes.

I מִצְפֶּה   Warte.

II מִצְפֶּה   *n. l.* Mizpe.

מִצְפָּה   *n. l.* Mizpa.

מַצְפֻּנִים*   Verstecke.

מצץ   *q* schlürfen.

מֵצַר   Bedrängnis.

מְצָרֶה   → מְצוּרָה.

מִצְרִי   *n. gent.* Ägypter.

מִצְרַיִם   *n. terr., n. gent.* Ägypten.

מַצְרֵף   Schmelztiegel.

מַצֻּת*   Streit.

מָק, מַק   Moder, Modergeruch.

I מַקֶּבֶת   Hammer.

II מַקֶּבֶת   Schacht.

מַקֵּדָה   *n. l.* Makkeda.

מִקְדָּשׁ   heilige Stätte, Heiligtum; Heiliges.

מַקְהֵל*   Versammlung.

מַקְהֵלֹת   *n. l.* Makhelot.

מִקְוֵא   → II מִקְוֶה.

I מִקְוֶה   Hoffnung.

II מִקְוֶה*   Ansammlung.

מִקְוָה   Becken, Graben.

מָקוֹם   Ort, Stelle, Stätte; Gegend; Raum; *Koh 10₄* Stand.

מָקוֹר   Quelle.

מִקָּח*   Annehmen.

מַקָּחוֹת   Waren.

מִקְטָר*   Verbrennungsplatz.

מְקַטְּרוֹת   Räucheraltäre.

מְקַטֶּרֶת   Räucherpfanne.

מַקֵּל   Zweig, Rute; Stab, Stock.

מִקְלוֹת   *n. pr.* Miklot.

מִקְלָט   Zuflucht, Asyl.

מִקְלַעַת   Schnitzerei.

מִקְנֶה   Erwerb, Besitz; Viehbesitz.

מִקְנָה   Erwerb, Kauf.

מִקְנֵיָהוּ   *n. pr.* Mikneja.

מִקְסָם*   Wahrsagerei.

מַקַץ   *n. l.* Makaz.

מִקְצוֹעַ, מִקְצֹעַ   Ecke.

מַקְצֻעָה*   Holzschaber.

מִקְצָת   → קָצָת.

מקק   *ni* faulen, eitern; verfaulen, verkommen; zergehen.
    hi verfaulen lassen.

מָקוֹר   → מָקוֹר.

מִקְרָא   Ausrufung, Feiertag; *Jes* 4₅ *pl.* Sammelplatz;
    Neh 8₈ Vorlesen.

מִקְרֶה   Zufall, Widerfahrnis; Geschick, Ergehen.

מְקָרֶה   Gebälk.

מְקֵרָה   Kühlung.

מִקְשֶׁה   Haargekräusel.

I מִקְשָׁה   gedrehte, getriebene Arbeit.

II מִקְשָׁה   Gurkenfeld.

מִקְשׁוֹת   → מוּקֵשׁ.

I מַר   Tropfen.

II מַר   bitter, bitterlich, verbittert.

מֹר   Myrrhe.

I מרא   *q* widerspenstig sein.

II מרא   *hi* in die Höhe schnellen.

מוֹרָא   → מוֹרָא.

מָרָא   *f. von* II מַר.

מַרְאֶה   Sehen; Aussehen, Anblick; Erscheinung, Gesicht,
    Vision; Schein.

מַרְאָה   Gesicht, Vision; *Ex* 38₈ Spiegel.

מֻרְאָה*   Kropf.

מְרֹאוֹן   *text. corr.*

מָרֵאשָׁה	*n. l.* Marescha.
מְרַאֲשׁוֹת*	Kopfende.
מֵרָב	*n. pr. f.* Merab.
מַרְבַדִּים	Decken.
מִרְבָּה	Weite.
מַרְבֶּה	Vermehrung, Menge.
מַרְבִּית	Menge, Mehrzahl; *Lev* 25,37 Wucher.
מִרְבָּץ*	Lagerstätte.
מַרְבֵּץ	Lagerstätte.
מַרְבֵּק	Mästung, Mast.
מַרְגּוֹעַ	Ruheplatz.
מַרְגְּלֹת*	Fußende.
מַרְגֵּמָה	Steinhaufen
מַרְגֵּעָה	Ruheplatz.
מרד	*q* sich auflehnen, empören.
מֶרֶד I	Auflehnung.
מֶרֶד II	*n. pr.* Mered.
מַרְדּוּת°	Auflehnung.
מְרֹדָךְ	*n. pr. Schimpfform für* Marduk.
מְרֹדַךְ בַּלְאֲדָן	*n. pr. Schimpfform für* Marduk Baladan.
מָרְדְּכַי, מָרְדֳּכַי	*n. pr.* Mardochai.
מִרְדָּף	Verfolgung?
מרה	*q* widerspenstig sein.
	hi widerspenstig sein.
מֹרָה*	Kummer, Gram.
מָרָה	*n. l.* Mara.
מָרוּד*	Heimatlosigkeit; Heimatloser.
מֵרוֹז	*n. l.* Meros.
מָרוֹחַ*	Zerquetschung.
מָרוֹם	Höhe; hoch, oben *(auch adv.)*; erhaben.
מֵרוֹם	*n. l.* Merom.
מָרוֹץ	Laufen.
מְרוּצָה I*	Lauf, Laufen.
מְרוּצָה II	Bedrückung, Erpressung.
מְרוּקִים*	Schönheitspflege.
מָרוֹת	*n. l.* Marot.
מַרְזֵחַ, מִרְזַח*	Gelage, Kultfeier; Lärm.
מרח	*q* aufstreichen.

מֶרְחָב weiter Raum, Weite.

מֶרְחָק Ferne, Weite; *II Sam 15*17 letztes.

מַרְחֶשֶׁת Kochtopf.

מרט q raufen; schärfen; abwetzen.

ni kahl werden.

pu geglättet, glatt sein; geschärft sein.

מְרִי Widerspenstigkeit.

מְרִיא Mastvieh.

מְרִיב בַּעַל *n. pr.* Meribbaal.

I מְרִיבָה Streit.

II מְרִיבָה *n. l.* Meriba.

מְרִי־בַעַל *n. pr.* Meribaal.

מְרָיָה *n. pr.* Meraja.

מוֹרִיָּה *n. l.* Moria.

מְרָיוֹת *n. pr.* Merajot.

מִרְיָם *n. pr. f. (m.? I Chr 4*17) Mirjam.

מְרִירוּת Bitterkeit, Betrübnis.

מְרִירִי bitter.

מֹרֶךְ Verzagtheit.

מֶרְכָּב *coll.* Wagen; Sattel, Sitz.

מֶרְכָּבָה Wagen.

מַרְכֹּלֶת Markt.

I מִרְמָה Trug, Verrat.

II מִרְמָה *n. pr.* Mirma.

מְרֵמוֹת *n. pr.* Meremot.

מִרְמָס Zertretenes, zertretenes Land.

מֵרֹנֹתִי *n. gent.* Meronotiter.

מֶרֶס *n. pr.* Meres.

מַרְסְנָא *n. pr.* Marsena.

מֵרַע Böses.

מֵרֵעַ* Freund.

מִרְעֶה Weide; Futter.

מַרְעִית Weideplatz; Herde.

מַרְעֵלָה *n. l.* Marala.

I מַרְפֵּא Heilung.

II מַרְפֵּא Gelassenheit.

מַרְפֵּה → I מַרְפֵּא.

מַרְפָּשׂ* Getrübtes.

מָרַץ   *ni* kränkend, vernichtend sein.
      hi aufreizen.

מְרֻצָה   → מְרוּצָה I.

מַרְצֵעַ   Pfriem.

מַרְצֶפֶת   Pflaster.

מרק   *q* polieren, glätten.
      pu gescheuert werden.
      hi reinigen, läutern.

מָרָק   Brühe.

מֶרְקָח*   Würzkraut.

מִרְקָחָה   Salbe; Salbentopf.

מִרְקַחַת   Salbengemisch.

מרר   *q* bitter sein/werden; erbittert sein; verbittert sein; verzweifelt sein.
      pi bitter machen, reizen; *c.* בְּכִי bitterlich weinen.
      hi betrüben, erbittern; bitter klagen.
      hitpalp ergrimmen.

מָרֹר*   bitter.

מְרֵרָה*   Galle.

מְרֹרָה*   Galle; Gift.

מְרָרִי   *n. pr.* Merari; *n. gent.* Merariter.

מָרֵשָׁה   *n. pr.*, *n. l.* Marescha.

מִרְשַׁעַת   Ruchlosigkeit; *übertr.* ruchlose Frau.

מֹרַשְׁתִּי   → מוֹרַשְׁתִּי.

מְרָתַיִם   doppelte Widerspenstigkeit; *Schimpfform für* Babylon.

I מַשָּׂא   Tragen; Last; Abgabe; *Ez* 24₂₅ Sehnsucht.

II מַשָּׂא   Ausspruch.

III מַשָּׂא   *n. pr.* Massa.

מַשָּׂא   Parteilichkeit.

מַשָּׂאָה   Erheben.

מַשְׂאוֹת   *aram. inf. von* נשׂא *(q).*

מַשְׂאֵת   Erheben, Aufsteigen; Zeichen; Last; Abgabe; Spende, Geschenk.

מִשְׂגָּב   Anhöhe, Zuflucht.

מַשֵּׂאנֶת   *pt. hi. von* נשׂא.

מְשׂוּכָּה*   Dornhecke.

מַשּׂוֹר   Säge.

מְשׂוּרָה   Maß *(für Flüssigkeiten).*

מָשׂושׂ   Freude.

מִשְׂחָק   Gelächter.

מַשְׂטֵמָה   Anfeindung.

מְשׂוּכָה*   Dornhecke.

מַשְׂכִּיל   *Bezeichnung eines Liedes.*

מַשְׂכִּית   Gebilde, Bild, Einbildung.

מַשְׂכֹּרֶת*   Lohn.

מַשְׂמֵרָה*   Nagel.

מִשְׂפָּח   Rechtsbruch.

מִשְׂרָה   Herrschaft.

מִשְׂרָפוֹת*   Brennen, Verbrennen.

מִשְׂרְפ(וֹ)ת מ   *n. l.* Misrefot Majim.

מַשְׂרֵקָה   *n. l.* Masreka.

מַשְׂרֵת   Pfanne.

מַשׁ   *n. pr.* Masch.

מַשָּׁא   Schuld, Wucher.

מֵשָׁא   *n. l.* Mescha.

מַשְׁאָב*   Tränkrinne.

מַשָּׁאָה*   Schuld.

מְשׁאָה   → מְשׁוֹאָה.

מַשֻׁאָה*   Trümmer.

מַשָּׁאוֹן   Täuschung.

מִשְׁאָל   *n. l.* Mischal.

מִשְׁאָלָה*   Bitte.

מִשְׁאֶרֶת*   Backtrog.

מְשׁוּבָה   Abwendung, Abtrünnigkeit, Treulosigkeit.

מַשְׁבְּצוֹת   Fassungen; *Ps 45₁₄ unsicher.*

מַשְׁבֵּר   Muttermund.

מִשְׁבָּר*   Brandung.

מַשְׁבָּת*   Verfall.

מִשְׁגֶּה   Versehen.

משׁה   *q* herausziehen.
       hi herausziehen.

מֹשֶׁה   *n. pr.* Mose.

מַשֶּׁה*   Darlehen.

מְשׁוֹאָה   Verödung.

מַשּׁוּאוֹת   Trümmer.

מְשׁוֹבָב   *n. pr.* Meschobab.

מְשׁוּבָה → מְשֻׁבָה.

מְשׁוּגָה* Irrtum.

מָשׁוֹט, מְשׁוֹט* Ruder.

מְשׁוֹטָה l. Q (Jes 42₂₄).

מׁשׁח q bestreichen, salben.
ni gesalbt werden.

מִשְׁחָה I Salbung.

מִשְׁחָה* II Anteil.

מָשְׁחָה I Salbung.

מָשְׁחָה II Anteil.

מַשְׁחִית coll. Verderber; Verderben; Jer 5₂₆ Falle.

מִשְׁחָר Frühe?

מַשְׁחֵת* Vernichtung.

מִשְׁחָת* Entstellung.

מָשְׁחָת* Schaden.

מִשְׁטוֹחַ, מִשְׁטוֹחַ Trockenplatz.

מִשְׁטָח*

מִשְׁטָר* Schrift.

מֶשִׁי feines Gewebe, Seide?

מֹשִׁי → מוּשִׁי.

מְשֵׁיזַבְאֵל n. pr. Meschesabel.

מָשִׁיחַ gesalbt, Gesalbter.

מׁשׁךּ q ziehen, hinziehen; in die Länge ziehen, erhalten; Geduld haben, beharrlich sein; spannen (den Bogen); blasen (das Horn).
ni sich verzögern.
pu pt. langgestreckt, hochgewachsen; lang hingezogen.

מֶשֶׁךּ I Beutel.

מֶשֶׁךּ II n. gent. Meschech.

מִשְׁכָּב Liegen, Beischlaf; Lagerstatt; Krankenlager.

מֹשְׁכוֹת Fesseln.

מִשְׁכָּן Wohnung.

מָשַׁל I q Spruch, Gleichnis machen/vortragen.
ni gleich werden.
pi ständig Sprüche vortragen.
hi vergleichen.
hitp gleich, ähnlich werden.

משל II   *q* herrschen.
    hi herrschen lassen.

מָשָׁל I   Spruch, Sprichwort; Gleichnis; Spottvers, -lied.

מָשָׁל II   *n. l.* Maschal.

מֹשֶׁל* I   Gleiches.

מֹשֶׁל* II   Herrschaft.

מִשְׁלוֹחַ, מִשְׁלֹחַ   Zusenden; *c.* יָד Besitz.

מִשְׁלָח*   *c.* יָד Unternehmen, Erwerb; *Jes* 7₂₅ Ort, wohin man treibt.

מִשְׁלַחַת   Schar; Entlassung.

מְשֻׁלָּם   *n. pr.* Meschullam.

מְשֻׁלֵּמוֹת   *n. pr.* Meschillemot.

מְשֶׁלֶמְיָה(וּ)   *n. pr.* Meschelemja.

מְשִׁלֵּמִית   *n. pr.* Meschillemit.

מְשֻׁלֶּמֶת   *n. pr. f.* Meschullemet.

מְשַׁמָּה   Verwüstung; *pl.* verheertes Gebiet; Entsetzen.

מִשְׁמָן*   Fettigkeit; *pl.* kräftige Leute, fette Landstriche.

מִשְׁמַנָּה   *n. pr.* Mischmanna.

מַשְׁמַנִּים   Fettspeisen.

מִשְׁמָע* I   Gerücht.

מִשְׁמָע II   *n. pr.* Mischma.

מִשְׁמַעַת*   Leibwache; *Jes* 11₁₄ Untertanen.

מִשְׁמָר   Wache, Wachtposten; Dienstabteilung; *pl.* Dienst; Bewachung, Gewahrsam, Gefängnis; *Prov* 4₃₄ Wachsamkeit.

מִשְׁמֶרֶת   Wache, Wachtposten; Dienstabteilung; *pl.* Dienst; Beobachtung; Obliegenheit, Dienst.

מִשְׁנֶה   Zweiter, zweiter *(von Teil, Rang, Stellung, Wurf)*; Doppeltes; Doppel, Abschrift; *c.* עַל doppelt soviel wie.

מְשִׁסָּה   Plünderung, Beute.

מִשְׁעוֹל   Engpaß.

מִשְׁעִי   Reinigung?

מִשְׁעָם   *n. pr.* Mischam.

מִשְׁעָן   Stütze.

מַשְׁעֵן   Stütze.

מַשְׁעֵנָה   Stütze, Stab.

מִשְׁעֶנֶת   Stütze, Stab.

מִשְׁפָּחָה   Familie, Sippe; Verband; Art.

מִשְׁפָּט Gericht, Gerichtsverhandlung; Schiedsspruch, Rechtsentscheid, Urteil; Rechtsbestimmung; Rechtssache, Recht, Rechtsanspruch; > Gemäßheit, Richtiges; Aufgabe, Pflicht; Art und Weise; Lebensweise, Brauch, Verhalten; *II Reg 17* Aussehen.

מִשְׁפְּתַיִם Sattelkörbe.

מֶשֶׁק Besitz?

מַשָּׁק* Ansturm.

מַשְׁקֶה Mundschenk; Getränk; wasserreiche Gegend.

מִשְׁקוֹל Gewicht.

מַשְׁקוֹף Oberschwelle.

מִשְׁקָל Gewicht.

מִשְׁקֹלֶת, Setzwaage.
מִשְׁקֶלֶת

מִשְׁקָע* klares Wasser.

מִשְׁרָה* Saft.

מֵשָׁרִים → מֵישָׁרִים.

מִשְׁרָעִי *n. gent.* Mischraiter.

משׁשׁ *q* betasten.
pi abtasten, durchsuchen; umhertasten.
hi umhertasten, betasten lassen.

מִשְׁתֶּה Trinken; Gelage; Getränke; Gastmahl.

מֵת Toter, Leiche.

מַת *pl.* Männer, Leute.

מַתְבֵּן Strohhaufen.

מֶתֶג Zaum.

מָתוֹק süß.

מְתוּשָׁאֵל *n. pr.* Metuschael.

מְתוּשֶׁלַח *n. pr.* Metuschelach.

מתח *q* ausdehnen.

מָתַי wann?

מַתְכֹּנֶת Abmessung, Verhältnis.

מַתְלָאָה < מַה־תְּלָאָה.

מְתַלְּעוֹת Kinnladen.

מְתֹם Unbeschädigtes, heile Stelle.

מַתָּן I Gabe, Geschenk.

מַתָּן II *n. pr.* Mattan.

מַתָּנָה I Geschenk, Gabe.

מַתָּנָה II   *n. l.* Mattana.

מִתְנִי   *n. gent.* Mitniter.

מַתְּנַי   *n. pr.* Mattenai.

מַתַּנְיָה(וּ)   *n. pr.* Mattanja.

מָתְנַיִם   Lenden, Hüften, Kreuz.

מתק   *q* süß sein/werden; *Hi* 24₂₀ sich laben.
     hi süß machen; süß schmecken.

מֹתֶק*   Süßigkeit.

מָתָק*   süß.

מִתְקָה   *n. l.* Mitka.

מִתְרְדָת   *n. pr.* Mitredat.

מַתָּת   Gabe.

מַתַּתָּה   *n. pr.* Mattatta.

מַתִּתְיָה(וּ)   *n. pr.* Mattitja.

נ

נָא I   doch!

נָא II   roh.

נֹא   *n. l.* No, Theben.

נֹאד   Schlauch.

נאה (נאו)   *q* lieblich, schön sein.

נָאוָה   Sichziemen, Geziemendes.

נָאוֶה   schön, lieblich; sich ziemend.

נָאוּפִים   Ehebruch.

נָאוֹת   *pl. von* I נָוֶה.

נאם   *q* sprechen.

נְאֻם   Spruch.

נאף   *q* ehebrechen.
     pi ehebrechen.

נַאֲפוּפִים*   Ehebruchszeichen.

נִאֻפִים   → נָאוּפִים.

נאץ   *q* verschmähen, verwerfen.
     pi verachten.
     hitpo pt. geschmäht.

נָאָצָה   Schmach.

נֶאָצָה*   Schmähung.

נאק   q stöhnen.

נְאָקָה*   Stöhnen.

נאר   pi preisgeben, aufheben; entweihen.

נֹב   n. l. Nob.

נבא   ni als Prophet auftreten, prophetisch reden; in Verzückung sein; I Chr 25₁-₃ verzückt spielen.
hitp sich als Prophet gebärden, rasen; prophetisch reden.

נבב   q pt. pass. hohl; übertr. dumm.

נְבוֹ   n. pr. Nebo (Name eines bab. Gottes); n. l. Nebo.

נְבוּאָה   Prophetenwort; Prophetenschrift.

נְבוּזַרְאֲדָן   n. pr. Nebusaradan.

נְבוּכַדְנֶאצַּר,   n. pr. Nebukadnezar; Jer 49₂₈ Esr 2₁ l. Q.
נְבוּכַדְנֶצַּר,
נְבוּכַדְרֶאצַּר

נְבוּשַׁזְ־בָּן   n. pr. Nebuschasban.

נָבוֹת   n. pr. Nabot.

נבח   q bellen.

נֹבַח   n. pr., n. l. Nobach.

נִבְחַז   n. pr. Nibhas.

נבט   pi blicken.
hi blicken, aufblicken; sehen, hinsehen, hersehen; erblicken; ansehen; beachten.

נְבָט   n. pr. Nebat.

נָבִיא   Prophet.

נְבִיאָה   Prophetin.

נְבָיוֹת, נְבָיֹת   n. pr., n. gent. Nebajot.

נְבְכַדְנֶאצַּר,   → נְבוּכַדְנֶאצַּר.
נְבְכַדְנֶצַּר

נֵבֶךְ*   Quelle?; Boden?

I נבל   q welken, zerfallen.

II נבל   q töricht sein.
pi verächtlich behandeln.

I נָבָל   unverständig; gottlos.

II נָבָל   n. pr. Nabal.

I נֵבֶל   Krug.

II נֵבֶל, נֶבֶל   Harfe.

נְבָלָה   Torheit, Unverständigkeit; Sünde.

נְבֵלָה   Leiche, Aas.

נַבְלוּת*   Scham.

נְבַלָּט   *n. l.* Neballat.

נבע   *q* sprudeln.

    hi sprudeln lassen, hervorsprudeln.

נִבְשָׁן   *n. l.* Nibschan.

נֶגֶב   trockenes Land; Südland; Süden; *n. terr.* Negeb.

נגד   *hi* vorbringen, berichten, erzählen, mitteilen; auflösen, deuten.

    ho mitgeteilt werden.

נֶגֶד   angesichts, vor, gegenüber von, gerade vor sich hin; passend zu; *c.* לְ vor—her, gegenüber, gegen, gegenwärtig, vor, hinsichtlich; *c.* מִן fort von, fern von, gegenüber von; *adv.* gegenüber, drüben, abseits.

נגה   *q* leuchten, glänzen.

    hi aufleuchten lassen.

I נֹגַהּ   Glanz, heller Schein.

II נֹגַהּ   *n. pr.* Noga.

נְגֹהָה*   Lichtglanz.

נגח   *q* stoßen.

    pi stoßen, niederstoßen.

    hitp zusammenstoßen.

נַגָּח   stößig.

נָגִיד   Vorsteher, Anführer.

נְגִינָה*   Saitenspiel; Spottlied; *Saiteninstrument?*

נגן   *q* spielen *(Saiteninstrument)*.

    pi spielen *(Saiteninstrument)*.

נגע   *q* berühren, anrühren, antasten, schlagen; reichen; rühren; eintreffen.

    ni geschlagen werden.

    pi schlagen, treffen.

    pu geschlagen werden.

    hi berühren, erreichen; berühren lassen; reichen an, gelangen; eintreffen, herankommen; *Lev 5₇* erschwingen, leisten.

נֶגַע   Schlag, Plage; Mal.

ננף   *q* stoßen, schlagen, erschlagen.

ni geschlagen werden.

hitp sich stoßen.

גֶּנֶף Plage, Stoß; Anstoß.

נגר *ni* rinnen, sich ergießen; *Ps* 77₃ ausgestreckt sein.

hi hingießen; hingeben; *Mi* 1₆ hinabstürzen.

ho ausgegossen werden.

נגש *q* drängen, treiben; eintreiben; *pt.* Gewalthaber.

ni sich drängen; bedrängt, gepeinigt werden.

נגש *q* herzutreten, sich nähern; sich stellen; *Gen* 19₉ *c.*

הָלְאָה sich fortmachen; *Hi* 41₈ sich anfügen.

ni sich nähern, herzutreten; *Am* 9₁₄ einholen.

hi bringen, darbringen, herbeibringen, vorbringen.

ho gebracht, dargebracht werden.

hitp sich nähern.

נֵד Damm, Wall.

נֹד* *Ps* 56₉ *unerklärt.*

נדא *q oder hi* abbringen.

נדב *q* antreiben.

hitp sich willig zeigen; sich freiwillig erbieten/stellen; freiwillig geben.

נָדָב *n. pr.* Nadab.

נְדָבָה freier Antrieb, Freiwilligkeit; freiwillige Gabe; *Ps* 68₁₀ *c.* **גֶּשֶׁם** ausgiebiger Regen.

נְדַבְיָה *n. pr.* Nedabja.

נדד *q* fliehen, flüchten; umherirren; *Jes* 10₁₄ hin- und herbewegen, schlagen.

poel flüchten.

hi verjagen.

ho verscheucht, verweht werden.

נְדֻדִים Unrast.

נדה *pi* ausschließen; fern wähnen.

נֵדֶה Geschenk, Lohn.

נִדָּה Abscheuliches, Unreinheit; Menstruation.

נדח *q* schwingen.

ni versprengt, verscheucht, verstoßen werden; sich abbringen, verleiten lassen; *Dtn* 19₅ ausholen.

pu pt. verstoßen.

hi versprengen, auseinanderjagen; abbringen; fortbleiben; verleiten; verstoßen; *II Sam 15*₁₄ bringen.

         ho pt. verscheucht.

נָדִיב   willig, bereitwillig; Edler.

נְדִיבָה*   Würde; *pl.* Edles.

נָדָן* I   Scheide.

נָדָן* II   Geschenk, Liebeslohn.

נדף   *q* verwehen, wegwehen, zerstreuen.

      ni verweht werden.

נדר   *q* ein Gelübde ablegen, geloben.

נֶדֶר, נֵדֶר   Gelübde.

נֹהַ   Herrlichkeit?

נהג I   *q* treiben, wegtreiben, antreiben; leiten, anführen.

      pi fortführen, leiten; fahren lassen.

נהג II   *pi* stöhnen.

נהה   *q* wehklagen.

      ni wehklagen.

נְהִי   Wehklage.

נהל   *pi* geleiten, befördern; versorgen.

      hitp weiterziehen.

נַהֲלָל   *n. l.* Nahalal.

נַהֲלֹל* I   Tränkplatz.

נַהֲלֹל II   *n. l.* Nahalol.

נהם   *q* knurren; seufzen.

נַהַם   Knurren.

נְהָמָה*   Tosen; Seufzen.

נהק   *q* schreien.

נהר I   *q* strömen.

נהר° II   *q* leuchten, strahlen.

נָהָר   Strom, Fluß; Strömung; *oft* Euphrat; *Dan 10*₄ Tigris.

נְהָרָה°   Tageslicht.

נַהֲרַיִם   → אֲרַם נַהֲרַיִם.

נוא   *q l. Q (Nu 32*₇*).*

      hi wehren, verhindern.

נוב   *q* gedeihen.

      pol wachsen, gedeihen lassen.

נוב   *l. Q. (Jes 57*₁₉*).*

נוֹבַי   *n. pr. l. Q (Neh 10*₂₀*)* Nebai.

נוּג*   betrübt.

נוד   *q* schwanken; ziellos, heimatlos sein/werden; Teilnahme bekunden.

hi heimatlos machen; schütteln.

hitpol hin- und herschwanken; sich schütteln; wehklagen.

נוֹד   *n. terr.* Nod.

נוֹדָב   *n. pr. oder gent.* Nodab.

I נוה   *q* zum Ziel kommen?

II נוה   *hi* preisen.

I נָוֶה   Weideplatz; Stätte.

II *נָוֶה*   schön, lieblich.

נָוֶה   Stätte.

נָוֹת   *unerklärt.*

נוח   *q* sich niederlassen, ruhen, ausruhen; Ruhe haben, abwarten; *Jes 7₂ Ps 125₃* verträglich sein, ein Übereinkommen treffen.

hi sich lagern lassen; Rast, Ruhe verschaffen; beschwichtigen, befriedigen; *aram. Formen:* stellen, setzen, legen; beiseitelegen, hinterlegen; liegen lassen; zurücklassen; zulassen; bestehen lassen; machen lassen; handeln lassen.

ho in Ruhe gelassen werden; *aram. Formen: pt.* frei, leer gelassen; *Sach 5₁₁ text. corr*

נוֹחַ   Ruhe.

נוֹחָה   *n. pr.* Noha.

נוט   *q* erschreckt werden?, wanken?

נָוִית   *unerklärt.*

נום   *q* schlummern.

נוּמָה   schläfriges Wesen.

נוּן, נֹון   *n. pr.* Nun.

נוס   *q* fliehen.

pol treiben.

hi in die Flucht treiben; flüchten.

נוע   *q* schwanken, baumeln; beben; haltlos, heimatlos sein.

ni geschüttelt werden.

hi taumeln lassen, schütteln; aufrütteln; heimatlos machen; *II Reg 23₁₈* stören.

נוֹעַדְיָה   *n. pr. m. und f.* Noadja.

נוף I   *hi* hin- und herbewegen, schwingen; hin- und her-schwingend darbringen.
       ho weihend geschwungen werden.
       pol schwingen.

נוף II *q* besprengen.
       hi sprengen.

נוֹף   Höhe?

נוֹצָה Schwungfeder, Gefieder.

נוּק   *hi* l. וַתֵּינִקֵהוּ (Ex 29).

נוּשׁ   *q* Ps 69₂₁ text. corr.

נזה   *q* spritzen.
       hi sprengen, besprengen.

נָזִיד Gekochtes, Gericht.

נָזִיר Fürst; Geweihter, Nasiräer; Lev 25₅.₁₁ unbeschnittener Weinstock.

נזל   *q* rieseln, fließen, überfließen von; pt. pl. auch Fluten.
       hi fließen lassen.

נֶזֶם Ring.

נֵזֶק° Belästigung.

נזר   *ni* sich weihen; sich enthalten, fasten; sich zurück-haltend zeigen.
       hi sich weihen; sich enthalten; Lev 15₃₁ zurückhalten.

נֵזֶר Weihe; Stirnreif, Diadem.

נֹחַ   *n. pr.* Noah.

נַחְבִּי *n. pr.* Nachbi.

נחה   *q* leiten, führen.
       hi lenken, führen.

נְחוּם *n. pr.* Nehum.

נַחוּם *n. pr.* Nahum.

נְחוּמִים → נִחֻמִים.

נָחוֹר *n. pr.* Nahor.

נָחוּשׁ ehern.

נְחוּשָׁה Bronze, Kupfer.

נְחִילָה* *musikalische Angabe*; Flötenspiel?

נְחִירַיִם* Nüstern.

נחל   *q* als Besitz erhalten; in Besitz nehmen; als Besitz ver-teilen; Eigentum haben.
       pi als Besitz verteilen, zuteilen; zu Besitz bringen.

hitp Besitz erhalten; sich Besitz verschaffen; als Besitz zugeteilt erhalten; vererben.

hi als Besitz geben; ins Erbe einsetzen; als Erbe übergeben.

ho zum Besitzer, Erben gemacht werden.

נַחַל   Bachtal, Wasserlauf, Bach; *Hi 28₄* Schacht.

נַחֲלָה   Besitz, Besitzanteil, Erbe.

נַחֲלִיאֵל   *n. l.* Nahaliël.

נֶחֱלָמִי   *n. gent.* Nehelamiter.

נחם   *ni* sich reuen lassen, bereuen; sich trösten, sich trösten lassen; Trauerzeit halten; *Jes 1₂₄* Rache nehmen.

pi trösten.

pu getröstet werden.

hitp es sich leid sein lassen; sich trösten; Rache nehmen.

נַחַם   *n. pr.* Naham.

נֹחַם   Mitleid.

נֶחָמָה*   Trost.

נְחֶמְיָה   *n. pr.* Nehemia.

נִחֻמִים   Trost.

נַחֲמָנִי   *n. pr.* Nahamani.

נַחְנוּ   wir.

נֶחְנְתָּ   *pf. ni* אנח אונח.

נחץ   *q pt. pass.* dringend.

נחר   *q* schnauben.

pi schnauben.

נַחַר*   Schnauben.

נַחֲרָה*   Schnauben.

נַחְרִי   *n. pr.* Nachrai.

נחש   *pi* Vorzeichen suchen, wahrsagen; *Gen 30₂₇* Anzeichen haben; *I Reg 20₃₃* als gutes Zeichen nehmen.

נַחַשׁ   Bannspruch.

I נָחָשׁ   Schlange.

II נָחָשׁ   *n. pr.* Nahasch.

נְחֻשָׁה   → נְחוּשָׁה.

נַחְשׁוֹן   *n. pr.* Nachschon.

I נְחֹשֶׁת   Kupfer, Bronze; bronzene Fessel.

II נְחֹשֶׁת*   Menstruation.

נְחֻשְׁתָּא‎ *n. pr. f.* Nehuschta.

נְחֻשְׁתָּן‎ *Schlangenidol* Nehuschtan.

נחת°‎ *q* hinabsteigen; *Prov 17*₁₀ tiefer wirken.

ni sich senken.

pi herabdrücken, spannen *(Bogen)*; ebnen.

hi hinabführen.

I נַחַת°‎ Niederfahren.

II נַחַת‎ Ruhe, Gelassenheit; *Jes 30*₁₅ Vertragstreue; *Prov 29*₉ Versöhnung.

III נַחַת‎ *n. pr.* Nahat.

נָחֵת*‎ herabsteigend.

נטה‎ *q* ausstrecken; aufschlagen, spannen, ausbreiten > lang werden; neigen, sich neigen, sich hinneigen, sich anstemmen; abbiegen, zuwenden.

ni gespannt werden; sich lang hinziehen.

hi ausstrecken, sich ausstrecken; ausbreiten; aufschlagen; zuwenden; neigen; beugen; ablenken, verleiten, verführen; hinschaffen; abwenden, zur Seite treiben, verdrängen, abweisen; abweichen, abbiegen.

ho pt. ausgespannt, abgewiesen.

נְטוֹפָתִי‎ *n. gent.* Netofatiter.

נָטִיל*‎ abwiegend.

נְטִיפָה‎ → נְטֹפָה‎.

נְטִישׁוֹת‎ Ranken.

נטל‎ *q* auferlegen; *Jes 40*₁₅ wiegen.

pi aufheben.

נֵטֶל‎ Last.

נטע‎ *q* pflanzen, einpflanzen; einschlagen.

ni eingepflanzt sein.

נֶטַע‎ Pflanzung, Pflanze.

נְטָעִים‎ Pflanzen.

נְטָעִים‎ *n. l.* Netaïm.

נטף‎ *q* tropfen, triefen.

hi triefen lassen; fließen lassen *(Worte)*, geifern.

נָטָף‎ Tropfen, Harztropfen.

נְטֹפָה‎ *n. l.* Netofa.

נְטִפָה*‎ Ohrgehänge.

נְטוֹפָתִי‎ → נְטֹפָתִי‎.

I ° נטר   *q* bewachen, bewahren.
II נטר   *q* zürnen, grollen.
נטש   *q* liegen lassen, überlassen, fallen lassen, aufgeben; unbeachtet lassen, ablassen, verzichten; *Gen 31₂₈* Gelegenheit geben; *I Sam 30₁₆ pt. pass.* aufgelöst; *Jes 21₁₅* ziehen; *Ez 29₅* frei laufen lassen; *Hos 12₁₅* lasten lassen; *I Sam 4₂ unerklärt.*
   ni umherstreifen; wuchern; schlaff hängen; unbeachtet daliegen.
   pu unbeachtet sein.
נִי*   Klagelied.
נִיב   Frucht.
נִיד   Beileid
נִידָה   Abscheu.
נִיחוֹחַ, נִיחֹחַ   Beschwichtigung.
נִין   *ni* sprossen?
נִין   Sproß; Nachkommen.
נִינְוֵה   *n. l.* Ninive.
נִיסָן   Nisan *(Monatsname, März / April).*
נִיצוֹץ   Funke.
ניר   *q* urbar machen.
I נִיר   Leuchte; dauernder Bestand.
II נִיר   Neubruch.
נֵיר   → I נֵר.
נכא   *ni* hinausgepeitscht werden.
נָכָא*   zerschlagen.
נָכֵא*   niedergeschlagen.
נְכֹאת   Ladanum-Harz.
נֶכֶד   Nachkommen.
נכה   *ni* erschlagen werden.
   pu zerschlagen werden.
   hi schlagen, zerschlagen, erschlagen, totschlagen, treffen, stechen, verwunden.
   ho geschlagen, erschlagen, getroffen, überwältigt werden.
נָכֶה*   gelähmt; niedergeschlagen.
נֵכֶה*   schlagend?, geschlagen?
נְכֹה, נְכוֹ   *n. pr.* Necho.

נָכוֹן I   Stoß.

נָכוֹן II   *n. pr., n. l.?* Nachon.

נֹכַח   gegenüber; geradeaus; gegenüber von, vor, angesichts; *c.* אֶל gerade gegen hin; *c.* לְ gerade vor, für; *c.* עַד bis gegenüber von.

נָכֹחַ*   gerade, recht; Gerades, Rechtes, gerader Weg.

נכל   *q* arglistig handeln.
     pi arglistig handeln.
     hitp sich arglistig benehmen.

נֵכֶל*   Arglist.

נְכָסִים   Schätze, Reichtümer; Vermögen.

נכר I   *ni* sich verstellen.
     pi verkennen; unkenntlich machen.
     hitp sich unkenntlich machen, sich verstellen.

נכר II   *ni* erkannt werden.
     pi genau betrachten, ansehen.
     hi genau ansehen, untersuchen; erkennen, anerkennen; kennen, wissen; wissen wollen; *c.* פָּנִים parteiisch sein.
     hitp sich zu erkennen geben.

נֹכֶר*, נֵכֶר   Mißgeschick.

נֵכָר   Fremde, Ausland.

נָכְרִי   ausländisch, fremd; Fremder; *Jes 28₂₁* befremdlich.

נְכֹת*   *c.* בֵּית Schatzhaus.

נלה   *l.* כְּבַלֹּתֶךָ (*Jes 33₁*).

נִמְבְזֶה   *l.* נִבְזֶה (*I Sam 15₉*).

נְמוּאֵל   *n. pr.* Nemuël.

נְמוּאֵלִי   *n. gent.* Nemuëliter.

נְמָלָה   Ameise.

נָמֵר   Leopard.

נִמְרֹד   *n. pr.* Nimrod.

נִמְרָה   *n. l.* Nimra.

נִמְרוֹד   → נִמְרֹד.

נִמְרִים   *n. l.* Nimrim.

נִמְשִׁי   *n. pr.* Nimschi.

נֵס   Signalstange, Feldzeichen, Zeichen; Segel.

נְסִבָּה   Wendung, Fügung.

נְסֵה   *imp. q von* נשא.

נסה   *pi* auf die Probe stellen, prüfen, versuchen; einen Versuch machen.

נסח   *q* einreißen, herausreißen.
        ni vertrieben werden.

נָסִיךְ*   Trankopfer; Gußbild; Geweihter, Anführer, Fürst.

I נסךְ   *q* ausgießen; weihen; gießen *(Gußbild)*.
        ni eingesetzt werden.
        pi ausgießen.
        hi ausgießen.
        ho ausgegossen werden.

II נסךְ   *q* flechten.

נֶסֶךְ, נֵסֶךְ   Trankopfer; Gußbild.

נסם   *q* schwanken
        hitpo schimmern, glitzern; *Ps 60₆ unsicher.*

נסע   *q* herausreißen; aufbrechen, weiterziehen; *Nu 11₃₁* losbrechen.
        ni herausgerissen, abgebrochen werden.
        hi herausreißen, ausbrechen *(Steine)*; aufbrechen, hervorbrechen lassen; *II Reg 4₄* wegschaffen.

נִסְרֹךְ   *n. pr.* Nisroch *(Name eines assyr. Gottes).*

נֵעָה   *n. l.* Nea.

נֹעָה   *n. pr. f.* Noa.

נְעוּרִים   Jugendzeit, Jugend.

נְעִיאֵל   *n. l.* Nëiël.

נָעִים   angenehm, lieblich, hold; *Hi 36₁₁* Wonne.

נעל   *q* zubinden, verschließen; unterbinden *(Sandalen)*.
        hi beschuhen.

נַעַל   *f.* Sandale.

נעם   *q* angenehm, lieblich, hold sein.

נַעַם   *n. pr.* Naam.

נֹעַם   Freundlichkeit, Annehmlichkeit.

נַעֲמָה   *n. pr. f., n. l.* Naama.

נָעֳמִי   *n. pr. f.* Naemi.

נַעֲמִי   *n. gent.* Naamiter.

נַעֲמָן   *n. pr.* Naeman.

נַעֲמָנִים   *c.* נִטְעֵי Adonisgärten.

נַעֲמָתִי   *n. gent.* Naamatiter.

נַעֲצוּץ   Dornbusch.

נָעַר I *q* knurren.

נָעַר II *q* schütteln.

    ni sich losschütteln; abgeschüttelt werden.

    pi hineinschütteln; herausschütteln; abschütteln.

    hitp sich losschütteln.

נַעַר Knabe, Jüngling, junger Mann; Knecht, Gefolgsmann;

    pl. auch junge Leute; *Gen 24 34 Dtn 22 l. Q; Sach 11*16

    unsicher.

נֹעַר Jugend.

נַעֲרָה I junges Mädchen; Magd; junge Frau; Dirne?

נַעֲרָה II *n. pr. f., n. l.* Naara.

נְעֻרוֹת* Jugend.

נַעֲרַי *n. pr.* Naarai.

נְעַרְיָה *n. pr.* Nearja.

נְעֻרִים → נְעוּרִים.

נַעֲרָן *n. l.* Naaran.

נְעֹרֶת Werg.

נֹף *n. l.* Nof, Memphis.

נֶפֶג *n. pr.* Nefeg.

נָפָה* Joch; Bergrücken.

נְפוּשְׂסִים *n. pr. l. Q (Neh 7*52*)* Nefischsim.

נפח *q* blasen, anblasen; anfachen; keuchen.

    pu angefacht werden.

    hi zum Keuchen bringen.

נֹפַח *n. l.* Nofach.

נְפִילִים Riesen.

נְפִיסִים *n. pr. l. Q (Esr 2*50*)* Nefusim.

נָפִישׁ *n. pr.* Nafisch.

נֹפֶךְ *Halbedelstein* Türkis?, Malachit?

נפל *q* fallen, abfallen; einfallen; schrumpfen; verfallen;

    sich fallen lassen, sich werfen; absteigen; abfallen, über-

    laufen; *Jes 26*18 geboren werden.

    hi fallen lassen, zu Fall bringen, fällen; werfen; aus-

    schlagen; unterlassen; gebären.

    hitp herfallen; sich niederwerfen.

    pil l. נָפַל *(Ez 28*23*).*

נֵפֶל Fehlgeburt.

נְפִלִים → נְפִילִים.

נפץ q zerschlagen; zerschlagen sein, sich zerstreuen.
pi zerschlagen.
pu pt. zermalmt.

נֶפֶץ Platzregen.

נפשׁ *ni* Atem schöpfen, aufatmen.

נֶפֶשׁ Kehle; Atem, Hauch; Wesen; Leben; Seele *(nicht im griech. Sinn)*, Person, Selbst; Menschen, Leute; Verlangen, Empfinden, Stimmung, Wille; Toter.

נֵפֶת Anhöhe?

נֹפֶת Honigseim.

נְפְתּוֹחַ *n. l.* Neftoach.

*נַפְתּוּלִים Kämpfe.

נפתחים *n. gent.* Naftuhiter.

נַפְתָּלִי *n. pr., n. gent.* Naftali.

I נֵץ Falke.

II *נֵץ Blüte.

נָצָא *q* fliegen?

נצב *ni* sich hinstellen, hingestellt sein/werden, stehen; *pt.* *auch* Statthalter.
hi hinstellen, aufrichten; einsetzen, festsetzen, bestimmen.
ho hingestellt werden.

נצב Griff, Heft.

I נצה *q* *Thr* 4₁₅ aufbrechen?

II נצה *ni* sich streiten.
hi streiten.

III נצה *q* zerstört werden.
ni zerstört werden.

נִצָּה Blüte.

I *נֹצָה Gewöll.

II נֹצָה → נוֹצָה.

נְצוּרִים *l.* בֵּין צוּרִים *(Jes* 65₄).

נצח *ni pt.* dauernd, beharrlich.
pi leiten, Aufsicht haben; *I Chr* 15₂₁ begleiten?; *pt.* *auch liturgische Angabe* Chorleiter?, Dirigent?

I נֵצַח, נֶצַח Glanz; Dauer; *adv.* stets, für immer; *c.* לְ stets, für immer.

II *נֵצַח Blutstrahl.

נָצִיב I   Säule; Posten, Besatzung; Vogt.

נָצִיב II   *n. l.* Nezib.

נְצִיחַ   *n. pr.* Neziach.

נְצִירֵי   *l. Q (Jes 49₆).*

נצל   *ni* sich retten, gerettet werden.

pi rauben; herausreißen, retten.

hi entreißen, entziehen; retten.

ho entrissen werden.

hitp sich entledigen.

נִצָּנִים   Blüten.

נצץ   *q* funkeln.

hi blühen.

נצר   *q* bewachen, behüten, bewahren, befolgen; *pt. auch* Wächter; *pt. pass.* aufbewahrt, Aufgespartes.

נֵצֶר   Sproß, Schoß.

נקב   *q* bohren, durchbohren; punktieren > festsetzen, bestimmen; auszeichnen; *Lev 24₁₁.₁₆* lästern.

ni bezeichnet werden.

נֶקֶב I   *durchbohrtes Schmuckstück?*

נֶקֶב II   → אַדְמִי הַנֶּקֶב.

נְקֵבָה   Weib, weiblich.

נָקֹד   gesprenkelt.

נֹקֵד   Schafzüchter.

נְקֻדָּה*   (Glas)perle.

נִקֻּדִים   Brotkrümel; Gebäck.

נקה   *q Jer 49₁₂ inf. abs.* in Verbindung mit *ni.*

ni frei, ledig sein; unschuldig, ohne Schuld sein; straflos bleiben; *Jes 3₂₆* beraubt sein.

pi für unschuldig erklären, lossprechen; ungestraft lassen.

נְקוֹדָא   *n. pr.* Nekoda.

נָקִי, נָקִיא   ledig, frei; frei von Verantwortung, Schuld; schuldlos.

נִקָּיוֹן   Blankheit, Blöße; Schuldlosigkeit.

נָקִיק*   Spalte.

נקם   *q* Rache nehmen, sich rächen; rächen.

ni gerächt werden; sich rächen; Rache schaffen.

pi rächen.

ho gerächt werden; der Rache verfallen.

hitp sich rächen.

נָקָם   Rache.

נְקָמָה   Rache, Rachsucht.

נקע   *q* sich abwenden, überdrüssig werden.

נקף I   *pi* abhauen.

נקף II   *q* kreisen.

hi kreisen lassen; umkreisen, umgeben, umzingeln; *Lev 19₂₇* rundum stutzen; *Jes 15₈* überall hindringen; *Hi 1₅* (reih)um sein.

נֹקֶף   Abschlagen.

נִקְפָּה   Strick.

נקר   *q* ausstechen, aushacken.

pi ausstechen, ausbohren.

pu ausgebohrt sein.

נְקָרָה*   Höhle.

נקש   *q* sich verstricken?

ni sich fangen, bestricken lassen.

pi Schlingen legen.

hitp Schlingen legen.

נֵר I   Leuchte.

נֵר II   *n. pr.* Ner.

נֵר   → I נִיר.

נֵרְגַל   *n. pr.* Nergal (*Name eines Stadtgottes*).

נֵרְגַל שַׂר־אֶצֶר   *n. pr.* Nergal Sarezer.

נֵרְךְּ   Narde.

נֵרִיָּה(וּ)   *n. pr.* Nerija.

נשא   *q* heben, erheben, aufheben, hochheben; anheben, anstimmen; tragen, ertragen, davontragen; nehmen, wegnehmen, vergeben; bringen; aufnehmen, zählen; *c.* פָּנִים freundlich aufnehmen, Rücksicht nehmen, parteiisch, ungünstig behandeln, *pt. pass. auch* angesehen; *c.* נֶפֶשׁ sich sehnen, verlangen; *c.* לֵב willig sein, übermütig sein.

ni sich erheben; erhöht, erhaben sein, erhoben werden/sein; getragen, weggetragen werden.

pi erheben, hochheben; tragen, unterstützen; *c.* נֶפֶשׁ sich sehnen.

hi zu tragen geben.

hitp sich erheben.

נשׂג   *hi* erreichen, einholen; aufbringen können; zu etw. bringen; eintreffen, ankommen.

נְשׂוּאָה*   Last.

I נָשִׂיא   Vorsteher, Fürst.

II נָשִׂיא*   Nebelschwade.

נשׂק   *ni* sich entzünden.

hi anzünden.

I נשׁא   *q* leihen; Wucher treiben; *pt. auch* Gläubiger.

hi ausleihen.

II נשׁא   *ni* betrogen sein.

hi betrügen, täuschen; angreifen, überfallen.

נשׁב   *q* wehen.

hi wehen lassen; verscheuchen.

I נשׁה   *q* vergessen.

ni vergessen werden.

pi vergessen lassen.

hi vergessen lassen.

II נשׁה   → I נשׁא.

נָשֶׁה   Hüftgegend.

נְשִׁי*   Schuld.

נְשִׁיָּה   Vergessen.

נָשִׁים   *pl. von* אִשָּׁה.

נְשִׁיקָה*   Kuß.

I נשׁך   *q* beißen.

pi beißen.

II נשׁך   *q* Zins verlangen.

hi Zins auferlegen.

נֶשֶׁךְ   Zins.

נִשְׁכָּה   Raum, Zelle.

נשׁל   *q* lösen; ausziehen; loslösen, vertreiben; sich loslösen, abfallen.

pi vertreiben.

נשׁם   *q* heftig atmen.

נְשָׁמָה   Wehen, Atem, Hauch; *pl.* Wesen, Seelen.

נשׁף   *q* blasen, anblasen.

נֶשֶׁף   Dämmerung.

נשׁק I   *q* küssen.
     pi küssen.
     hi dicht berühren.
נשׁק II   *q* sich rüsten.
נֶשֶׁק, נֵשֶׁק   Rüstzeug, Waffen.
נֶשֶׁר   Adler, Geier.
נשׁת   *q* austrocknen, versiegen.
     ni ausgetrocknet werden, versiegen.
נִשְׁתְּוָן   Brief.
נְתוּנִים   *l.* Q (Esr 8₁₇).
נתח   *pi* in Stücke schneiden.
נֵתַח   Stück.
נָתִיב   Pfad.
נְתִיבָה   Pfad.
נָתִין*   Tempeldiener.
נתך   *q* sich ergießen.
     ni sich ergießen; zum Schmelzen gebracht werden.
     hi hingießen, hinschütten; zum Schmelzen bringen.
     ho geschmolzen werden.
נתן   *q* geben, anbieten, gewähren, bringen, darbringen, ver-
     gelten, hingeben, preisgeben, ausliefern, liefern, über-
     liefern, ankündigen, zulassen, auftragen; setzen, stel-
     len, legen; machen, werden lassen, finden lassen; מִי יִתֵּן
     o daß doch!; *Ps 81₃* schlagen *(Pauke)*; *Lev 17₁₀ Dan 9₃*
     richten *(Gesicht)*; *Neh 9₁₇* sich *(in den Kopf)* setzen;
     Jer 12₈ erheben *(Stimme)*.
     ni gegeben, aufgetragen, preisgegeben, gemacht, gelegt,
     gewährt, untergebracht werden.
     ho gegeben werden.
נָתָן   *n. pr.* Natan.
נְתַנְאֵל   *n. pr.* Natanaël.
נְתַנְיָה(וּ)   *n. pr.* Natanja.
נְתַן־מֶלֶךְ   *n. pr.* Natanmelech.
נתס   *q* aufreißen.
נתע°   *ni* ausgeschlagen werden.
נתץ   *q* einreißen, abbrechen, zerstören, ausschlagen.
     ni eingerissen, zerstört werden.
     pi einreißen.

pu eingerissen werden.

ho zerschlagen werden.

נתק   *q* wegreißen; abschneiden.

     ni abgerissen, abgeschnitten werden; sich loslösen.

     pi zerreißen, ausreißen.

     hi lostrennen, aussondern, abschneiden.

     ho abgeschnitten werden.

נֶתֶק   Krätze.

נתר   *q* aufspringen.

     pi springen.

     hi zum Auffahren bringen; aufspringen lassen $>$ los-
machen, freigeben; *Hi 6*₉ abziehen.

נֶתֶר   Natron.

נתש   *q* ausreißen; austreiben.

     ni ausgerissen werden.

     ho ausgerissen werden.

ס

סְאָה   *Getreidemaß* Sea (*zwischen 7,3 l und 15 l*).

סְאוֹן   Stiefel.

סאן   *q* einherstampfen.

סאסא   aufscheuchen.

סבא   *q* zechen, trinken, dem Trunk ergeben sein.

*סֹבֶא   Weizenbier.

סְבָא   *n. gent., n. terr.* Saba.

סְבָאִים   *n. gent.* Sabäer.

סבב   *q* sich drehen, wenden; sich umsehen; sich abwenden;
herumgehen, die Runde machen, umwandeln; umstel-
len, umfließen, umgeben, umgehen; auf die Seite treten; hintreten, herzutreten; durchstreifen; *I Sam 16*₁₁
sich zum Mahle legen; *Sach 14*₁₀ sich wandeln

     ni sich wenden, umbiegen; umzingeln, umstellen; als
Besitz übergeben werden.

     pi verwandeln, ändern.

     po umwandeln, umfließen, umstehen, umfangen;
durchstreifen, umherstreifen.

hi wenden, zuwenden; umwenden, abwenden, sich umwenden, sich abwenden; ändern; bringen; herumziehen lassen; *II Chr 14₆* ringsum errichten.

ho sich wenden; gedreht, geändert, eingefaßt werden.

סִבָּה Wendung, Fügung.

סָבִיב Umkreis; ringsum, rundum; von allen Seiten; *pl.* Umgebung, Kreislauf, ringsum.

סֻבַּךְ *q pt. pass.* verflochten.

pu verflochten sein.

סְבַךְ Gestrüpp, Dickicht.

סֹבֶךְ* Gestrüpp, Dickicht.

סִבְּכַי *n. pr.* Sibbechai.

סבל *q* tragen.

pu pt. beladen.

hitp sich dahinschleppen.

סֵבֶל Last, Frondienst.

סֹבֶל* Last.

סַבָּל Lastträger.

סִבְלוֹת Lasttragen, Frondienst.

סִבֹּלֶת *efraimitische Aussprache von* שִׁבֹּלֶת.

סִבְרַיִם *n. l.* Sibrajim.

סַבְתָּא, סַבְתָּה *n. gent., n. terr.* Sabta.

סַבְתְּכָא *n. gent., n. terr.* Sabtecha.

סגד° *q* sich beugen.

סְגוֹר Verschluß.

סָגוּר *c.* זָהָב lauteres, gediegenes Gold; *I Reg 6₂₀f.* Blattgold.

סְגֻלָּה Eigentum.

סֶגֶן*, סָגָן Statthalter, Beamter, Vorsteher.

סגר *q* schließen, verschließen, einschließen; *pt. pass. auch* → סָגוּר.

ni geschlossen werden; sich einschließen; ausgeschlossen werden.

pi ausliefern.

pu verschlossen werden.

hi verschließen; absondern; ausliefern, preisgeben; *Hi 11₁₀* gefangennehmen.

סַגְרִיר heftiger Regen.

סַד° Fußblock.

סָדִין   Untergewand.

סְדֹם   *n. l.* Sodom.

סֵדֶר־* °   Ordnung.

סַהַר   Rundung.

סֹהַר   *c.* בֵּית Gefängnis.

סוֹא   *n. pr.* So?, *n. l.* Sais?

סוּבָא*   *l.* K *(Ez* 23₄₂).

I סוג   *q* abweichen, abtrünnig sein.
      ni sich zurückziehen, abfallen, abtrünnig werden.
      hi verrücken.
      ho fortgetrieben werden.

II ° סוג   *q pt. pass.* umhegt.

סוּג   *l.* Q *(Ez* 22₁₈).

סוּגַר   Käfig.

סוֹד   Versammlung, Kreis; gemeinsame Beratung, vertrau-
      liche Besprechung; Beschluß; Geheimnis.

סוֹדִי   *n. pr.* Sodi.

סוּחַ   *n. pr.* Suach.

סוּחָה   Unrat.

סוֹטַי   *n. pr.* Sotai.

I סוּךְ   *pilp* aufstacheln, aufreizen.
      hi unzugänglich machen, absperren.

II סוּךְ   *q* salben; sich salben.
      hi sich salben.
      ho eingerieben werden.

סוֹלֲלָה   → סֹלְלָה.

סְוֵנֵה   *n. l.* Syene, Assuan.

סוּס   *l.* Q *(Jer* 8₇) Mauersegler, Schwalbe.

I סוּס   *l.* סִים *(Jes* 38₁₄) Mauersegler, Schwalbe.

II סוּס   Pferd.

סוּסָה*   Stute.

סוּסִי   *n. pr.* Susi.

סוּף   *q* aufhören, ein Ende finden.
      hi ein Ende machen.

סוֹף °   Ende, Nachhut.

I סוּף   Schilf, Wasserpflanzen.

II סוּף   *n. l.* Suf.

I סוּפָה   Sturm, Sturmwind.

סוּפָה II   *n. l.* Sufa.

סוֹפֵר → סֹפֵר.

סוֹפֶרֶת → סֹפֶרֶת.

סוּר   *q* weichen, abweichen, ausweichen; fortgehen, sich entfernen, sich fernhalten; sich wenden; abfallen; einkehren.

pol durcheinanderbringen.

hi wegschaffen, entfernen; abhauen, abschneiden; entziehen; fernhalten, abbringen; aufheben, abschaffen; rückgängig machen; bringen lassen.

ho entfernt werden; *Jes 17₁ c.* מִן aufhören zu sein.

סוּר* I   verstoßen, entartet, abtrünnig.

סוּר II   *n. l. II Reg 11₆* Sur.

סוּת   *hi* verleiten, anstiften, aufreizen; weglocken.

סוּת*   Gewand.

סחב   *q* umherzerren, wegschleifen.

סְחָבוֹת   Lumpen.

סחה   *pi* wegfegen.

סְחִי   Unrat.

סָחִישׁ   Wildwuchs.

סחף   *q* fortschwemmen.

ni weggefegt werden.

סחר   *q* umherziehen; *pt* Händler, Aufkäufer.

pealal heftig klopfen.

סַחַר   Erwerb, Gewinn.

סְחֹרָה*   Händlerschaft.

סֹחֵרָה   Schutzwehr?

סֹחֶרֶת   Socheret(stein).

סֵט   Übertretung?

סֹטַי → סוֹטַי.

סִיג   Silberschlacke; *Prov 26₂₃* Glasur.

סִיוָן°   Siwan *(Monatsname, Mai / Juni)*.

סִיחוֹן, סִיחֹן   *n. pr.* Sichon.

סִין   *n. l., n. terr.* Sin.

סִינִי   *n. gent.* Siniter.

סִינַי   *n. l.* Sinai.

סִינִים   *n. terr.* Sinim.

סִיסְרָא   *n. pr.* Sisera.

סִיעָא, סִיעֲהָא	*n. pr.* Sia.
סִיר I	Kochtopf, Wanne.
סִיר *II	*pl.* Dornen, Gestrüpp *(dornige Becherblume).*
סִירָה*	Dorn, Haken, Angel.
סָךְ	Menge?
סֹךְ*	Hütte; Versteck.
סֻכָּה	Laubdach, Hütte, Laubhütte; Versteck.
סֻכּוֹת	*n. l.* Sukkot.
סִכּוּת	*l.* סַכּוּת (Am 5₂₆) *n. pr.* Sakkut *(Saturn).*
סֻכּוֹת בְּנוֹת	*n. pr.* Zarpanitu *(Benennung einer bab. Gottheit).*
סֻכִּיִּים	*n. gent.* Sukkijiter.
סְכִים	*Jer* 39₃ *text. corr.*
סכך	*q* bedecken, verhüllen; sich einhüllen; *Ps* 139₁₃ weben.
	poel durchflechten.
	hi bedecken; *c.* רֶגֶל Notdurft verrichten.
סֹבֵךְ	Sperre, Barrikade.
סְכָכָה	*n. l.* Sechacha.
סכל	*ni* sich töricht verhalten.
	pi töricht erscheinen lassen.
	hi töricht handeln.
סָכָל	töricht.
סֶכֶל	Torheit, Tor.
סִכְלוּת	Torheit.
סכן I	*q* Nutzen bringen; *pt.* Verwalter, Pflegerin.
	hi eine Gewohnheit haben, vertraut sein; sich vertragen.
סכן II	*ni* sich gefährden.
סכן III	*pu* herstellen lassen.
סכסך	*pilp von* I סוך.
סכר I	*ni* verstopft werden.
	pi ausliefern.
סכר II	*q* erkaufen, bestechen.
סכת	*hi* sich still verhalten.
סֻכֹּת	→ סֻכּוֹת.
סַל	Korb.
סִלָּא	→ II סלה.
סִלָּא	*n. l.* Silla.
סַלָּא	→ סַלּוּא.

סלד	*pi*	hüpfen.
סֶלֶד	*n. pr.*	Seled.
I °סלה	*q*	verwerfen.
	pi	verwerfen.
II סלה	*pu*	bezahlt werden.
סֶלָה	*liturgische Angabe*	Sela.
סַלּוּ	*n. pr.*	Sallu.
סָלוּא	*n. pr.*	Salu.
סַלּוּא	*n. pr.*	Sallu.
סַלּוֹן		Dorn.
סלח	*q*	vergeben *(nur von Gott).*
	ni	vergeben werden.
סַלָּח		bereit zu vergeben,
סַלַּי	*n. pr.*	Sallai.
סְלִיחָה		Vergebung.
סַלְכָה	*n. l.*	Salcha.
סלל	*q*	aufschütten, anhäufen.
	pilp	hochhalten.
	hitpo	sich hochfahrend verhalten.
סֹלְלָה		Belagerungswall.
סֻלָּם		Treppe.
*סַלְסִלָּה		Ranke.
I סֶלַע		Fels, Felsen.
II סֶלַע	*n. l.*	Sela.
סָלְעָם		Heuschrecke.
סלף	*pi*	verdrehen, zu Fall bringen; *Hi 12*₁₉ versiegen lassen.
סֶלֶף		Verdrehtheit, Falschheit.
°סלק	*q*	hinaufsteigen.
סֹלֶת		Weizengrieß.
*סַם		Paste, Wohlgeruch.
סַמְגַּר־נְבוּ	*n. pr.*	Samgar Nebu.
°סְמָדַר		Knospenhülle.
סמך	*q*	stützen, legen, versehen; sich werfen; *pt. pass.* aufgestemmt, fest, unerschütterlich.
	ni	sich stützen, stemmen.
	pi	erquicken.
סְמַכְיָהוּ	*n. pr.*	Semachja.
סֶמֶל		Bild, Götterbild?

סִמָּן	*ni* Jes 28₂₅ unsicher.
סמר	*q* schaudern.
	pi sich sträuben.
סָמָר	borstig.
סְנָאָה	*n. pr.* Senaa.
סְנָאָה	→ סְנוּאָה.
סַנְבַלַּט	*n. pr.* Sanballat.
סְנֶה	Dornstrauch.
סֶנֶּה	*n. l.* Senne.
סְנוּאָה	*n. pr.* Senua.
סַנְוֵרִים	Blindheit.
סַנְחֵרִב, סַנְחֵ‍	*n. pr.* Sanherib.
סַנְסַנָּה	*n. l.* Sansanna.
סַנְסִנָּה*	Dattelrispe.
סְנַפִּיר	Flosse.
סָס	Kleidermotte.
סִסְמַי	*n. pr.* Sismai.
סעד	*q* stützen, befestigen; stärken, sich stärken.
סעה	*q* reißend sein.
I סָעִיף*	Kluft, Spalt.
II סָעִיף*	Zweig.
סעף	*pi* abhauen.
סֵעֵף*	schwankend?, gemein?
סְעַפָּה*	Zweig.
סְעִפִּים	Krücken.
סער	*q* stürmen.
	ni unruhig werden.
	pi verwehen.
	poel wegfliegen.
	pu verweht, weggetrieben werden.
סַעַר	Sturm.
סְעָרָה	Sturm.
I סַף	Becken, Schale.
II סַף	Schwelle.
III סַף	*n. pr.* Saf.
ספד	*q* klagen, Totenklage halten; Jes 32₁₂ klagend schlagen (*Brüste*).
	ni beklagt werden.

ספה   *q* dahinraffen, wegnehmen; dahinschwinden; *Num 32*14
      *Jes 30*1 *l.* סְפֵת(לְ).

      ni weggerafft werden, umkommen.

      hi l. אֹסְפָה *(Dtn 32*23*).*

ספח   *q* zugesellen.

      ni sich anschließen.

      pi beimischen.

      pu sich zusammentun.

      hitp teilhaben.

סַפַּחַת   Grind, Ausschlag.

סִפַּי   *n. pr.* Sippai.

I סָפִיחַ*   Regenguß.

II סָפִיחַ   Nachwuchs.

סְפִינָה°   Schiff.

סַפִּיר   Lapislazuli.

סֵפֶל   Schale.

ספן   *q* decken, täfeln; *Dtn 33*21 aufbewahren.

סִפֻּן   Decke.

ספף   *hitpo* sich an der Schwelle aufhalten.

ספק   *q* klatschen, schlagen, sich schlagen; *Jer 48*26 hinein-
      platschen.

סֶפֶק   Spott?

ספר   *q* zählen, aufzählen; messen; *Esr 1*8 darzählen; *pt. auch*
      Schreiber.

      ni gezählt werden.

      pi zählen, nachzählen, aufzählen; bekanntmachen, er-
      zählen.

      pu erzählt werden.

סֵפֶר   Inschrift; Schriftstück, Brief, Buchrolle; Schriftart.

סֹפֵר   Schreiber; Sekretär; Schriftgelehrter.

I סְפָר°   Zählung.

II סְפָר*   *n. l.* Sefar.

סְפָרַד   *n. l.* Sefarad.

סִפְרָה*   Buchrolle.

סְפַרְוַיִם   *n. l.* Sefarwajim.

סְפַרְוִים   *n. gent.* Sefarwiter.

סְפֹרוֹת   Zahlen?

סֹפֶרֶת   *n. pr.* Soferet.

סָקַל	*q* steinigen.
	ni gesteinigt werden.
	pi mit Steinen werfen; entsteinigen.
	pu gesteinigt werden.
סַר	mißmutig.
סָרָב*°	widerspenstig.
סַרְגּוֹן	*n. pr.* Sargon.
סֶרֶד	*n. pr.* Sered.
סַרְדִּי	*n. gent.* Sarditer.
סָרָה I	Ablassen.
סָרָה II	Widerspenstigkeit, Ungehorsam, Abfall.
סִרָה	*n. l.* Sira.
סָרוּחַ	herabhängend; *Am* 6₄ faul daliegend.
סרח I	*q* herabhängen; ausbreiten.
סרח II	*ni* verschüttet sein.
סֶרַח	Überhängendes.
סִרְיֹן*	Panzer.
סָרִים	Hofbeamter; Eunuch.
סֶרֶן*	Achse.
סְרָנִים	Fürsten.
סַרְעַפָּה*°	Zweig.
סרף	*pi* verbrennen.
סִרְפַּד	*Steppenpflanze?*, Nessel?
סרר	*q* störrisch, widerspenstig sein.
סְתָו°	Winter, Regenzeit.
סְתוּר	*n. pr.* Setur.
סתם	*q* verstopfen, verschließen; geheim halten; בְּסָתֻם im Geheimen.
	ni verstopft, geschlossen werden.
	pi verstopfen.
סתר	*ni* sich verbergen, verborgen sein.
	pi verbergen.
	pu pt. geheim gehalten.
	hi verbergen, verhüllen, verheimlichen.
	hitp sich verborgen halten.
סֵתֶר	Versteck; Schutz, Schirm; *c.* בְּ *auch* heimlich.
סִתְרָה	Schutz, Schirm.
סִתְרִי	*n. pr.* Sitri.

ע

עֵב I	Gatter?
עָב II	Wolke, Gewölk.
עֵב* III	Dickicht.
עבד	q arbeiten, bearbeiten; dienen; Sklave sein; ausführen (lassen), tun (lassen); Dienst tun; verehren; *I Reg 12*₂₇ zu Willen sein.
	ni bearbeitet, bebaut werden.
	pu gearbeitet werden.
	hi arbeiten lassen, zur Arbeit anhalten; in Knechtschaft nehmen/halten, dienstbar machen; *Jes 43*₂₃f. quälen.
	ho bewirken, daß gedient wird.
עֶבֶד I	Sklave, Knecht, Diener.
עֶבֶד II	*n. pr.* Ebed.
עֶבֶד* °	Tat.
עֹבֵד	→ עוֹבֵד.
עַבְדָּא	*n. pr.* Abda.
עֹבֵד(־)אֱד(וֹ)ם	*n. pr.* Obed-Edom.
עַבְדְּאֵל	*n. pr.* Abdeël.
עֲבֹדָה	Arbeit, Fron, Dienst; Gottesdienst; *Ex 12*₂₅f.₁₃₅ Brauch.
עֲבֻדָּה	Gesinde, Dienerschaft.
עַבְדּוֹן	*n. pr., n. l.* Abdon.
עַבְדִּי	*n. pr.* Abdi.
עַבְדִּיאֵל	*n. pr.* Abdiël.
עֹבַדְיָה(וּ)	*n. pr.* Obadja.
עֶבֶד־מֶלֶךְ	*n. pr.* Ebedmelech.
עֲבֵד נְגוֹ,	*n. pr.* Abednego.
עֲבֵד נְגוֹא	
עַבְדֻת* °	Knechtschaft.
עבה	q dick sein.
עֲבוֹדָה	→ עֲבֹדָה.
עֲבוֹט	Pfand.
עֲבוּר I	c. בְּ wegen, um—willen, für, damit, um zu.
עֲבוּר II	*Jos 5*₁₁f. Ertrag.

עֲבוֹת → עֲבֹת.

I עבט   q entlehnen; ein Pfand nehmen.

hi gegen ein Pfand geben.

II עבט   *pi* ändern.

עַבְטִיט   Pfandschuld.

עֳבִי   Dicke; *II Chr 4₁₇* Gußform?

I עבר   q dahingehen, seines Weges ziehen, durchziehen; über etw. hingehen; vorbeikommen; vorübergehen, vergehen; hinübergehen, überschreiten, hinausgehen über, überholen, vorausgehen; *c.* אַחֲרֵי folgen; *c.* מִן entgehen, *Ps 81₇* loslassen; *c.* מִתּוֹךְ verschwinden bei; *Num 34₄* sich hinziehen; *pt. auch* gängig, flüssig.

ni überschritten werden.

pi überziehen; *Hi 21₁₀* bespringen.

hi hingehen lassen; überschreiten lassen, hinüberschaffen; vorübergehen lassen, ziehen lassen; übersehen, verpassen; übergehen lassen; darbringen *(Opfer)*; ausgehen lassen, erschallen lassen, in Umlauf setzen; vorbei-, hindurchführen; wegnehmen, wegschaffen; herunterschaffen; abwenden, fernhalten, ablegen.

II עבר   *hitp* zürnen, sich ereifern.

I עֵבֶר   gegenüberliegende Seite; Seite, Rand, Ufer > jenseits.

II עֵבֶר   *n. pr.* Eber.

עֲבָרָה   Übergang, Furt.

עֶבְרָה   Aufwallung, Überhebung; Zorn, Wut.

עִבְרִי   *n. gent.* Hebräer.

עֲבָרִים   *n. l.* Abarim.

עֶבְרוֹן   *n. l.* Ebron.

עַבְרֹנָה   *n. l.* Abrona.

עבש   q eintrocknen.

עבת   *pi* verdrehen?

עָבֹת   Ast; ästig.

עֲבֹת   Strick, Seil, Schnur.

עֹג   → עוֹג.

ענב   q Verlangen haben.

עֵנָב   → עוּנָב.

עֶנְבָה*   Verlangen.

עֲנָבִים   Liebe.

עֵנָה	Brotfladen.
עָנוֹל	→ עָנֹל.
עָנּוּר	Drossel.
עָגִיל	Ring, Ohrring.
עָנֹל	rund.
עֵנֶל	Jungstier.
I עֶנְלָה	Jungkuh.
II עֶנְלָה	n. pr. f. Egla.
עֲנָלָה	Wagen, Karren.
עֶנְלוֹן	n. pr., n. l. Eglon.
עֶנְלַיִם	→ עֵין עֶנְלַיִם.
עֶנְלַת שְׁלִשִׁיָּה	n. l. Eglat-Schelischija.
עָנֹם	q Mitgefühl haben.
עָנַן°	ni sich entziehen.
I עַד	unbegrenzte Zukunft; immer, für immer, ewig; Hi 20₄ מְנִי עַד seit jeher.
II עַד	bis, bis zu; während; auf.
III עַד	Beute.
עֵד	Zeuge.
עֹד	→ עוֹד.
עִדּוֹא	n. pr. Iddo.
עוֹדֵד	→ עוֹדֵד.
I עדה°	q schreiten. hi abstreifen.
II עדה	q schmücken, sich schmücken.
עֲדָה	n. pr. f. Ada.
I עֵדָה	Versammlung, Gemeinde; Schar, Rotte.
II עֵדָה	Zeugin.
עֶדָּה*	Menstruation.
עִדּוֹ(א)	n. pr. Iddo.
עֵדוּת	Mahnzeichen, Mahnung; Gebot, Gesetz; II Reg 11₁₂ Ps 132₁₂ Königsprotokoll.
עֵדֹות*	pl. von עֵדוּת.
עֲדִי	Schmuck.
עַדִּיא	n. pr. l. K oder Q (Neh 12₁₆).
עַדִיאֵל	n. pr. Adiël.
עֲדָיָה(וּ)	n. pr. Adaja.
עֵדִים	pl. von עֵדָה.

עָדִין I*	wollüstig.
עָדִין II	n. pr. Adin.
עֲדִינָא	n. pr. Adina.
עֲדִיתַיִם	n. l. Aditajim.
עַדְלַי	n. pr. Adlai.
עֲדֻלָּם	n. l. Adullam.
עֲדֻלָּמִי	n. gent. Adullamiter.
עדן	hitp schwelgen.
עֵדֶן I*	Wonne; II Sam 1₂₄ Schmuckstück.
עֵדֶן II	n. pr., n. terr. Eden.
עֵדֶן	n. terr. Eden.
עֶדֶן	bisher.
עַדְנָא	n. pr. Adna.
עֶדְנָה	bisher.
עֶדְנָה	Liebeslust.
עַדְנָה	n. pr. Adna.
עַדְנַח	n. pr. Adnach.
עַדְעָדָה	n. l. Adada.
עדף	q überschüssig sein.
	hi Überfluß haben.
עדר I	q geschart sein, geordnet sein.
עדר II	ni gejätet werden.
עדר III	ni vermißt werden.
	pi vermissen lassen.
עֵדֶר I	Herde.
עֵדֶר II°	n. pr. Eder.
עֵדֶר III	n. l. Eder.
עֶדֶּר°	n. pr. Eder.
עַדְרִיאֵל°	n. pr. Adriël.
עֲדָשִׁים	Linsen.
עֵדֻת	→ עֵדוּת.
עֵדֹת*	pl. von עֵדוּת.
עַוָּא	n. l. Awa.
עוב	hi umwölken.
עוֹבֵד	n. pr. Obed.
עוֹבָל	n. pr. Obal.
עוג	q backen.
עוֹג	n. pr. Og.

עוּגָב Flöte.

עוּד *pi* umgeben.

pol aufhelfen.

hi beteuern, ermahnen, warnen; Zeuge sein; zum Zeugen rufen.

ho gewarnt werden.

hitpol sich aufrichten.

עוֹד Dauer, Dauern; dauernd, immerzu, noch; nochmals, wiederum; noch dazu, außerdem; während.

עוֹדֵד *n. pr.* Oded.

עוה *q* sündigen, sich vergehen.

ni verstört sein; *I Sam* 20₃₀ *unsicher.*

pi verstören, zerstören.

hi verkehren, verdrehen; sich vergehen, sündigen; *Jer* 3₂₁ *c.* דֶּרֶךְ auf krummen Pfaden gehen.

עַוָּה Trümmer.

עַוָּה *n. l.* Iwa.

עוז *q* Zuflucht suchen.

hi bergen, in Sicherheit bringen.

עוֹז → עֹז.

עֲוִיל Knabe, Bube.

עַוִּים *n. gent.* Awiter; *n. l.* Awim.

עֲוִית *n. l.* Awit.

I עול *pi* unrecht handeln.

II עול *q* säugen.

עוּל Säugling.

עַוָּל Übeltäter, Frevler.

עָוֶל Unrecht.

עַוְלָה Verkehrtheit, Schlechtigkeit.

I עוֹלָה Verkehrtheit, Schlechtigkeit.

II עוֹלָה → I עֹלָה.

עוֹלֵל, עוֹלָל Kind.

עוֹלֵלוֹת → עֹלֵלוֹת.

עוֹלָם lange Zeit, Dauer, Ewigkeit; für alle Zeit, für immer, dauernd, ewig; kommende Zeit; Vorzeit, uralt, längst.

עוֹן *q l. Q (I Sam* 18₉*).*

עָוֹן Vergehen, Sünde; Schuld; Strafe.

עֹעֶים Taumel.

I עוּף   *q* fliegen, verfliegen; *Prov 23₅ l. Q.*

pol fliegen, schweben; schwingen.

hi fliegen lassen; *Prov 23₅* richten (auf).

hitpol verfliegen.

II עוּף   *q* finster werden.

עוֹף   *coll.* Vögel.

עוֹפַי   *n. pr. l. Q (Jer 40₈)* Efai.

עוֹפֶרֶת   → עֹפֶרֶת.

עוּץ   *q* planen.

עוּץ   *n. pr., n. terr.* Uz.

עוּק   → עִיק.

I עוּר   *pt* blenden.

II עוּר   *ni* bloß sein.

III עוּר   *q* sich regen; rege, wach sein.

ni erregt werden; in Bewegung geraten, geweckt werden.

pol in Bewegung bringen, wecken; erregen, aufstören; sich regen lassen; schwingen.

polp Jes 15₅ erheben.

hi aufwecken, aufstören, erregen, in Bewegung bringen; wach werden lassen, aufbieten; sich regen; *Hos 7₄* schüren.

hitpol sich aufraffen, sich aufregen.

עוֹר   Haut, Fell; Leder.

עִוֵּר   blind; einäugig.

עוֹרֵב   → עֹרֵב.

עִוָּרוֹן   Blindheit.

עַוֶּרֶת   Blindheit.

עוּשׁ   *q* zu Hilfe kommen?

I עוּת   *pi* krümmen, fälschen, fehlleiten.

pu pt. gekrümmt.

hitp sich krümmen.

II עוּת   *q* unterstützen?

עַוָּתָה*   Unterdrückung.

עוּתַי   *n. pr.* Utai.

עַז   stark; hart, trotzig; unverschämt.

עַז   Macht; Stärke.

עֹז   Stärke, Kraft, Macht; Schutz, Zuflucht.

עֵז Ziege; *pl. auch* Ziegenhaare.

עֻזָּא *n. pr.* Usa; → פֶּרֶץ עֻזָּא.

עֲזָאזֵל *n. pr.* Asasel *(Wüstendämon)*.

עזב I *q* verlassen, entlassen; nicht befolgen *(Rat)*; zurücklassen, überlassen; übrig lassen; gehen lassen; liegen lassen; aufgeben; loslassen, freigeben, gewähren lassen; erlassen; versagen; *Gen* 24₂₇ *Ruth* 2₂₀ fehlen lassen; *Hi* 9₂₇ *c.* פָּנִים ein anderes Gesicht machen.

ni verlassen werden, vernachlässigt werden; überlassen werden.

pu verlassen, verödet sein.

עזב II *q* pflastern? *(Neh 3)*.

עֲזבוֹנִים* Waren.

עַזְבּוּק *n. pr.* Asbuk.

עַזְגָּד *n. pr.* Asgad.

עַזָּה *n. l.* Gaza.

עֻזָּה *n. pr.* Usa.

עֲזוּבָה *n. pr. f.* Asuba.

עֵזוּז Stärke, Macht, Gewalt.

עִזּוּז gewaltig; *coll.* Helden.

עַזּוּר → עַזּוּר.

עזז *q* stark sein; sich stark zeigen; trotzen.

hi c. (בְּ)פָנִים) ein trotziges, freches Gesicht zeigen.

עֲזָז *n. pr.* Asas.

עֲזַזְיָהוּ *n. pr.* Asasja.

עֻזִּי *n. pr.* Usi.

עֻזִּיָּא *n. pr.* Usija.

עֲזִיאֵל *n. pr.* Asiël.

עֻזִּיאֵל *n. pr.* Usiël.

עֻזִּיאֵלִי *n. gent.* Usiëliter.

עֻזִּיָּה(וּ) *n. pr.* Usija.

עֲזִיזָא *n. pr.* Asisa.

עַזְמָוֶת *n. pr., n. l.* Asmawet.

עֲזָן *n. pr.* Asan.

עָזְנִיָּה Geier.

עזק *pi* behacken.

עֲזֵקָה *n. l.* Aseka.

עזר *q* helfen, beistehen, unterstützen; zu Hilfe **kommen**.

ni Hilfe finden/erhalten.

hi helfen.

עֵזֶר I   Hilfe; Helfer.

עֵזֶר II   *n. pr.* Eser.

עֶזֶר   *n. pr.* Eser.

עַזּוּר   *n. pr.* Asur.

עֶזְרָא   *n. pr.* Esra.

עֲזַרְאֵל   *n. pr.* Asarel.

עֶזְרָה I   Hilfe, Beistand; Helfer.

עֶזְרָה II   *n. pr.* Esra.

עֲזָרָה   Schranke, Einfassung; Vorhof.

עֶזְרִי   *n. pr.* Esri.

עַזְרִיאֵל   *n. pr.* Asriël.

עֲזַרְיָה(וּ)   *n. pr.* Asarja.

עַזְרִיקָם   *n. pr.* Asrikam.

עֶזְרָת   Hilfe.

עַזָּתִי   *n. gent.* Asatiter.

עֵט   Griffel.

עטה I   *q* verhüllen, zudecken; sich in etw. hüllen.

     hi einhüllen, umhüllen.

עטה II   *q* packen; *Jer 43*₁₂ lausen.

עָטוּף*   geschwächt, schwächlich.

עָטִין*   Trog?, Eingeweide?

עֲטִישָׁה*   Niesen.

עֲטַלֵּף   Fledermaus.

עטף I   *q* sich bedecken; einhüllen; *Hi 23*₉ abbiegen.

עטף II   *q* schwach werden.

     ni verschmachten.

     hi schwächlich sein.

     hitp sich schwach fühlen; verzagen.

עטר   *q* umzingeln, umringen.

     pi bekränzen.

     hi Kränze, Diademe verleihen.

עֲטָרָה I   Kranz, Diadem.

עֲטָרָה II   *n. pr. f.* Atara.

עֲטָר(וֹ)ת   *n. l.* Atarot.

עַטְרֹת שׁוֹפָן   *n. l.* Atrot-Schofan.

עַי   *n. l.* Ai.

עִי	Trümmer, Trümmerhaufen.
עַיָּא	*n. l.* Aja.
עֵיבָל	*n. pr., n. l.* Ebal.
עַיָּה	*n. l.* Aja.
עִיּוֹן	*n. l.* Ijon.
עַיּוֹת	*n. l. l.* Q *(I Chr 14₆).*
עִיט	*q* herfallen; anschreien, anfahren.
עַיִט	Raubvogel; *auch coll.* Raubvögel.
עֵיטָם	*n. l.* Etam.
עִיִּים	*n. l.* Ijim.
עֵילוֹם	*l.* עוֹלָם *(II Chr 33₇).*
עִילַי	*n. pr.* Ilai.
עֵילָם	*n. pr.; n gent., n. terr. m. und f.* Elam.
עָיִם	→ בָּעְיָם.
עין	*q* mit Argwohn betrachten.
עַיִן	Auge; Aussehen, Schein; Sichtbares; Quelle.
עֵין(־)גֶּדִי	*n. l.* En-Gedi.
עֵין(־)גַּנִּים	*n. l.* En-Gannim.
עֵין־דֹּאר	*n. l.* En-Dor.
עֵין דּוֹר, עֵין־דֹּר	*n. l.* En-Dor.
עֵין הַקּוֹרֵא	*n. l.* Korequelle.
עֵין הַתַּנִּין	*n. l.* Tanninquelle.
עֵינוֹן	→ חֲצַר עֵינוֹן.
עֵין חַדָּה	*n. l.* En-Hadda.
עֵין חָצוֹר	*n. l.* En-Hazor.
עֵין חֲרֹד	*n. l.* Harodquelle.
עֵינַיִם	*n. l.* Enajim.
עֵינָם	*n. l.* Enam.
עֵין מִשְׁפָּט	*n. l.* En-Mischpat.
עֵינָן	*n. pr.* Enan; → חֲצַר עֵינָן.
עֵין עֶגְלַיִם	*n. l.* En-Eglajim.
עֵין(־)רֹגֵל	*n. l.* Rogelquelle.
עֵין רִמּוֹן	*n. l.* En-Rimmon.
עֵין שֶׁמֶשׁ	*n. l.* En-Schemesch.
עֵינֹת*	*l.* Q *(Hos 10₁₀).*
עֵין תַּפּוּחַ	*n. l.* En-Tappuach.
עִיף	*q* müde sein; *Jer* 4₃₁ erliegen.
עָיֵף	müde, erschöpft.

עֵיפָה I	Finsternis.
עֵיפָה II	*n. pr. m.und f., n. gent., n. terr.* Efa.
עֵיפָתָה	Finsternis.
עיק	*q* schwanken?
	hi schwanken lassen?
עִיר I	Stadt, (feste) Siedlung, Niederlassung; *übertr.* Bevölkerung *(einer Stadt).*
עִיר II	Erregung, Angst.
עִיר III	*n. pr.* Ir.
עִיר* IV, עַיִר	Esel, Jungesel; Hengst.
עִירָא	*n. pr.* Ira.
עִירָד	*n. pr.* Irad.
עִיר הַהֶרֶס	*n. l.* Ir-Haheres.
עִיר הַמֶּלַח	*n. l.* Ir-Hammelach.
עִיר הַתְּמָרִים	*n. l.* Ir-Hattemarim.
עִירוּ	*n. pr.* Iru.
עֵירוֹם	→ עֵירֹם.
עִירִי	*n. pr.* Iri.
עִירָם	*n. gent.?* Iram.
עֵירֹם	nackt, unbekleidet; Blöße.
עִיר נָחָשׁ	*n. l.* Ir-Nahasch.
עִיר שֶׁמֶשׁ	*n. l.* Ir-Schemesch.
עַיִשׁ	*f.* Löwe *(Sternbild).*
עַיַּת	*n. l.* Ajat.
עַכְבּוֹר	*n. pr.* Achbor.
עַכָּבִישׁ	Spinne.
עַכְבָּר	Maus.
עַכּוֹ	*n. l.* Akko.
עָכוֹר	*n. l.* Achor.
עָכָן	*n. pr.* Achan.
עכס	*pi (mit Fußspangen)* klirren.
עֶכֶס	Fußspange.
עַכְסָה	*n. pr. f.* Achsa.
עכר	*q* zum Tabu, unberührbar machen, tabuieren.
	ni Tabu, unberührbar werden.
עָכָר	*n. pr.* Achar.
עָכְרָן	*n. pr.* Ochran.
עַכְשׁוּב	Hornviper?

עַל Höhe, Oberes; auf, über; an, bei; in Hinsicht auf; wegen, weil; gegen, gegenüber; mitsamt; *c.* כְּ gemäß; *c.*
מִן von—herab, über—hinaus, von—weg; oberhalb
von; *c.* כֵּן darüber, darum, deshalb.

עֹל Joch.

עֻלָּא *n. pr.* Ulla.

עַלְבוֹן → אֲבִי־עַלְבוֹן.

עִלֵּג* Stammler.

עלה *q* aufsteigen, hinaufsteigen, besteigen, (empor)steigen;
(empor)kommen; hitzig werden *(Kampf)*; abziehen
(Heer).
ni sich erheben; erhaben sein; hinaufgeführt werden;
sich zurückziehen; *c.* עַל־שְׂפַת לָשׁוֹן ins Gerede kommen.
hi hinaufsteigen, hinaufführen; darbringen *(Opfer)*;
über jmd. bringen; hochmachen, in die Höhe bringen;
steigen lassen, (her)aufsteigen lassen, wachsen lassen,
aufziehen; überziehen *(Gold)*; aufsetzen *(Lampe)*; ausheben *(Fronarbeiter)*; wegnehmen, sterben lassen; *c.*
גֵּרָה wiederkäuen.
ho dargebracht, weggeführt, aufgenommen werden.
hitp sich erheben.

עָלֶה Laub.

I עֹלָה Brandopfer.

II עֹלָה Verkehrtheit, Schlechtigkeit.

I עַלְוָה Widerspenstigkeit.

II עַלְוָה *n. gent.?* Alwa.

עֲלוּמִים* Jugendalter, Jugendfrische.

עַלְוָן *n. pr.* Alwan.

עֲלוּקָה Blutegel.

עלז *q* jubeln, frohlocken.

עָלֵז frohlockend.

עֲלָטָה Finsternis.

עֵלִי *n. pr.* Eli.

עֱלִי Stößel.

עִלִּי* oberer.

עַלְיָה *n. gent.?* Alja.

עֲלִיָּה Obergemach.

עֶלְיוֹן oberer; höchster.

עָלִיז* frohlockend; übermütig, ausgelassen.

עֲלִיל° Schmelztiegel?

עֲלִילָה Tat, Handlung; c. דְּבָרִים Tat, die ins Gerede bringt.

עֲלִילִיָּה Tat.

עַלְיָן n. pr. Aljan.

עֲלִיצֻת* Jubel, Frohlocken.

I עלל poel handeln, antun; Nachlese halten.

    poal angetan werden.

    hitp (übel) mitspielen, seinen Mutwillen treiben.

    hitpo verüben.

II עלל° poel hineinstecken.

עֹלֵל → עוֹלֵל.

עֹלֵלוֹת Nachlese.

עלם q pt. pass. Verborgenes.

    ni verborgen, hinterlistig sein.

    hi verbergen, verhüllen.

    hitp sich verbergen; sich entziehen.

עֹלָם → עוֹלָם.

עֶלֶם junger Mann.

עַלְמָה junge Frau (bis zur Geburt des ersten Kindes); Ps 46,1 I Chr 15,20 musikalische Angabe mit Mädchenstimme?

עַלְמוֹן n. l. Almon.

עָלֶמֶת n. pr., n. l. Alemet.

עלם q froh werden.

    ni sich froh schwingen.

    hitp sich erfreuen, schwelgen.

עלע pi schlürfen?

עלף pu eingehüllt, bedeckt sein; ohnmächtig werden.

    hitp sich einhüllen; ohnmächtig werden.

עֲלֻפָּה l. עֲלֻפּוּ Ez 31,15.

עלץ q frohlocken, sich freuen.

עַלָתָה Schlechtigkeit.

עַם, עָם Stammverwandter, Stammesgenosse, Verwandter, Verwandtschaft; Stamm, Volk, Leute, Menschen; c. הָאָרֶץ coll. Vollbürger; pl. c. הָאָרֶץ Heidenvölker.

עִם mit, bei; so gut wie, so wie, vergleichbar mit; so lange, gleichzeitig; c. מִן fort von, gegenüber; vonseiten; c. זֶה trotzdem.

עמד   *q* hintreten, sich (hin)stellen, auftreten; (da)stehen, bewohnen; stehen bleiben, zum Stehen kommen, bleiben, erhalten bleiben, standhalten, stillstehen, aufhören; Dienst tun, aufwarten; *Koh 8*₃ sich einlassen; *Est 3*₄ anerkannt werden; *Esr 10*₁₄ *c.* לֹ vertreten.

hi zum Stehen bringen, hinstellen, aufstellen; (be)stehen lassen; bestellen; aufrichten, herstellen, einsetzen; bestätigen; *c.* אֲדָמָה Land zuweisen; *c.* דָּבָר *und* לֹ beschließen zu; *c.* פָּנָיו starr vor sich hinblicken.

ho hingestellt sein.

עֹמֶד*   Platz.

עֻמָּד*   mit.

עֶמְדָּה*   Standort, Bleibe.

I עֻמָּה^   *c.* לֹ dicht an, neben; entsprechend, genau wie; *I Reg 7*₂₀ dicht entlang.

II עֻמָּה   *n. l.* Umma.

עַמּוּד   Zeltstütze, Pfeiler, Säule, Ständer.

עַמּוֹן   *n. gent.* Ammon, Ammoniter.

עַמּוֹנִי   *n. gent.* Ammoniter.

עָמוֹס   *n. pr.* Amos.

עָמוֹק   *n. pr.* Amok.

עַמִּיאֵל   *n. pr.* Ammiël.

עַמִּיהוּד   *n. pr.* Ammihud.

עַמִּיזָבָד   *n. pr.* Ammisabad.

עַמִּיחוּר   *n. pr.* Ammihur.

עַמִּינָדָב   *n. pr.* Amminadab.

עָמִיר   (geschnittene) Ähren.

עַמִּישַׁדַּי   *n. pr.* Ammischaddai.

עָמִית*   Genosse, Gefährte.

עמל   *q* sich mühen, arbeiten.

I עָמָל   Mühsal, Mühe; Erwerb; Mißgeschick, Unheil.

II עָמָל   *n. pr.* Amal.

עָמֵל   sich mühend, mühselig; Arbeiter.

עֲמָלֵק   *n. pr.* Amalek; *n. gent.* Amalekiter.

עֲמָלֵקִי   *n. gent.* Amalekiter.

I עמם   *q* sich anschließen, gleichkommen.

II עמם   *ho* dunkel werden.

עֲמָמִים   *pl. von* עַם.

עִמָּנוּ אֵל   *n. pr.* Immanuël.

עַמֹּנִי   → עַמּוֹנִי.

עמם   *q* aufladen, aufheben, tragen.
hi auflegen.

עֲמַסְיָה   *n. pr.* Amasja.

עַמְעָד   *n. l.* Amad.

עמק   *q* tief, geheimnisvoll sein.
hi tief machen; *in Verbindung mit einem anderen Verb*
tief.

עֵמֶק   Talgrund, Talebene, Ebene.

עֹמֶק   Tiefe.

עָמֹק   tief, vertieft; geheimnisvoll, unergründlich.

עָמֵק*   tief, unverständlich.

עֵמֶק בְּרָכָה   *n. l.* Emek-Beracha.

עֵמֶק הָאֵלָה   *n. l.* Emek-Haëla.

עֵמֶק קָצִיץ   *n. l.* Emek-Keziz.

עֵמֶק רְפָאִים   *n. l.* Refaimtal.

עֵמֶק שָׁוֵה   *n. l.* Schawetal.

עמר I   *pi* sammeln.

עמר II   *hitp* gewalttätig behandeln.

עֹמֶר I   (abgeschnittene) Ähren.

עֹמֶר II   *Getreidemaß* Gomer *(zwischen 2,2 und 4,5 l)*.

עֲמֹרָה   *n. l.* Gomorra.

עָמְרִי   *n. pr.* Omri.

עַמְרָם   *n. pr.* Amram.

עַמְרָמִי   *n. gent.* Amramiter.

עֲמָשָׂא   *n. pr.* Amasa.

עֲמָשַׂי   *n. pr.* Amasai.

עֲמַשְׂסַי   *n. pr.* Amaschsai.

עֲנָב   *n. l.* Anab.

עֵנָב   Weinbeere.

ענג   *pu pt.* verzärtelt.
hitp sich verzärteln, sich laben, sich erquicken; sich
lustig machen.

עֹנֶג   Behagen, Freude.

עָנֹג   verzärtelt, verwöhnt.

ענד   *q* umwinden.

I עֲנָה   *q* erwidern, antworten; anheben; zu verstehen geben; erhören, gewähren; aussagen, Zeugnis ablegen.

     ni sich zu einer Antwort bewegen lassen; Antwort erhalten.

     hi sich um etw. kümmern.

II עֲנָה   *q* sich ducken, elend sein; geduckt, gebeugt sein.

     ni sich beugen; gebeugt werden/sein.

     pi bedrücken, unterdrücken, demütigen; *c.* נֶפֶשׁ sich erniedrigen, kasteien; vergewaltigen, mißbrauchen; überwältigen; *Ps 105₁₈* zwingen.

     pu erniedrigt werden; sich erniedrigen, sich kasteien.

     hi unterdrücken.

     hitp sich demütig beugen, sich unterwerfen; *Ps 107₁₇* geplagt werden.

III עֲנָה   *q* sich abmühen.

     hi ablenken?, entschädigen?

IV עֲנָה   *q* singen, besingen; heulen.

     pi singen, besingen.

עֲנָה*   ehelicher Umgang.

עֲנָה   *n. pr.* Ana.

עָנָו*   gering, demütig, sanftmütig.

עַנּוּ   *l. Q (Neh 12₉)*.

עֲנוּב   *n. pr.* Anub.

עֲנָוָה   Demut; *Ps 18₃₆* Herablassung.

עֲנָוָה   Milde.

עֲנוֹק   *n. pr.* Anok.

עֲנוּשִׁים   Bußgelder.

עֲנוֹת   → בֵּית־עֲנוֹת.

עֱנוּת   Leiden.

עָנִי   unglücklich, elend, arm; demütig.

עֳנִי   Leiden, Elend; *I Chr 22₁₄* Mühe, Mühsal.

עֻנִּי   *n. pr.* Unni.

עֲנָיָה   *n. pr.* Anaja.

עֲנִים   *n. l.* Anim.

עִנְיָן°   Aufgabe, Geschäft; Geschehnis.

עֲנֵם   *n. l.* Anem.

עֲנָמִים   *n. gent.* Anamiter.

עֲנֹמֶלֶךְ   *n. pr.* Anammelech *(Benennung einer Gottheit)*.

עָנַן   *pi* erscheinen lassen.
      poel beschwören, zaubern.

I עָנָן   Wolken, Gewölk.

II עָנָן   *n. pr.* Anan.

עֲנָנָה   Wolke.

עֲנָנִי   *n. pr.* Anani.

עֲנַנְיָה   *n. pr., n. l.* Ananeja.

עָנָף   Zweig *auch coll.*

עָנֵף*   reich verzweigt.

עָנַק   *q* um den Hals legen.
      hi auf den Nacken legen, mitgeben.

I עֲנָק   Halskette, Halsgeschmeide.

II עֲנָק   *n. gent.* Anak, Anakiter.

עָנֵר   *n. pr., n. l.* Aner.

עָנַשׁ   *q* eine Geldbuße auferlegen, strafen.
      ni mit einer Geldbuße belegt werden; büßen müssen.

עֹנֶשׁ   Geldbuße.

עֲנָת   *n. pr.* Anat.

עֲנָתוֹת   *n. pr., n. l.* Anatot.

עַנְתוֹתִי   *n. gent.* Anatotiter.

עֲנָתֹת   *n. l.* Anatot.

עַנְתֹתִי   → עַנְתוֹתִי.

עֲנְתֹתִיָּה   *n. pr.* Anetotija.

עָסִיס   Traubensaft.

עָסַם   *q* zertreten.

עֳפִי°*   dichtes Laub.

עָפַל   *pu* aufgeblasen, vermessen sein.
      hi sich vermessen.

I עֹפֶל   II Reg 5₂₄ Hügel; *n. l.* Ofel.

II עֹפֶל*   Geschwür.

עָפְנִי   *n. l.* Ofni.

עַפְעַפַּיִם*   Strahlen; blitzende Augen.

עָפַר   *pi* bewerfen.

עָפָר   Erdkrume, lose Erde, Staub; Erdreich; Schutt; Belag, Bewurf.

עֵפֶר   *n. pr.* Efer.

עֹפֶר   Junges, Kitz.

עָפְרָה   *n. pr., n. l.* Ofra.

עֶפְרָה   *n. l.* Afra.

עֶפְרוֹן, עֶפְרֹן   *n. pr., n. l.* Efron.

עֹפֶרֶת   Blei.

עֲפָתָה   Finsternis.

עֵץ   Baum *auch coll.*; Holz; *pl. auch* Holzscheite, Holzstoß; Pfahl, Schaft.

I עצב   *pi* gestalten.
        hi abbilden.

II עצב   *q* tadeln, wehtun, betrüben.
        ni bekümmert sein, sich grämen; sich wehtun.
        pi kränken, betrüben.
        hi kränken.
        hitp gekränkt, bekümmert sein.

עֹצֶב*   Bild, Gottesbild.

עָצֵב*   Arbeiter.

I עֶצֶב   Gebilde.

II עֶצֶב   Schmerz; Kränkung; sauer Erworbenes.

I עֹצֶב*   Gottesbild.

II עֹצֶב   Schmerz, Mühsal.

עִצָּבוֹן   Beschwerde, Mühsal.

עַצֶּבֶת   Schmerz; *Ps 147*₃ Wunde.

עצה   *q* zukneifen.

עָצֶה   Schwanzbein.

I עֵצָה   Rat; Entschluß, Plan; Gemeinschaft, Kreis; *Sach 6*₁₃ Einvernehmen.

II עֵצָה*   *Ps 106*₄₃ Ungehorsam.

III עֵצָה   *Jer 6*₆ Holz.

עָצוּם   stark, mächtig; zahlreich.

עֶצְיוֹן(־)גֶּבֶר, עֶצְיֹן גֶּבֶר   *n. l.* Ezjon-Geber.

עצל   *ni* zögern.

עָצֵל   träge, faul.

עַצְלָה   Faulheit, Trägheit.

עַצְלוּת   Faulheit, Trägheit.

עַצְלְתַיִם   Faulheit.

I עצם   *q* stark, mächtig, zahlreich sein.
        pi abnagen.
        hi stark machen.

II עָצַם   *q* schließen.
        pi schließen.

I עֶצֶם   Knochen, Gebein; *pl. auch* Leiche; Wesen > genau, ge-
        rade, eben.

II עֶצֶם   *n. l.* Ezem.

עֹצֶם   Machtfülle; Gebein.

עָצְמָה*   Untat; Leiden.

עָצְמָה   Stärke, Machtfülle.

עַצְמוֹן   *n. l.* Azmon.

עֲצָמוֹת*   Beweise.

עֵצֶן*   II Sam 2 3₈ *text. corr.*

עָצַר   *q* zurückhalten, hemmen, aufhalten; festhalten, fest-
        nehmen; behalten; verschließen, versagen, verwehren;
        in Schranken halten, herrschen; עָצוּר וְעָזוּב *mehrdeutig*
        Sklave und Freier?, Unreiner und Reiner?, Unmündiger
        und Mündiger?
        ni aufhören; verschlossen sein; festgehalten werden.

עֶצֶר   Besitz?

עֹצֶר   Verschlossenheit; Bedrückung.

עֲצָרָה, עֲצֶרֶת   Feiertag.

עָקַב   *q* an der Ferse packen, hintergehen.
        pi zurückhalten.

עָקֵב   Ferse, Huf; *übertr.* Nachhut; *pl. auch* Fußspuren; *Ps*
        49₆ Widersacher.

עֵקֶב   bis zuende, bis zuletzt > Ergebnis, Lohn > dafür, daß;
        c. עַל wegen.

עָקֹב   höckerig; trügerisch; *Hos* 6₈ bespurt?

עָקְבָּה   Hinterlist.

עָקַד   *q* fesseln.

עָקֹד   gestreift.

עֵקֶד   → בֵּית עֵקֶד (הָרֹעִים).

עָקָה*   Bedrängnis.

עַקּוּב   *n. pr.* Akkub.

עִקֵּל   *pu pt.* verkehrt, verdreht.

עֲקַלְקַל*   krumm.

עֲקַלָּתוֹן   gewunden.

עָקָן   *n. pr.* Akan.

עָקַר   *q* entwurzeln, jäten.

ni zerstört werden.

pi durchschneiden.

עָקָר unfruchtbar.

I עֵקֶר Nachkommenschaft.

II עֵקֶר *n. pr.* Eker.

עַקְרָב Skorpion, Geißel.

עֶקְרוֹן *n. l.* Ekron.

עֶקְרוֹנִי *n. gent.* Ekroniter.

עקש *ni* krumme Wege gehen.

pi verdrehen, verkehren.

hi schuldig sprechen.

I עִקֵּשׁ verdreht, verkehrt, falsch.

II עִקֵּשׁ *n. pr.* Ikkesch.

עִקְּשׁוּת Verdrehtheit, Falschheit.

I עָר* Feind?

II עָר *n. terr.* Ar.

עֵר *n. pr.* Er.

I ערב *q* bürgen, Bürgschaft leisten, eintreten; zum Pfand geben, verpfänden; tauschen.

hitp eine Wette eingehen.

II ערב *hitp* sich einlassen, sich vermischen, sich einmischen

III ערב *q* angenehm sein, zusagen.

IV ערב *q* Abend werden; verschwinden.

hi spät tun.

I עֶרֶב Abend; *du. c.* בֵּין um die Abendzeit.

II עֶרֶב *I Reg* 10₁₅ *Jer* 25₂₄ *unsicher.*

III עֶרֶב Mischvolk, Gemisch.

I עֵרֶב Mischvolk, Gemisch.

II עֵרֶב Gewirktes?, Einschlag? *(webetechnisch).*

I עֲרָב Wüste.

II עֲרָב *n. gent.* Araber.

עָרֵב angenehm.

I עֹרֵב Rabe.

II עֹרֵב *n. pr.* Oreb.

עָרֹב Ungeziefer, Hundsfliege.

I עֲרָבָה* Eufratpappel.

II עֲרָבָה Steppe, Wüste; הָעֲרָבָה Jordansenke, Araba *(bis zum Golf von Akaba),* c. יָם Totes Meer.

עֲרֻבָּה   Bürgschaft; Pfand.

עֵרָבוֹן   Unterpfand.

עַרְבִי, עֲרָבִי   *n. gent.* Araber.

עַרְבָתִי   *n. gent.* Arbatiter.

עֶרֶג   *q* sich sehnen, verlangen.

עֲרָד   *n. pr.*, *n. l.* Arad.

ערה   *ni* ausgegossen werden.

       pi bloßlegen, aus der Hülle nehmen; ausgießen.

       hi entblößen; *Jes* 53₁₂ hingeben.

       hitp sich entblößen; *Ps* 37₃₅ ausladend sein.

עָרָה*   Binse?

עֲרוּגָה*   Beet.

עָרוֹד   Wildesel.

עֶרְוָה   Blöße, Scham(gegend), Geschlechtsteil; *c.* דָּבָר Schänd-
liches.

עָרוֹם   nackt, unbekleidet; notdürftig gekleidet.

עָרוֹם   → עֵירֹם.

עָרוּם   klug; listig.

עֲרוֹעֵר   *n. l.* Aroër.

עָרוּץ*   Hang.

עֵרִי   *n. pr.* Eri; *n. gent.* Eriter.

עֶרְיָה   Nacktheit, Blöße.

עֲרִיסָה*   Teig.

עֲרִיפִים*   Geträufel.

עָרִיץ   gewaltig, gewalttätig; Gewaltiger, Tyrann.

עֲרִירִי   kinderlos.

עֶרֶךְ   *q* aufschichten, zurüsten, ordnen, bereithalten; (zum
Kampf) aufstellen, antreten; gegenüberstellen > vergleichen; gleich sein; vorlegen, vorbringen.

       hi einschätzen.

עֵרֶךְ   Schicht, Reihe; Ausrüstung, Zubehör; Schätzung; *Ps*
55₁₄ כְּעֶרְכִּי meinesgleichen.

ערל   *q* nicht abernten.

       ni die Vorhaut zeigen.

עָרֵל   unbeschnitten.

עָרְלָה   Vorhaut; *auch übertr.*

עֶרֶם I   *ni* sich stauen.

עָרַם II q klug, schlau sein/werden.

hi c. סוֹד einen listigen Anschlag planen.

עָרֹם → עָרוֹם.

עָרֹם → עָירֹם.

עָרְמָה Klugheit; Hinterlist.

עֲרֵמָה Haufen.

עַרְמוֹן Platane.

עֵרָן *n. pr.* Eran.

עֵרָנִי *n. gent.* Eraniter.

עֲרֹעוֹר *l.* עֲרוֹעֵר (Jdc 11₂₆).

עֲרֹעֵר → עֲרוֹעֵר.

עַרְעָר nackt, entblößt; Wacholder.

עֲרֹעֵרִי *n. gent.* Aroëriter.

עָרַף I *q* träufeln.

עָרַף II *q* (das Genick) brechen, zerbrechen.

עֹרֶף Nacken, Genick; Rücken.

עָרְפָּה *n. pr. f.* Orpa.

עֲרָפֶל Dunkel, Wolkendunkel.

עָרַץ *q* schrecken; sich fürchten.

ni pt. furchtbar.

hi fürchten.

עָרַק *q* nagen, abnagen.

עַרְקִי *n. gent.* Arkiter.

עָרַר *q* sich entblößen.

poel bloßlegen.

pilp bloßlegen, schleifen.

hitpalp geschleift werden.

עֶרֶשׂ *f.* Bett, Ruhelager.

עֵשֶׂב Kraut, Kräuter.

עשֹׂה I *q* machen, anfertigen, hervorbringen; bewirken, tun, handeln, üben; arbeiten, tätig sein, erwerben; ausführen, begehen; bereiten; anbringen; einschreiten; vollbringen; *c.* בְּ es halten mit; *Koh* 3₁₂ *c.* טוֹב sich's wohl sein lassen.

ni gemacht, angefertigt, bereitet, ausgeführt, begangen, verwendet, erwiesen werden; getan, verübt werden; verfahren.

pu gemacht werden.

II עָשָׂה	*q Ez* 23₂₁ drücken, pressen.
	pi Ez 23₃.₈ drücken, pressen.
עֲשָׂהאֵל,	*n. pr.* Asaël.
עֲשָׂהאֵל	
עֵשָׂו	*n. pr.* Esau.
עָשׂוֹר	Zehnzahl; zehnter.
עֲשִׂיאֵל	*n. pr.* Asiël.
עֲשָׂיָה	*n. pr.* Asaja.
עֲשִׂירִי	zehnter; zehnter Teil.
עָשֹׂק	*hitp* sich zanken.
עֵשֶׂק	*n. l.* Esek.
עָשַׂר	*q* mit dem Zehnten belegen.
	pi den Zehnten erheben/geben.
	hi den Zehnten erheben/geben.
עֶשֶׂר	zehn.
עֶשֶׂר	zehn.
עֲשַׂר	→ עָשׂוֹר.
עֲשָׂרֶה	zehn.
עֲשָׂרה	zehn.
עִשָׂרֹ(וֹ)ן	Zehntel.
עֲשָׂרִי	→ עֲשִׂירִי.
עֶשְׂרִים	zwanzig, zwanzigster.
עֲשֶׂרֶת	zehn.
I עָשׁ	Motte; Eiter?
II עָשׁ	*Hi* 9₉ Löwe *(Sternbild)*.
עָשׁוֹק	Bedrücker.
עֲשׁוּקִים	Bedrückung.
עָשׂוּת	bearbeitet.
עָשְׂוָת	*n. pr.* Aschwat.
עָשִׁיר	reich, Reicher.
עָשַׁן	*q* rauchen.
I עָשָׁן	Rauch.
II עָשָׁן	*n. l.* Aschan.
עָשֵׁן	rauchend.
עָשַׁק	*q* bedrücken, Unrecht tun; erpressen.
	pu pt. mißhandelt.
עֹשֶׁק	Bedrückung, Erpressung.
עֵשֶׁק	*n. pr.* Eschek.

עֲשֻׁקָה Bedrückung.

עֲשֻׁקִים → עֲשׁוּקִים.

עָשַׁר q reich sein/werden.

hi reich machen, reich werden.

hitp sich reich stellen.

עֹשֶׁר Reichtum.

עָשֵׁשׁ q schwach werden; sich zersetzen.

I עָשֵׁת q feist werden?

II °עָשַׁת hitp gedenken.

עֶשֶׁת Platte.

°עַשְׁתּוּת Meinung?

עַשְׁתֵּי c. עָשָׂר elf, elfter.

°עֶשְׁתֹּנֶת* Gedanke, Plan.

עַשְׁתָּרוֹת → עַשְׁתָּרֹת.

עַשְׁתֹּרֶת n. pr. f. Astarte (Benennung einer Gottheit).

*עֶשְׁתָּרֹת Zuwachs.

עַשְׁתָּרֹת n. l. Aschtarot.

עֶשְׁתְּרָתִי n. gent. Aschtarotiter.

עֵת m. und f. Zeit, Zeitpunkt, Zeitabschnitt; pl. auch Zeit-läufe, Zeitwenden.

עַתָּ → עַתָּה.

עָתַד pi besorgen.

hitp bestimmt sein.

עַתָּה jetzt, nun; nun!, nun?

עָתוּד* bereit; Vorrat.

עַתּוּד* Widder, Bock; übertr. Anführer.

עִתִּי bereitstehend.

עַתַּי n. pr. Attai.

עָתִיד bereit; pl. auch Kommendes; Vorräte.

עֲתָיָה n. pr. Ataja.

עָתִיק erlesen.

עַתִּיק* abgesetzt, entwöhnt; alt (aram.).

עָתָךְ n. l. Atach.

עַתְלַי n. pr. Atlai.

עֲתַלְיָה(וּ) n. pr. f. Atalja; Esr 8₇ I Chr 8₂₆ n. pr. m.

עָתַם ni verwüstet sein?

עָתְנִי n. pr. Otni.

עָתְנִיאֵל n. pr. Otniël.

עתק   *q* fortrücken; *Ps* 6₈ matt werden?; *Hi* 21₇ altern
      (*aram.*).
      hi weiterziehen; versetzen; im Stich lassen; sammeln.

עָתָק   vorlaut, frech.

עָתֵק   stattlich?, alt angestammt?

עֵת קָצִין*   *n. l.* Et-Kazin.

I עתר   *q* beten, bitten.
      ni sich erbitten lassen, erhören, sich erbarmen.
      hi beten, bitten.

II עתר   *ni* reichlich sein?
      hi häufen?

עָתָר*   *Ez* 8₁₁ Duft; *Zeph* 3₁₀ Anbeter?

עֶתֶר   *n. l.* Eter.

עֲתֶרֶת   Fülle?

פ

פֹּא   → פֹּה.

פאה   *hi* zerschlagen.

I פֵּאָה   Seite, Rand; *du.* Schläfen.

II פֵּאָה   *Neh* 9₂₂ Stück, Teil.

III פֵּאָה   *Am* 3₁₂ Pracht.

I פאר   *pi* absuchen.

II פאר   *pi* zieren, verherrlichen.
      hitp sich verherrlichen, sich rühmen; *Ex* 8₅ *c.* עַל zu be-
      stimmen geruhen.

פְּאֵר   Kopfbinde.

פֹּארָה*   Schoß, Zweig.

פֻּארָה   Gezweig.

פְּארוּר   Glut.

פָּארָן   *n. terr.* Paran.

פַּג*   unreife Feige.

פִּגּוּל   unreines Fleisch.

פגע   *q* (auf jmd.) treffen, antreffen; gelangen; herfallen, an-
      fallen; *c.* בְּ in jmd. dringen, bitten; anstoßen (*Grenze*).
      hi treffen lassen; eintreten; *c.* בְּ jmd. dringend bitten.

פֶּגַע   Widerfahrnis, Zufall.

פַּנְעִיאֵל   *n. pr.* Pagiël.

פנר   *pi* schlaff, müde sein.

פֶּגֶר   Leichnam; *coll.* Leichname.

פנש   *q* antreffen, begegnen.
    ni sich begegnen.
    pi antreffen.

פדה   *q* loskaufen, auslösen; erlösen; *Num 18*15-17 auslösen lassen.
    ni losgekauft werden; erlöst werden.
    hi loskaufen lassen.
    ho losgekauft werden.

פְּדַהְאֵל   *n. pr.* Pedaël.

פְּדָהצוּר,   *n. pr.* Pedahzur.
פְּדָה־צוּר

פְּדוּיִם*   Loskauf.

פָּדוֹן   *n. pr.* Padon.

פְּדוּת   Erlösung.

פְּדָיָה(וּ)   *n. pr.* Pedaja.

פְּדִיוֹם   Loskauf.

פִּדְיוֹן, פִּדְיֹן   Loskaufgeld.

פַּדָּן   *n. terr.* Paddan.

פדע   *q unsicher.*

פֶּדֶר   Nierenfett.

פֶּדֶת   → פְּדוּת.

פֶּה   Mund, Maul, Rachen, Schnabel; Öffnung, Eingang; Schneide *(Schwert)*; Ausspruch, Befehl; *c.* שְׁנַיִם zwei Teile, zwei Drittel; *c.* פְ gemäß, entsprechend, soviel wie, demgemäß (daß); *c.* לְ gemäß, entsprechend, *in Verbindung mit inf.* jedesmal wenn, erst wenn; *c.* עַל gemäß.

פֹּה, פּוֹ   hier, hierher.

פּוּאָה   *n. pr.* Pua.

פוג   *q* kalt, schlaff sein/werden.
    ni erschlafft, kraftlos sein.

פוּגָה*   Erschlaffen.

פֻּנָה, פֻּוָה   *n. pr.* Puwa.

פוח   *q* wehen.

hi schnauben, hervorstoßen, hervorbringen; *Cant* 4₁₆ duften lassen.

פוּט   *n. gent.* Put.

פוּטִיאֵל   *n. pr.* Putiël.

פוֹטִיפַר   *n. pr.* Potifar.

פוֹטִי פֶרַע   *n. pr.* Potifar.

פוּךְ   Schminke; Mörtel.

פוֹל   Bohne.

פוּל   *n. pr., n. gent.* Pul.

פוּן   *q* ratlos sein?

פוּנֶה   *l.* הַפָּנָה (II Chr 25₂₃).

פוּנִי   *n. gent.* Puniter.

פוּנֹן   *n. l.* Punon.

פוּעָה   *n. pr. f.* Pua.

פוּץ   *q* sich zerstreuen; verdrängt werden, überfließen.
ni zerstreut werden; *II Sam* 18₈ *l.* Q sich ausweiten.
hi zerstreuen, ausstreuen; sich zerstreuen; *Hi* 18₁₁ hetzen; *Hi* 40₁₁ sich ergießen lassen.

פוּק   *q* taumeln.
hi wackeln; bekommen; finden lassen, gewähren.

פוּקָה   Stolpern.

פוּר   *hi* brechen, vereiteln.

פוּר   Los; *pl.* Purimfest.

פוּרָה   Kelter.

פוֹרָתָא   *n. pr.* Porata.

I פוּשׁ   *q* stampfen.

II פוּשׁ   *ni* zerstreut sein.

פוּתִי   *n. gent.* Putiter.

פָז   gediegenes Gold.

I פזז   *ho pt.* in Gold gefaßt.

II פזז   *q* flink sein.
pi hüpfen.

פור   *q pt. pass.* versprengt.
ni zerstreut werden.
pi zerstreuen, ausstreuen.
pu pt. zerstreut.

I פַח   Klappnetz.

II *פַח   Platte.

פחד   *q* beben, sich fürchten; *Jes* 60₅ hüpfen.

     pi sich fürchten; *Prov* 28₁₄ gottesfürchtig sein.

     hi zum Beben bringen.

I פַּחַד   Beben, Schrecken; *Hi* 39₁₆ *c.* בְּלִי unbekümmert; *c.* יִצְחָק Schrecken Isaaks?, Verwandter Isaaks? *(Benennung eines Gottes).*

II* פַּחַד   Keule; Schenkel.

פַּחְדָּה*   Schrecken.

פֶּחָה   Statthalter; Beauftragter.

פחז   *q pt.* frech, zuchtlos.

פַּחַז   Überschäumen.

פַּחֲזוּת*   Geflunker.

פחח   *hi* gefangen sein?

פֶּחָם   Holzkohle.

פַּחַת   Grube.

פַּחַת מוֹאָב   *n. pr.* Pahat-Moab.

פְּחֶרֶת   (eingefressene) Vertiefung.

פִּטְדָה   *gelber Edelstein* Chrysolith?

פַּטִירִים   *l. Q (I Chr* 9₃₃) dienstfrei.

פַּטִּישׁ   Schmiedehammer.

פטר   *q* entweichen; freilassen, freien Lauf geben; *I Reg* 6 פְּטוּרֵי צִצִּים Blumengehänge?, Knospen? *hi c.* בְּשָׂפָה den Mund (verächtlich) verziehen.

פֶּטֶר   Erstgeburt.

פִּטְרָה*   Erstgeburt.

פִּי   → פֶּה.

פִּי־בֶסֶת   *n. l.* Pi-Beset.

פִּיד   Unglück, Untergang.

פִּי הַחִירֹת   *n. l.* Pi-Hahirot.

פֵּיוֹת   *pl. von* פֶּה.

פִּיחַ   Ruß.

פִּיכֹל   *n. pr.* Pichol.

פִּילֶנֶשׁ   → פִּלֶגֶשׁ.

פִּים   *Gewichtseinheit* Pim *(zwischen 7,17 und 7,77 g).*

פִּימָה   Fett.

פִּינְחָם   *n. pr.* Pinehas.

פִּינֹן   *n. gent.?* Pinon.

פִּיפִיּוֹת   mit doppelten Schneiden.

פִּישׁוֹן   *n. fl.* Pischon.

פִּיתוֹן   *n. pr.* Piton.

פַּךְ   Krug.

פכה   *pi* rieseln.

פֹּכֶרֶת הַצְּבָיִים   *n. pr.* Pocheret-Hazzebajim.

I פלא   *ni* zu schwer, zu schwierig sein; ungewöhnlich, wunderbar sein; *pt. pl. f. auch* Wunder, Wundertaten, Wunderwerke, *Hi 37₅* auf wunderbare Weise, *Dan 8₂₄* auf ungeheuerliche Weise, *Dan 11₃₆* Unerhörtes.
hi wunderbar machen, wunderbar tun; wunderbar (be-)handeln; *inf. abs. auch* auf wunderbare Weise.
hitp sich als wunderbar erweisen.

II פלא   *pi* erfüllen *(Gelübde).*
hi leisten *(Gelübde).*

פֶּלֶא   Ungewöhnliches, Wunder, Wunderbares; *Thr 1₉* auf schreckliche Weise; *Dan 12₆* wunderbares Geschehnis.

פִּלְאִי   *l. Q (Jdc 13₁₈)* wunderbar.

פַּלֻּאִי   *n. gent.* Palluïter.

פִּלְאִיָּה   *l. Q (Ps 139₆)* wunderbar.

פְּלָאיָה   *n. pr.* Pelaja.

פלג   *ni* sich teilen.
pi spalten, furchen.

I פֶּלֶג   Kanal, Wassergraben, Bach.

II פֶּלֶג   *n. pr.* Peleg.

פְּלַגָּה*   Abteilung; Rinnsal.

פְּלֻגָּה*   Abteilung.

פִּלֶגֶשׁ   *f.* Nebenfrau; *Ez 23₂₀ m.* Lüstling.

פְּלָדָה*   Stahl?

פִּלְדָּשׁ   *n. pr.* Pildasch.

פלה   *ni* ausgezeichnet, ausgewählt werden.
hi besonders behandeln; einen Unterschied machen.

פַּלּוּא   *n. pr.* Pallu.

פְּלֹנִי   → פְּלֹנִי.

פלח   *q* furchen.
pi spalten; zerschneiden; gebären, werfen.

פֶּלַח   *f.* Scheibe; Mühlstein; *c.* דְּבֵלָה zu einer Scheibe gepreßte Feigen.

פִּלְחָא   *n. pr.* Pilha.

פלט   *q* entkommen.

      pi in Sicherheit bringen, retten; *Hi 21*₁₀ gebären, werfen; *Hi 23*₇ durchsetzen *(Recht)*.

פֶּלֶט   *n. pr.* Pelet.

פְּלֵטָה   → פְּלֵיטָה.

פַּלְטִי   *n. pr.* Palti;   *n. gent.* Paltiter.

פִּלְטַי   *n. pr.* Piltai.

פַּלְטִיאֵל   *n. pr.* Paltiël.

פְּלַטְיָה(וּ)   *n. pr.* Pelatja.

פְּלָיָה   *n. pr.* Pelaja.

פָּלִיט   Entronnener, Flüchtling *auch coll.*

פָּלֵיט*   Entronnener, Flüchtling.

פְּלֵיטָה   Entronnenes, Übriggebliebenes, Entrinnen, Rettung.

פָּלִיל*   Richter.

פְּלִילָה   Entscheidung.

פְּלִילִי   vor den Richter gehörig.

פְּלִילִיָּה   Urteilsspruch.

I פֶּלֶךְ   Spinnwirtel.

II פֶּלֶךְ   Kreis, Bezirk.

I פלל   *pi* richten, entscheiden; *Gen 48*₁₁ vermuten; *Ez 16*₅₂ eintreten.

      hitp Schiedsrichter sein.

II פלל   *hitp* beten, bitten.

פָּלָל   *n. pr.* Palal.

פְּלַלְיָה   *n. pr.* Pelalja.

פַּלְמוֹנִי   der und der.

פְּלֹנִי   ein bestimmter, ein gewisser; *c.* אַלְמֹנִי der und der.

I פלם   *pi* bahnen; *Ps 58*₃ den Weg bahnen.

II פלם   *pi Prov 5* beachten, beobachten.

פֶּלֶם   Waage.

פלץ   *hitp* erbeben.

פַּלָּצוּת   Erbeben.

פלש   *hitp* sich wälzen.

פְּלֶשֶׁת   *n. terr.* Philistäa.

פְּלִשְׁתִּי   *n. gent.* Philister.

פֶּלֶת   *n. pr.* Pelet.

פְּלֵתִי   *n. gent.* Pleti, Pleter.

פֶּן־   daß nicht, damit nicht; *Prov 25*₈ sonst.

פֶּנַג   *Nahrungsmittel, unerklärt.*

פנה   *q* sich wenden, hinwenden, eine Richtung einschlagen; sich kümmern; erwarten; sich umwenden, sich umdrehen; weitergehen; sich aufmerksam zuwenden; anbrechen, sich neigen *(Tageszeit)*; zuwenden *(Rücken)*; gerichtet, gelegen sein.

      pi wegschaffen, aufräumen, freiräumen, bahnen.

      hi sich wenden, sich umwenden, weichen; zuwenden *(Rücken)*, wenden.

      ho sich wenden; gerichtet, gelegen sein.

*פָּנֶה   Gesicht, Angesicht; Aussehen, Miene; Selbst; Blick; Absicht; sichtbare Seite, Oberfläche, Vorderseite, Schneide *(Schwert)*; Joel 2₂₀ Vorhut; *c.* מִלְחָמָה Front; (הַ)פָּנִים (לֶחֶם) שֻׁלְחַן Schaubrottisch; vorn, früher, ehemals.

      c. אֶל פְּנֵי vor—hin, entlang; *c.* אֵת vor; *c.* בְּ vor, gegen; *c.* לְ vor, vor—hin, vor—her, ehe, schneller als; מִלְפְּנֵי vor, fort von, von—aus, wegen; *c.* מִן vor, von—fort, von—aus, vonseiten, wegen, Hi 17₁₂ im Vergleich; *c.* עַל vor, angesichts, gegenüber, gegen, zum Schaden von.

פִּנָּה   Ecke, Eckturm, Zinne; Anführer.

פְּנוּאֵל   *n. pr., n. l.* Penuël.

פְּנָחָס   → פִּינְחָס.

פְּנִיאֵל   *n. l.* Peniël.

פְּנִיִּים   *l. Q (Prov* 3₁₅).

פָּנִים   *pl. von* פָּנֶה.

פְּנִימָה   hinein, inwendig; *c.* לְ innen, nach innen; *c.* מִן inwendig.

פְּנִימִי   innerer.

פְּנִינִים   Korallen.

פְּנִנָּה   *n. pr. f.* Peninna.

פנק   *pi* verzärteln.

*פַּס   *pl.* bunt?, knöchellang?

פסג   *pi* durchwandeln?

פִּסְגָּה   *n. l.* Pisga.

פַּס דַּמִּים   *n. l.* Pas-Dammim.

*פָּרָה   Fülle?

פסח   *q* lahmen, hinken; vorbeigehen, verschonen.

ni lahm werden.

pi herumhinken *(Kulttanz)*.

פֶּסַח   Passa; Passaopfer.

פֶּסֵחַ   *n. pr.* Paseach.

פִּסֵּחַ   lahm.

פָּסִיל*   Gottesbild.

פֶּסַךְ   *n. pr.* Pasach.

פסל   *q* behauen.

פֶּסֶל   Gottesbild.

פסס   *q* aufhören, verschwinden.

פִּסְפָּה   *n. pr.* Pispa.

פעה   *q* stöhnen.

פָּעוּ   *n. l.* Pau.

פְּעוֹר   *n. pr.* *(Benennung einer Gottheit)*, *n. l.* Peor.

פָּעִי   *n. l.* Païˈ.

פעל   *q* machen, (ver)üben, begehen, bearbeiten; tun, antun, vollbringen, ausführen; *Hi* 36₃ *pt.* Schöpfer.

פֹּעַל   Tat, Arbeit, Werk; Tun, Wirken; Lohn, Erwerb.

פְּעֻלָּה*   Arbeit, Tat; Verdienst, Lohn, Strafe.

פְּעֻלְּתַי   *n. pr.* Pëulletai.

פעם   *q* umtreiben.

ni umgetrieben werden.

hitp beunruhigt werden.

פַּעַם   *f.* Fuß, Tritt, Schritt; *Jes* 41₇ Amboß; Mal, -mal; *Neh* 13₂₀ einmal; הַפַּעַם diesmal, endlich; פַּעַם—פַּעַם bald—bald; בְּפַעַם(־)כְּפַעַם wie immer.

פַּעֲמוֹן   Glöckchen.

פַּעְנֵחַ   → צָפְנַת פַּעְנֵחַ.

פער   *q* aufsperren.

פַּעֲרַי   *n. pr.* Paarai.

פצה   *q* aufreißen, aufsperren; *Ps* 66₁₄ sich auftun; *Ps 144 aram.* befreien.

פצח I   *q* heiter sein.

פצח II   *pi* zerschlagen.

פְּצִירָה   Schärfen.

פצל   *pi* entrinden, abschälen.

פְּצָלוֹת   Streifen.

פצם   *q* spalten.

פצע   *q* verwunden, zerquetschen.

פֶּצַע   Wunde.

פצץ   *poel* zerschlagen.

       pilp zerschmettern.

       hitpo zerschlagen werden.

פַּצֵּץ   → בֵּית פַּצֵּץ.

פִּצֵּץ   *n. pr.* Pizzez.

פצר   *q* in jmd. dringen, nötigen.

       hi widerspenstig sein.

פָּק   Wanken.

פקד   *q* suchen, aufsuchen, Nachschau halten; sich kümmern um, sich annehmen; vermissen, sich sehnen nach; ausheben, mustern; betrauen, bestallen, setzen, befehlen, anbefehlen; zur Verantwortung ziehen, ahnden; *II Reg* 5₂₄ hinterlegen; *Num* 4₃₂ anvertrauen.

       ni vermißt werden, fehlen, abgehen; aufgeboten, in ein Amt gesetzt, zur Verantwortung gezogen werden; widerfahren; betroffen werden.

       pi mustern.

       pu aufgeboten werden; festgestellt werden.

       hi beordern, bestellen, betrauen, übergeben; hinterlegen, in Gewahrsam bringen, anvertrauen; *Lev* 26₁₆ verhängen; *I Sam* 29₄ anweisen; *Jes* 10₂₈ zurücklassen.

       ho bestellt, betraut werden; hinterlegt, deponiert werden; *Jer* 6₆ zur Verantwortung gezogen werden.

       hitp gezählt, gemustert werden.

       hotpaal gezählt, gemustert werden.

פְּקֻדָּה   Amt, Dienst, Dienstabteilung; Obhut, Fürsorge; Posten; Verwaltung; Ahndung, Heimsuchung; Musterung, Zählung; *Num* 16₂₉ Widerfahrnis; *Jes* 15₇ Übriggebliebenes; *Jer* 52₁₁ *c.* בַּיִת Gefängnis.

פִּקָּדוֹן   Hinterlegtes, Vorrat.

פְּקִדֻת   *c.* בַּעַל Wachthabender.

פְּקוֹד   *n. gent., n. terr.* Pekod.

*פְּקוּדִים   *Ex* 38₂₁ Kostenberechnung.

*פִּקֻּדִים   Anweisungen.

פקח   *q* öffnen; *Ps* 146₈ die Augen öffnen.

       ni geöffnet werden.

פֶּקַח   *n. pr.*   Pekach.

פִּקֵחַ   sehend.

פְּקַחְיָה   *n. pr.*   Pekachja.

פְּקַח־קוֹחַ   Auftun, Öffnung.

פָּקִיד   Beauftragter, Aufseher, Beamter.

פְּקָעִים°   koloquintenartige Verzierung.

פַּקֻּעֹת°   Koloquinten.

פַּר   (männliches) Jungrind, Jungstier.

פרא   *hi* gedeihen?, Frucht tragen?

פֶּרֶא   Wildesel *oder* Zebra.

פִּרְאָם   *n. pr.*   Piram.

פַּרְבָּר   Vorhof.

פרד   *q pt. pass.* ausgespannt

     ni sich teilen, sich trennen; getrennt, abgesondert sein.

     pi auf die Seite gehen.

     pu pt. abgesondert.

     hi trennen, absondern; zerstreuen.

     hitp sich trennen, sich zerstreuen.

פֶּרֶד   Maultier.

פִּרְדָּה   (weibliches) Maultier.

פְּרֻדוֹת   Saatkörner?

פַּרְדֵּס   Baumgarten, Park.

פרה   *q* fruchtbar sein, Frucht bringen.

     hi fruchtbar machen.

פָּרָה I   Kuh.

פָּרָה II   *n. l.*   Para.

פֶּרֶה   → פֶּרֶא.

פֻּרָה   *n. pr.*   Pura.

פְּרוּדָא   *n. pr.*   Peruda.

פְּרָוזִים   *l. Q (Est* 9₁₉).

פָּרוּחַ   *n. pr.*   Paruach.

פַּרְוַיִם   *n. l.*   Parwajim.

פַּרְוָר*   Vorhof.

פָּרוּר   Topf, Kochtopf.

פָּרוֹת   → חֲפֹר פֵּרוֹת.

פֶּרֶז*, פָּרָז*   *Hab* 3₁₄ *text. corr.*

פְּרָזוֹן   Bewohner des offenen Landes?

פְּרָזוֹת   offenes Land.

פְּרָזִי	Bewohner des offenen Landes; offenes Land.
פְּרִזִּי	n. gent. Perisiter.
I פרח	q sprossen, treiben, blühen; ausbrechen *(Hautkrankheit)*, aufbrechen *(Geschwür)*.
	hi zum Sprossen, Blühen bringen; aufblühen.
II °פרח	q pt. fliegend?
פֶּרַח	Knospe, Blüte *(auch als Ornament)*.
פִּרְחַח	Brut?
פרט	q plärren?
פֶּרֶט	abgefallene Beeren.
פְּרִי	Frucht *(auch im weitesten Sinn)*.
פְּרִידָא	n. pr. Perida.
פָּרִיץ	Einbrecher, Räuber; *Jes* 35₉ reißend.
פֶּרֶךְ	Mißhandlung.
פָּרֹכֶת	Vorhang.
פרם	q zerreißen.
פַּרְמַשְׁתָּא	n. pr. Parmaschta.
פַּרְנָךְ	n. pr. Parnach.
פרס	q brechen.
	hi Klauen, gespaltene Hufe haben.
פֶּרֶס	Geier?
פָּרַס	n. gent. Perser; n. terr. Persien.
פַּרְסָה	Klaue; Huf.
פַּרְסִי	n. gent. Perser.
פרע	q frei hängen lassen, lösen; freilassen, sich selbst überlassen, unbeachtet lassen; pt. pass. auch zügellos.
	ni zügellos werden, verwildern.
	hi nachlässig sein lassen; Verwilderung aufkommen lassen.
I פֶּרַע	frei hängendes Haupthaar.
II פֶּרַע	→ פּוֹטִי פֶרַע.
פַּרְעֹה	Pharao.
I פַּרְעֹשׁ	Floh.
II פַּרְעֹשׁ	n. pr. Parosch.
פִּרְעָתוֹן	n. l. Piraton.
פִּרְעָת(וֹ)נִי	n. gent. Piratoniter.
פַּרְפַּר	n. fl. Parpar.
פרץ	q reißen, einreißen, einbrechen, durchbrechen; über-

laufen, sich ausbreiten; eine Lücke reißen, eine Bresche schlagen; in jmd. dringen.

ni pt. häufig.

pu pt. eingerissen.

hitp sich losreißen.

פֶּרֶץ I   Riß, Lücke, Bresche, Durchbruch.

פֶּרֶץ II   *n. pr.* Perez.

פַּרְצִי   *n. gent.* Pereziter.

פְּרָצִים   *n. l.* Perazim.

פֶּרֶץ עֻזָּא,   *n. l.* Perez-Usa.

פֶּרֶץ עֻזָּה

פרק   *q Ps* 7₃ reißen?; *aram.* losreißen, befreien.

pi abreißen, zerreißen.

hitp sich abreißen; ausgerissen werden.

פֶּרֶק   Scheideweg; Raub.

פָּרָק*   Eingebrocktes.

פרר I   *hi* brechen, zerstören, aufheben, vereiteln, ungültig machen; platzen *(Frucht)*.

ho zerbrochen, aufgehoben, vereitelt werden.

פרר II   *q Jes* 24₁₉ *inf. abs. in Verbindung mit hitpo.*

poel aufstören.

pilp schütteln.

hitpo hin- und herschwanken.

פרשׂ   *q* ausbreiten, ausspannen, ausstrecken; *Jes* 33₂₃ flattern lassen; *Mi* 3₃ *Thr* 4₄ → פרם.

ni zerstreut werden.

pi ausbreiten, zerstreuen.

פרש   *q* Bescheid geben.

ni l. נִפְרָשׂת *(Ez* 34₁₂).

pu bestimmt werden; *pt.* abschnittweise.

hi Gift absondern?, stechen?

פֶּרֶשׁ I   Mageninhalt.

פֶּרֶשׁ II   *n. pr.* Peresch.

פָּרָשׁ   Reiter; Reitpferd.

פַּרְשֶׁגֶן°   Abschrift.

פַּרְשְׁדֹן*   Schlupfloch.

פָּרָשָׁה*   genaue Angabe.

פרשז   ausbreiten.

פַּרְשַׁנְדָּתָא	*n. pr.* Parschandata.
פְּרָת	*n. fl.* Euphrat.
פֹּרָת	*q pt. f. von* פרה.
פַּרְתְּמִים	Edle.
פָּשָׂה	*q* sich ausbreiten.
פָּשַׂע	*q* schreiten.
פֶּשַׂע	Schritt.
פָּשַׂק	*q* aufreißen.
	pi spreizen.
פַּשׁ	*l.* פָּשַׁע *(Hi* 35₁₅*).*
פָּשַׁח	*pi* zerreißen.
פַּשְׁחוּר	*n. pr.* Paschhur.
פָּשַׁט	*q* ausziehen, abstreifen; sich ausziehen, sich entpuppen; losziehen.
	pi ausplündern.
	hi ausziehen, entkleiden, abstreifen; enthäuten.
	hitp sich ausziehen.
פָּשַׁע	*q* brechen (mit), sich vergehen, sich auflehnen, sich empören.
	ni pt. treulos behandelt.
פֶּשַׁע	Verbrechen, Auflehnung, Empörung; *Mi* 6₇ Sühne?
פֵּשֶׁר°	Deutung, Auslegung.
פֵּשֶׁת*	Flachs, Leinen; פִּשְׁתֵּי הָעֵץ Flachsstengel.
פִּשְׁתָּה	Flachs, Leinen; Docht.
פַּת	Brocken, Bissen.
פֹּת*	Stirn; Stirnseite, Fassade.
פִּתְאוֹם	→ פִּתְאֹם.
פְּתָאִים	*pl. von* פֶּתִי.
פִּתְאֹם	augenblicklich, plötzlich, überraschend.
פַּת־בַּג°	Speise, Verpflegung, Tafel.
פִּתְגָּם°	Bescheid, Verordnung, Spruch.
I פתה	*q* unerfahren, einfältig sein; sich betören, verführen lassen.
	ni sich betören lassen.
	pi betören, verleiten, verführen; überreden; täuschen, betrügen.
	pu sich verführen lassen, verführt werden; sich überreden lassen.

II פָּתָה֫° *q* aufreißen?
              hi weiten Raum schaffen.

פְּתוּאֵל *n. pr.* Petuël.

פִּתּוּחַ Gravierung, Schnitzwerk.

פְּתוֹר *n. l.* Petor.

פְּתוֹת* Stück, Brocken.

I פָּתַח *q* auftun, öffnen; entblößen; erobern *(Stadt)*; ziehen
            (Schwert); lösen *(Rätsel)*; feilhalten *(Korn)*.
            ni geöffnet werden; sich öffnen; losgemacht, entfesselt
            werden; *Hi* 32₁₉ Luft gemacht werden.
            pi öffnen, lösen, losbinden; sich öffnen; aufbrechen;
            Gen 24₃₂ abschirren.
            hitp lösen.

II פָּתַח *pi* eingravieren, schnitzen.
            pu pt. graviert.

פֶּתַח Öffnung, Eingang, Tür, Tor.

פֵּתַח Eröffnung, Mitteilung.

פִּתָּחוֹן* Auftun.

פְּתַחְיָה *n. pr.* Petachja.

I פֶּתִי unerfahren, einfältig.

II פֶּתִי Einfalt.

פְּתִיגִיל feines Gewand, Prunkkleid.

פְּתַיּוּת Einfalt.

פְּתִיחָה^ gezückte Waffe.

פָּתִיל Faden, Schnur, Strang.

פתל *ni Gen* 30₈ ringen, kämpfen; *pt.* verschlagen, hinter-
            listig.
            hitp sich als verschlagen, hinterlistig erweisen.

פְּתַלְתֹּל falsch, verderbt.

פִּתֹם *n. l.* Pitom.

פֶּתֶן° Kobra.

פֶּתַע Augenblick; *adv.* augenblicklich, im Nu.

פתר *q* deuten, auslegen.

פַּתְרוֹם *n. terr.* Patros (Oberägypten).

פַּתְרֻסִים *n. gent.* Patrositer (Oberägypter).

פִּתָּרוֹן* Deutung, Auslegung.

פַּתְשֶׁגֶן° Abschrift.

פתת *q* zerbröckeln.

צ

צֵא   *Jes 30₂₂* Schmutz *oder imp. von* יצא hinaus!

צֵאָה*   Kot.

צֹאָה   Kot, Unflat, Ekles.

צֹאִי*   beschmutzt.

צֶאֱלִים   Brustbeerbaum.

צֹאן   *coll.* Kleinvieh; *I Sam 25₂* Schafe.

צַאֲנָן   *n. l.* Zaanan.

צֶאֱצָאִים   Sprößlinge, Nachkommen.

I צָב   überdeckter Wagen, Lastwagen.

II צָב   *Lev 11₂₉* Dornschwanzeidechse.

צבא   *q* in den Krieg ziehen, Dienst tun.
     hi ausheben.

I צָבָא   Heer, Heerhaufen; Heeresdienst; Frondienst; Kultdienst; *pl.* Heerscharen.

II צָבָא*   *Nf. von* II צְבִי Gazelle.

צְבָא   → צִיבָא.

צְבָאָה*   Gazellenweibchen.

צְבֹאִים   *n. l.* Zeboïm.

צֹבֵבָה   *n. pr.* Zobeba.

צבה   *q* anschwellen.
     hi anschwellen lassen.

צֹבָה   → צוֹבָא.

צָבֶה*   *q pt. von* צבא.

צָבֶה*   angeschwollen.

צָבוֹעַ   Hyäne.

צבט   *q* reichen.

I צְבִי   Zierde, Herrlichkeit.

II צְבִי   Gazelle.

צְבִיא   *n. pr.* Zibja.

צִבְיָה   *n. pr. f.* Zibja.

צְבִיָּה   Gazellenweibchen.

צְבֹיִ(י)ם   → צְבֹאִים.

צֶבַע   buntes Tuch.

צִבְעוֹן   *n. pr.* Zibon.

צְבֹאִים   *n. l.* Zeboïm.

צבר   *q* aufschütten, anhäufen.

צֶבֶר*   Haufe.

צֶבֶת*   Ährenbündel.

I צַד   Seite, Flanke, Hüfte.

II צַד*   Schlinge.

צָדָד*   *n. l.* Zadad.

I צדה   *q* nachstellen.

II צדה°   *ni* verheert werden.

צֵדָה   → צֵידָה.

צָדוֹק   *n. pr.* Zadok.

צְדִיָּה   böse Absicht, Vorsatz.

צִדִּים   *n. l.* Ziddim.

צַדִּיק   schuldlos, im Recht befindlich, gerecht; fromm, recht, richtig.

צִדֹנִי   → צִידֹנִי.

צִדֹנִית   → צִידֹנִי.

צדק   *q* schuldlos sein, im Recht sein, Recht behalten, gerecht sein.

ni in die Rechte eingesetzt werden.

pi als gerecht erscheinen lassen; sich im Recht betrachten; als im Recht befindlich erklären; *c.* נֶפֶשׁ sich als gerecht erweisen.

hi für schuldlos erklären; als schuldlos behandeln; für im Recht befindlich erklären; Recht schaffen, Recht geben, zum Recht verhelfen.

hitp sich rechtfertigen.

צֶדֶק   Rechtes, Richtiges; Recht; Gerechtigkeit; Heil.

צְדֹק   → צָדוֹק.

צְדָקָה   rechtes Verhalten, Gerechtigkeit; Frömmigkeit; Schuldlosigkeit; Rechtsanspruch, Recht; Heil, Güte; *pl. auch* gerechte Sache, gerechte Taten, Gerechtigkeitstaten, Heilstaten, Rechtschaffenheit, Frömmigkeit.

צִדְקִיָּה(וּ)   *n. pr.* Zedekia.

צהב   *ho pt* rotglänzend.

צָהֹב   rotglänzend.

I צהל   *q* wiehern; jauchzen.

pi gellen lassen.

II צהל   *hi* zum Glänzen bringen.

צהר   *hi* Öl pressen.

צֹהַר   Dach.

צָהֳרַיִם   Mittag, Mittagszeit.

צַו, צָו   Zaw *Bedeutung unsicher; lautäffend?, Buchstabenbe-zeichnung?*

צַוָּאר   Hals, Nacken.

צֹובָא, צֹובָה   *n. l., n. terr.* Zoba.

צוד   *q* jagen, nachstellen; belauern.
        pol einfangen.

צוה   *pi* bestellen, beordern, aufbieten; beauftragen, be-fehlen.
        pu Befehl erhalten, beauftragt werden.

צוח   *q* schreien.

צְוָחָה   Geschrei.

צוּלָה   Abgrund.

צום   *q* fasten.

צֹום   Fasten, Fastenzeit.

צוּעָר   *n. pr.* Zuar.

צֹועָר   → צֹעַר.

צוף   *q* strömen.
        hi fluten lassen; zum Schwimmen bringen.

I צוּף   Honigseim.

II צוּף   *n. pr.* Zuf.

צֹופַח   *n. pr.* Zofach.

צֹופַי   *n. pr.* Zofai.

צֹופִים   *Bestandteil von n. l.* Ramatajim-Zofim.

צֹופַר   *n. pr.* Zofar.

I צוץ   *q* blühen.
        hi blühen; *Ps 132*18 strahlen.

II צוץ   *hi* blicken.

I צוק   *hi* bedrängen, zusetzen.

II צוק   *q* gießen.

צֹוק   Bedrängnis.

צוּקָה   Bedrängnis.

I צור   *q* verschnüren; umfassen, einschließen, belagern; *Jdc* 9₃₁ zusammenfassen, aufwiegeln; *Jes 29*₃ *c.* מֵצָב ringsum Posten aufstellen; *Cant 8*₉ verrammeln.

צוּר II   *q* anfeinden, bedrängen.
צוּר III   *q* entwerfen; gestalten, bilden.
צוּר I   Felsblock, Fels.
צוּר II   Kiesel, Feldspat.
צוּר III   *n. pr.* Zur.
צוֹר   → צֹר II.
צַוָּר*   → צַוָּאר.
צוּרָה*   Grundriß; Gestalt.
צוּרִיאֵל   *n. pr.* Zuriël.
צוּרִישַׁדָּי,   *n. pr.* Zurischaddai.
צוּרִי(־)שַׁדָּי
צַוְּרֹנִים*   Halsschmuck.
צוּת   *hi* anzünden.
צַח   flimmernd, glänzend; *Jes 18₄ Jer 4₁₁ Zach (Monatsname, Sommer?).*
צְחָא   → צִיחָא.
צָחֶה*   ausgedorrt.
צחח   *q* glänzend, weiß sein.
צְחָחִים   *l. Q (Neh 4₇).*
צָחִיחַ*   Glänzendes, Kahles; *Neh 4₇ offene Stelle?*
צְחִיחָה   kahles, verbranntes Gelände.
צַחֲנָה*   Gestank, Moder.
צִחְצָחוֹת   kahles, verbranntes Gelände.
צחק   *q* lachen.
     pi tändeln, scherzen; sich lustig machen, sich belustigen; Kurzweil treiben.
צְחֹק   Gelächter, Spott.
צַחַר   *n. l.?* Zahar.
צָחֹר*   weiß?, gelblich-rot?
צֹחַר   *n. pr.* Zohar.
צִי* I   Schiff.
צִי II   Dämon.
צִיבָא°   *n. pr.* Ziba.
ציד   *hitp* als Proviant mitnehmen.
צַיִד I   Jagd, Jagdbeute.
צַיִד II   Futter, Speise, Proviant.
צַיָּד*   Jäger.
צֵידָה   Proviant.

צִידוֹן, צִידֹן   *n. pr., n. l.* Sidon.

צִידֹנִי, צִידֹנִי   *n. gent.* Sidoniter.

צִיָּה   Trockenheit; trockene, wasserlose Gegend.

צִיּוֹן   trockene, wasserlose Gegend.

צִיּוֹן   *n. l.* Zion.

צִיּוּן   Steinmal, Wegweiser.

צִיחָא   *n. pr.* Ziha.

צִינֹק   Halseisen.

צִיעֹר   *n. l.* Zior.

צִיף   *l. Q (I Chr 6₂₀).*

I צִיץ   *coll.* Blüten, Blumen; Stirnblatt.

II צִיץ   → הַצִּיץ.

*צִיצָה   Blume.

צִיצִת   Haarschopf; Quaste.

צִיקְלַג   → צִקְלַג.

צִיר   *hitp unsicher.*

I צִיר   Bote.

II *צִיר   *pl.* Wehen, Krämpfe.

III *צִיר   *Jes 45₁₆* Bild, Gestalt; *Ps 49₁₅ l. K.*

IV *צִיר   *Prov 26₁₄* Türzapfenloch.

צֵל   Schatten.

צלה   *q* braten.

צִלָּה   *n. pr. f.* Zilla.

צְלוּל   *l. K (Jdc 7₁₃)* Fladen.

צלח   *q* tauglich, stark, wirksam sein; taugen; Gelingen, Erfolg haben; *c.* רוּחַ sich bemächtigen.
hi Erfolg haben; gelingen lassen, Gelingen geben.

צְלֹחִית°   Schüssel.

*צַלַּחַת, צְלֹחַת   Schüssel.

צְלִי   Gebratenes.

I צלל   *q* gellen; beben.

II צלל   *q* untergehen.

III צלל   *q* schattig, dunkel werden.
hi Schatten spenden.

צְלָלוֹ, צְלָלֵי,   *Formen von* צֵל.
צְלָלִים

צֶלֶם   Statue, Abbild, Bild.

צַלְמוֹן   *n. pr., n. l.* Zalmon.

צַלְמָוֶת   Finsternis.

צַלְמֹנָה   n. l. Zalmona.

צַלְמֻנָּע   n. pr. Zalmunna.

צלע   q hinken, lahmen.

צֶלַע   Straucheln.

I צֵלָע   Rippe; Seite; Seitenraum, Anbau; Türflügel; Brett; Tragbalken.

II צֵלָע   n. l. Zela.

צָלָף   n. pr. Zalaf.

צְלָפְחָד   n. pr. Zelofhad.

צְלְצַח   n. l. Zelzach.

צְלָצַל   Grille.

צִלָצָל*   Harpune.

צֶלְצְלִים   Becken (Musikinstrument).

צֶלֶק   n. pr. Zelek.

צִלְּתַי   n. pr. Zilletai.

צמא   q dürsten.

צָמָא   Durst.

צָמֵא   dürstend, durstig.

צִמְאָה   Durst.

צִמָּאוֹן   dürstendes, wasserloses Gebiet.

צמד   ni sich einlassen mit.
     pu pt. angebunden.
     hi vorspannen.

צֶמֶד   Gespann; Joch (Flächenmaß, Tagespflugleistung eines Ochsengespanns).

צַמָּה*   Schleier.

צִמּוּקִים   getrocknete Weintrauben.

צמח   q sprossen.
     pi sprossen, wieder sprossen.
     hi sprossen lassen; zum Sprießen bringen.

צֶמַח   Sprossen, Wachstum; Gewächs, Sproß.

I צָמִיד   Armspange.

II צָמִיד   Verschluß.

צַמִּים   Fanggerät Schlinge?

צְמִיתֻת   c. לְ unwiderruflich.

צמק   q vertrocknen, welken.

צִמֻּקִים   → צִמּוּקִים.

צֶמֶר   Wolle.

צְמָרִי   *n. gent.* Zemariter.

צְמָרַיִם   *n. l.* Zemarajim.

צַמֶּרֶת   Wipfel.

צמת   *q* zum Schweigen bringen, vernichten.
     ni zum Schweigen gebracht, vernichtet werden.
     pil zum Schweigen bringen, vernichten.
     hi zum Schweigen bringen, vernichten.

צְמִתֻת   → צְמִיתֻת.

צֵן*   Dorn, Haken.

צִן   *n. l.* Zin.

צֹנֶא*   *l.* צֹאנְכֶם *(Num 32₂₄).*

צֹנֶה   Kleinvieh.

I   צִנָּה*   Kälte.

II   צִנָּה   Standschild.

צִנּוֹת   *Am* 4₂ *pl. von* צֵן.

צָנוּעַ*   demütig.

צְנוֹף   *l. Q (Jes* 62₃).

צִנּוֹר   Wassersturz; *II Sam* 5₈ *unsicher.*

צנח   *q Jos* 15₁₈ *Jdc* 1₁₄ in die Hände klatschen?, sich herab-
     neigen?; *Jdc* 4₂₁ schlagen?, eindringen?

צְנִינִם   Stacheln.

צָנִיף   Kopfbund.

צְנִיפָה*   Kopfbund.

צָנֵם*   dürr, vertrocknet.

צְנָן   *n. l.* Zenan.

צְנִנִים   → צְנִינִם.

צנע   *hi* demütig wandeln.

צנף   *q* umwickeln.

צְנֵפָה   Knäuel.

צִנְצֶנֶת   Behälter; Krug.

צַנְתָּרוֹת*°   Röhren?

צעד   *q* schreiten.
     hi schreiten lassen.

צַעַד   Schritt; Schreiten.

צְעָדָה   Schreiten; *Jes* 3₂₀ Schrittkettchen.

צעה   *q* krummfesseln; sich spreizen *(Dirne)*; einherstolzieren; *Jer 48*₁₂ *pt.* Küfer.

pi neigen, ausschütten.

צֵעוּר*   *l. Q (Jer 14*₃ *48*₄*).*

צָעִיף   Schleier, Hülle.

I צָעִיר   klein; jung; gering; *Jer 14*₃ niedrig gestellt.

II צָעִיר*   *n. l.* Zaïr.

צְעִירָה   Kleinheit; geringes Alter.

צֹעַן   *q* abbrechen.

צֹעַן   *n. l.* Zoan.

צַעֲנַנִּים   *n. l.* Zaanannim.

צַעֲצֻעִים   Gegossenes?

צעק   *q* schreien; um Hilfe rufen.

ni zusammengerufen, aufgeboten werden.

pi schreien.

hi zusammenrufen, aufbieten.

צְעָקָה   Geschrei, Klagegeschrei, Hilferuf.

צער   *q* klein, gering sein/werden; *Sach 13*₇ *pt.* Hütejunge.

צֹעַר   *n. l.* Zoar.

צפד   *q* sich zusammenziehen, schrumpfen.

I צפה   *q* Wache halten, spähen; auflauern.

pi ausschauen.

II צפה   *q* hinbreiten.

pi überziehen; belegen.

pu pt. überzogen.

צָפָה*   Ausfluß?

צְפוֹ   *n. pr.* Zefo.

צִפּוּי   Überzug.

I צָפוֹן   Norden; *Cant 4*₁₆ Nordwind.

II צָפוֹן   *n. l.* Zafon.

צְפוֹן   *n. pr.* Zefon.

I צְפוֹנִי   Nordbewohner.

II צְפוֹנִי   *n. gent.* Zefoniter.

צְפוּעֵי   *l. Q (Ez 4*₁₅*)* Mist.

I צִפּוֹר   *f.* Vogel; *coll.* Vögel.

II צִפּוֹר   *n. pr.* Zippor.

צַפַּחַת   Gefäß, Flasche?

צְפִי   *n. pr.* Zefi.

צְפִּיָּה*   Warte.

צִפְיוֹן *n. pr.* Zifjon.

צַפִּיחִת Flade.

צָפִין* *l. Q (Ps 17₁₄).*

צָפִיר Ziegenbock.

צְפִירָה Kranz.

צָפִית Sitzpolster.

צפן *q* verbergen, bergen, aufbewahren; fernhalten; sich verbergen, lauern; *pt. pass. auch* Kleinod.

ni verborgen sein; aufgehoben, bestimmt sein.

hi verbergen.

צְפַנְיָה(וּ) *n. pr.* Zefanja.

צָפְנַת פַּעְנֵחַ *n. pr.* Zafenat-Paneach.

צֶפַע (giftige) Schlange, Viper.

צִפְעָה* Blatt.

צִפְעוֹ(נִי) (giftige) Schlange, Viper.

צפף *pilp* zirpen; zwitschern; flüstern.

צַפְצָפָה Weide.

צפר *q l.* יִצְרְפֵם *(Jdc 7₃).*

צְפֹּר → צִפּוֹר.

צֹפַר → צוֹפַר.

צְפַרְדֵּעַ Frosch; *coll.* Frösche.

צְפָרָה → צְפִירָה.

צִפֹּרָה *n. pr. f.* Zippora.

צִפֹּרֶן Nagel *(Finger, Zehe)*; Griffelspitze.

צֶפֶת Kapitell.

צְפַת *n. l.* Zefat.

צְפָתָה *n. l.* Zefata.

צָקוּן *Jes 26₁₆ unsicher.*

צִקְלַג *n. l.* Ziklag.

צָקֹלֹן* *unsicher.*

I צַר eng, begrenzt; Bedrängnis, Angst; Not.

II צַר Bedränger, Gegner, Feind.

III צַר *Jes 5₂₈* Kiesel.

צֵר *n. l.* Zer.

צָר → צוּר.

I צֹר Kiesel; Steinmesser.

II צֹר *n. l.* Tyrus.

צרב *ni* versengt werden.

צָרֵב* sengend.

צָרֶבֶת Versengung; Narbe.

צְרֵדָה n. l. Zereda.

I צָרָה Not, Bedrängnis.

II צָרָה* I Sam 16 Nebenfrau.

צְרוּיָה n. pr. f. Zeruja.

צְרוּעָה n. pr. f. Zerua.

I צְרוֹר Beutel, Säckchen.

II צְרוֹר Stein, Kiesel.

III צְרוֹר n. pr. Zeror.

צרח q schreien.

hi Kriegsgeschrei erheben.

צֹרִי n. gent. Tyrer.

צֳרִי Mastixharz.

צְרִי n. pr. Zeri.

צְרִיָה → צְרוּיָה.

צְרִיחַ Hohle; Kellerraum.

צְרִים pl. von I צֹר.

צֹרֶךְ*° Bedarf.

צרע q pt. pass. von Ausschlag befallen.

pu pt. von Ausschlag befallen.

צְרָעָה Niedergeschlagenheit, Entmutigung.

צָרְעָה n. l. Zora.

צָרְעִי n. gent. Zoriter.

צָרַעַת Ausschlag.

צָרְעָתִי n. gent. Zoratiter.

צרף q schmelzen, läutern, sichten; pt. auch Feinschmied.

ni geläutert werden.

pi schmelzen, läutern.

צֹרְפִי Gilde der Goldschmiede.

צָרְפַת n. l. Zarpat, Sarepta.

I צרר q zusammenschnüren, einwickeln; einsperren; knapp, eng sein; beengt, bedrückt sein; bekümmert, besorgt sein.

pu pt. zusammengeflickt.

hi bedrängen; in Bedrängnis sein.

II צרר q befeinden, befehden; Nebenfrau sein.

צְרֵרָה* n. l. Zerera.

צֶרֶת   *n. pr.* Zeret.

צֶרֶת הַשַּׁחַר   *n. l.* Zeret-Haschahar.

צַרְתָן   *n. l.* Zartan.

ק

קָא*   Erbrochenes.

קָאַת, קָאָת   *Eulenart?*

קַב   *Hohlmaß* Kab *(zwischen 1,2 l und 2,5 l).*

קבב   *q* verwünschen, verfluchen.

קֵבָה   Labmagen, Fettmagen; *Num* 25₈ *unsicher.*

קֻבָּה   Frauenraum.

קַבּוּץ*   *unsicher.*

קְבוּרָה   Grab; Begräbnis.

קבל°   *pi* entgegennehmen, annehmen; auf sich nehmen; wählen.

     hi gegenüberstehen.

°קֹבֶל*   *Belagerungsmaschine* Sturmbock*?*; *II Reg* 15₁₀ *text. corr.*

קבע   *q* hintergehen*?*, berauben*?*

קֻבַּעַת   Becher.

קבץ   *q* sammeln, versammeln.

     ni sich versammeln; gesammelt werden.

     pi sammeln, versammeln, einbringen; *c.* פָּארוּר erblassen *oder* erröten.

     pu pt. gesammelt.

     hitp sich versammeln.

קַבְצְאֵל   *n. l.* Kabzeël.

קִבְצָה*   Sammeln.

קִבְצַיִם   *n. l.* Kibzajim.

קבר   *q* begraben.

     ni begraben werden.

     pi begraben.

     pu begraben werden.

קֶבֶר   Grab.

קִבְרוֹת הַתַּאֲוָן   *n. l.* Kibrot-Hattaawa.

קִבְרֹת הַתַּ־

קדד   *q* sich neigen *(huldigend)*.

קִדָּה   Zimt.

קִדּוּמִים   *unsicher.*

קָדוֹשׁ   heilig.

קדח   *q* sich entzünden; anzünden.

קַדַּחַת   Entzündung; Fieber.

קָדִים   vorn befindlich > Ostseite, Osten; Ostwind.

קדם   *pi* vorangehen; begegnen, entgegentreten; Ps 119₁₄₇f.
Jon 4₂ zuvorkommen, früh tun *(aram.)*
hi Am 9₁₀ Hi 41₃ *l. pi.*

קֶדֶם   vorn; Osten; früher, vordem; Vorzeit, Urzeit; *adv.* seit
je.

*קֶדֶם   Osten.

*קַדְמָה   Ursprung; früherer Zustand; frühere Zeit; Ps 129₆ *c.*
שֶׁ ehe, bevor *(aram.).*

*קִדְמָה   gegenüber von.

קֵדְמָה   *n. pr.* Kedma.

*קַדְמוֹן   östlich.

קַדְמוֹנִי   → I קַדְמֹנִי.

קְדֵמוֹת   *n. l.* Kedemot.

קַדְמִיאֵל   *n. pr.* Kadmiël.

I קַדְמֹנִי   östlich, vormalig, früher; *coll.* Vorfahren; Jes 43₁₈
Früheres.

II קַדְמֹנִי   *n. gent.* Kadmoniter.

קְדֵמֹת   → קְדֵמוֹת.

קָדְקֹד   Haarwirbel; Scheitel.

קדר   *q* sich verfinstern; trüb, schmutzig sein/werden;
trauern.
hi verfinstern; trauern lassen.
hitp sich verfinstern.

קֵדָר   *n. pr., n. gent.* Kedar.

קִדְרוֹן   *n. fl.* Kidron.

קַדְרוּת   Finsternis.

קְדֹרַנִּית   in Trauer.

קדשׁ   *q* heilig sein.
ni sich heilig erweisen; geheiligt werden.
pi für heilig erklären; heiligen, weihen; Heiligkeit
übertragen; für heilig halten.

pu pt. geheiligt, geweiht.

hi heilig sein lassen; heiligen, weihen, darbringen; als heilig behandeln.

hitp sich heiligen, reinigen; sich heilig erweisen.

קָדשׁ → קָדוֹשׁ.

I קָדֵשׁ geweiht, (kult)prostituiert.

II קָדֵשׁ *n. l.* Kadesch.

קֶדֶשׁ *n. l.* Kedesch.

קֹדֶשׁ Heiliges; Heiligkeit; Heiligtum; *pl. auch* Weihgaben.

קָדֵשׁ בַּרְנֵעַ *n. l.* Kadesch-Barnea.

קהה *q* stumpf werden.

    pi stumpf werden.

קהל *ni* sich versammeln.

    hi versammeln, einberufen.

קָהָל Versammlung, Volksgemeinde, Kultgemeinde.

קְהִלָּה Versammlung, Gemeinde.

קֹהֶלֶת Prediger.

קְהֵלָתָה *n. l.* Kehelata.

קְהָת *n. pr.* Kehat.

קְהָתִי *n. gent.* Kehatiter.

קַו Schnur, Meßschnur; *Jes* 18₂.₇ *l.* קָוֵק Spannkraft.

קַו, קָו Kaw *Bedeutung unsicher; lautäffend?, Buchstabenbezeichnung?*

קְוֵא *l.* קוֹא (*II Chr* 1₁₆) *n. terr.* Ko, Kilikien.

קוֹבַע Helm.

קוֹדֶשׁ → קֹדֶשׁ.

I קוה *q* warten, hoffen.

    pi warten, hoffen, erwarten; auflauern.

II קוה *ni* sich sammeln.

קָוֶה* *l.* Q (*I Reg* 7₂₃ *Jer* 31₃₉ *Sach* 1₁₆).

קָוֵה *l.* קוֹא (*I Reg* 10₂₈) *n. terr.* Ko, Kilikien.

קוֹחַ → פְּקַח־קוֹחַ.

קוט *q* sich ekeln.

    ni Ekel empfinden.

    hitpol sich ekeln.

קוֹל Laut, Ton, Schall, Geräusch, Lärm; Stimme, Ruf; horch!; *pl. auch* Donner; *Gen* 45₁₆ Gerücht, Kunde.

קוֹלָיה *n. pr.* Kolaja.

קום q aufstehen, sich aufrichten, sich erheben; zustande kommen; Bestand haben; gelten; zugehören; Lev 27₁₄.₁₇ zu stehen kommen; I Sam 4₁₅ I Reg 14₄ starr werden/ sein; pt. auch Gegner.

pi aram. gültig machen, anordnen, bekräftigen; aufrichten.

pol aufrichten.

hi aufrichten, aufstellen, einsetzen; aufstehen lassen/ heißen; aufreizen; ausführen, halten, einlösen; herbeiführen, beschaffen; Ps 107₂₉ machen; Ruth 4₅.₁₀ aufleben lassen.

ho aufgerichtet, ausgeführt, gestellt werden.

hitpol sich erheben.

קוֹמָה Höhe, Wuchs.

קוֹמְמִיּוּת adv. aufrecht.

קוֹנֵן pol von קין.

קוֹעַ n. gent. Koa.

קוֹף* Affe.

I קוץ q sich ekeln; sich fürchten.

II קוץ hi auseinanderreißen; auseinanderklaffen.

I קוֹץ Dorngestrüpp, Dornen.

II קוֹץ n. pr. Koz.

קוְצּוֹת* Locken.

קוּר q graben.

קוּר* Faden.

קוֹרֵא → II קרא.

קוֹרָה Balken, Gebälk.

קוֹשׁ q mit dem Stellholz fangen, Fallen stellen.

קוּשָׁיָהוּ n. pr. Kuschaja.

קַח Weide.

קַט nur?, klein?

קֶטֶב, לְטֶב* Stachel; Seuche, Verderben.

קְטוֹרָה Räucherung.

קְטוּרָה n. pr. f. Ketura.

קטל° q töten.

קֶטֶל° Mord.

קטן q klein, gering sein.

hi klein machen.

    *קָטָן   Kleiner.

    קָטֹן   klein, gering; jung, jüngster.

  I קָטָן   klein, gering; jung, jünger, jüngster.

  II קָטָן   *n. pr.* Katan.

    קטף   *q* pflücken, abreißen.

          ni abgerissen werden.

  I קטר   *pi* (Opfer) als Rauch aufsteigen lassen, räuchern.

          pu pt. durchräuchert.

          hi als Rauch aufsteigen lassen, räuchern.

          ho in Rauch aufgehen, geopfert werden.

  II קטר   *q pt. pass.* abgeschlossen?, abgedeckt?

    קְטֶר   Opferrauch.

    קִטְרוֹן   *n. l.* Kitron.

    קְטֹרֶת   Opferrauch; Räucherwerk.

    קַטָּת   *n. l.* Kattat.

    קיא   *q* ausspeien; sich übergeben.

          hi ausspeien.

    קִיא   Erbrochenes, Ausgespieenes.

    קיה   → קיא.

קיטוֹר, קיטֹר   Rauch.

    *קים   Gegner.

    *קימָה   Aufstehen.

    קין   *pol* das Leichenlied singen.

  I *קַיִן   Spieß.

  II קַיִן   *n. pr., n. l.* Kain; *n. gent.* Keniter.

  I קִינָה   Leichenlied.

  II קִינָה   *n. l.* Kina.

    קֵינִי   *n. gent.* Keniter.

    קֵינָן   *n. pr.* Kenan.

    קיץ   *q* den Sommer zubringen.

          hi aufwachen.

    קַיִץ   Sommer; Sommerobst.

    *קיצוֹן   Letzter, Äußerster.

    קִיקָיוֹן   Rizinus.

    קִיקָלוֹן   Schande.

  I קיר   Wand, Mauer.

  II קיר   *n. l., n. gent.* Kir.

  קיר חֶרֶשׂ   *n. l.* Kir-Heres.

קִיר חֲרֶשֶׂת   *n. l.* Kir-Hareset.

קֵירֹם   *n. pr.* Keros.

קִישׁ   *n. pr.* Kisch.

קִישׁוֹן   *n. fl.* Kischon.

קִישִׁי   *n. pr.* Kischi.

קַל   schnell; leicht.

I קֹל   Leichtfertigkeit.

II קֹל   → קוֹל.

קלה   *l. Q (II Sam 20₁₄).*

I קלה   *q* rösten.

     ni pt. Brand.

II קלה   *ni* verächtlich sein/werden.

     hi verächtlich behandeln.

קָלוֹן   Schande.

קַלַּחַת   Topf, Kessel.

קלט   *q pt. pass.* unvollständig entwickelt.

קַלַּי   *n. pr.* Kallai.

קָלִי, קָלִיא   Röstkorn.

קֵלָיָה   *n. pr.* Kelaja.

קְלִיטָא   *n. pr.* Kelita.

קלל   *q* klein, gering sein/werden; leicht, schnell sein.

     ni gering sein; sich gering wissen, sich erniedrigen; leicht, wenig sein; *Jes* 30₁₆ sich als schnell erweisen; עַל־נְקַלָּה leichthin.

     pi als verächtlich, verflucht bezeichnen; verfluchen.

     pilp Ez 21₂₆ schütteln; *Koh* 10₁₀ schärfen, wetzen.

     pu als verächtlich, verflucht bezeichnet werden; verflucht werden.

     hi erleichtern, leicht, leichter machen; als gering, verächtlich behandeln.

     hitpalp erschüttert werden.

קָלָל   glatt.

קְלָלָה   Fluch.

קלס   *pi* verspotten.

     hitp verspotten, sich lustig machen.

קֶלֶס   Spott.

קַלָּסָה   Gespött.

קלע I   *q* schleudern.
       pi schleudern.

קלע II   *q* schnitzen.

קֶלַע I   Schleuder.

קֶלַע* II   Vorhang.

קַלָּע*   Schleuderer.

קְלֹקֵל   gering, ärmlich.

קִלְּשׁוֹן   *c.* שָׁלֹשׁ Dreizack.

קָמָה   ungeschnittenes Getreide.

קֹמָה   → קוֹמָה.

קְמוּאֵל   *n. pr.* Kemuël.

קָמוֹן   *n. l.* Kamon.

קִמּוֹשׁ   Unkraut.

קֶמַח   Mehl.

קמט   *q* packen.
       pu gepackt werden.

קמל   *q* welken?, von Läusen befallen werden?

קמץ   *q* eine Handvoll nehmen.

קֹמֶץ*   Handvoll; *Gen 41*47 in Haufen.

קֵן   Nest; *pl. auch* Zellen.

קנא   *pi* eifersüchtig sein; eifersüchtig machen; sich ereifern.
       hi Eifersucht, Zorn erregen.

קַנָּא   eifernd.

קִנְאָה   Eifer, Eifern; Leidenschaft; Eifersucht.

קנה I   *q* erwerben, kaufen, loskaufen.
       ni gekauft werden.
       hi kaufen.

קנה II   *q* erschaffen, hervorbringen.

קָנֶה   Schilfrohr; Rohr, Röhre, Halm; Rohrlänge *(6 Ellen)*; Oberarmknochen; Waagebalken, Waage.

קָנָה   *n. l.*, *n. fl.* Kana.

קַנּוֹא   eifernd.

קְנַז   *n. pr.*, *n. gent.?* Kenas.

קְנִזִּי   *n. gent.* Kenisiter.

קֵנִי   → קֵינִי.

קִנְיָן°   Besitz, Habe; *Ps 104*24 Geschaffenes?

קִנָּמוֹן   Zimt.

קנן   *pi* nisten.

pu pt. eingenistet.

קָנֵץ*   Grenze?

קְנָת   *n. l.* Kenat.

קסם   *q* das Losorakel befragen; wahrsagen.

קֶסֶם   Losorakel; *Prov 16*₁₀ Entscheidung.

קסס   *poel* abpflücken?, schuppig machen?

קֶסֶת   Schreibgerät.

קְעִילָה, קְעִלָה   *n. l.* Keïla.

קַעֲקַע   Tätowierung.

קְעָרָה   Schüssel.

קפא   *q* gerinnen, dick werden.

hi gerinnen lassen.

יִקְפָּאוּן) *l. Q (Sach 14*₆) Frost.

קפד   *pi* zusammenrollen.

קִפֹּד   Igel; Eule.

קְפָדָה   Beklemmung, Angst.

קִפוֹד   → קִפֹּד.

קִפוֹז   Pfeilschlange?

קפץ   *q* zusammenziehen, verschließen.

ni weggerafft werden?

pi hüpfen.

קֵץ   Ende, Grenze, Ziel; letzter; Endzeit; *c.* לְ *oder* מִן am Ende von, nach, ... später.

קצב   *q* abschneiden, scheren.

קֶצֶב*, קֵצֶב   Zuschnitt, Gestalt; *Jon 2*₇ Urgrund.

קצה   *q* abhauen.

pi dreinschlagen; abhauen.

hi abkratzen.

קָצֶה   Ende, Rand, Grenze, Äußerstes; Spitze; *c.* מִן *auch* ohne Ende, restlos, unwiderruflich.

קָצָה   Ende, Rand, Ecke, Äußerstes; *c.* מִן *auch* zuäußerst.

קֵצֶה   Ende.

קְצוּ*   Ende.

קָצוּר*   verkürzt, klein.

קְצוֹת*   Ende; Gesamtheit.

קְצָוֺת   *pl. von* קָצֶה.

קֶצַח   Schwarzkümmel.

I קָצִין   Vorsteher, Anführer.

II קָצִין   → עֵת קָצִין *(Jos 19₁₃)*.

I* קְצִיעָה   Zimtblüte.

II קְצִיעָה   *n. pr. f.* Kezia.

קְצִיץ   → עֵמֶק קָצִיץ.

I קָצִיר   Ernte, Ernteertrag.

II קָצִיר   Zweig.

I קצע   *hi* abkratzen.

II קצע   *pu pt.* gewinkelt.
      ho pt. gewinkelt.

קצף   *q* zornig sein/werden, zürnen.
      hi erzürnen.
      hitp in Zorn geraten.

I קֶצֶף   Zorn.

II קֶצֶף   *Hos 10₇* abgeknickter Zweig.

קְצָפָה   Stummel?, Strunk?

קצץ   *q* abhauen, stutzen.
      pi abhauen, zerschneiden; zerhauen, in Stücke schlagen.
      pu pt. abgehauen.

I קצר   *q* ernten; *pt. auch* Schnitter.
      hi l. Q (Hi 24₆).

II קצר   *q* kurz, zu kurz sein, verkürzt werden; ungeduldig sein/
      werden, unmutig sein.
      pi abkürzen.
      hi abkürzen.

קֹצֶר   *c.* רוּחַ Ungeduld.

קָצֵר*   kurz; *c.* אַפַּיִם jähzornig; *c.* יָד machtlos; *c.* יָמִים kurz-
      lebig; *c.* רוּחַ ungeduldig.

קָצָת°   Ende, Äußerstes; *c.* מִן am Ende von, einige.

קַר   kühl, kalt.

קֹר   Kälte.

קֹר   → I קִיר.

I קרא   *q* rufen, anrufen, nennen; berufen; einberufen; aus-
      rufen, verkündigen; einladen; hersagen, lesen, vorlesen;
      Jer 36₁₈ diktieren.
      ni gerufen, aufgeboten, angerufen werden; benannt,
      genannt werden; gelesen werden; *I Chr 23₁₄* zugerech-
      net werden.

pu gerufen, genannt werden.

קרא II *q* treffen, begegnen, widerfahren; *inf. auch praep.* entgegen, gegenüber.

ni sich treffen lassen; sich zufällig befinden; sich vorfinden.

hi treffen lassen.

קֹרֵא I Rebhuhn.

קֹרֵא II *n. pr.* Kore.

קרב *q* sich nähern, nahekommen; herantreten, hintreten.

ni herangebracht werden; sich nähern.

pi nahen lassen, nahebringen, nahe sein, herantreten.

hi heranbringen, (dar)bringen; sich nähern; nahebringen; herantreten lassen.

קָרֵב herannahend; der sich nähert.

קְרָב Kampf, Krieg.

קֶרֶב Inneres; Leib; Eingeweide; Mitte; *c.* בְּ mitten unter, inmitten.

קָרֹב → קָרוֹב.

קִרְבָה* Sichnähern.

קָרְבָּן Darbringung, Gabe.

קֻרְבָּן* Lieferung.

קַרְדֹּם* Axt.

קרה I *q* treffen, begegnen, widerfahren; sich ereignen.

ni sich treffen lassen, begegnen; sich zufällig befinden.

hi begegnen lassen, fügen; sich wählen.

קרה II *pi* zimmern.

קָרֶה* *c.* לַיְלָה Pollution.

קָרָה Kälte.

קֹרָה → קוֹרָה.

קָרוֹב nahe; Nächster, Freund, Verwandter.

קרח *q* kahlscheren.

ni kahlgeschoren werden.

hi sich kahlscheren.

ho pt. kahlgeschoren.

קֵרֵחַ Kahlkopf.

קֶרַח Frost, Eis.

קָרֵחַ *n. pr.* Kareach.

קֹרַח *n. pr.* Korach.

קָרְחָה	Glatze.
קָרְחִי	*n. gent.* Korahiter.
קָרַחַת	kahle Stelle.
קְרִי	*c.* הלך *und* עִם sich widersetzen.
קָרִיא*	berufen.
קְרִיאָה	Verkündigung.
קִרְיָה	Stadt, Ortschaft.
קְרִיּוֹת	*n. l.* Kerijot.
קִרְיַת אַרְבַּע	*n. l.* Kirjat-Arba.
קִרְיַת־בַּעַל	*n. l.* Kirjat-Baal.
קִרְיַת הָאַרְבַּע	→ קִרְיַת אַרְבַּע.
קִרְיַת הַיְעָרִים	→ קִרְיַת יְעָרִים.
קִרְיַת חֲצוֹת	*n. l.* Kirjat-Huzot.
קִרְיָתַיִם	*n. l.* Kirjatajim.
קִרְיַת(־)יְעָרִי	*n. l.* Kirjat-Jearim.
קִרְיַת־סַנָּה	*n. l.* Kirjat-Sanna.
קִרְיַת־סֵפֶר	*n. l.* Kirjat-Sefer.
קרם°	*q* überziehen.
קרן	*q* strahlen.
	hi Hörner tragen.
קֶרֶן	Horn; *übertr.* Macht; *Jes* 5₁ Berghalde; *Hab* 3₄ Strahl.
קֶרֶן הַפּוּךְ	*n. pr. f.* Keren-Happuch.
קַרְנַיִם	*n. l.* Karnajim.
קרס	*q* sich krümmen.
קֶרֶס*	Haken.
קֶרֶס	→ קוּרֹס.
קַרְסֹל*	Fußgelenk.
קרע	*q* zerreißen, losreißen, aufreißen; *Ps* 35₁₅ lästern.
	ni zerrissen werden.
קְרָעִים	Lappen, Fetzen.
קרץ	*q* zusammenkneifen, (höhnisch) verziehen.
	pu abgekniffen, geformt werden.
קֶרֶץ	Moskito.
קַרְקַע I	Grund, Boden, Fußboden; Decke.
קַרְקַע* II	*n. l.* Karka.
קַרְקַר	*l.* קָרְקֹר *(Num* 24₁₇).
קַרְקֹר	*n. l.* Karkor.
קרר I	*hi* kühl halten.

קרר II   *pilp* niederreißen?, lärmen?

קֶרֶשׁ   Brett; *Ez* 27₆ Kajütenwand.

קֶרֶת   Stadt.

קַרְתָּה   *n. l.* Karta.

קַרְתָּן   *n. l.* Kartan.

קַשְׂוֶה*   Kanne.

קְשִׂיטָה   Kesita *(Zahlungsmittel)*.

קַשְׂקֶשֶׂת   Schuppe.

קַשׁ   Stroh; Häcksel.

קִשֻּׁאָה*   Gurke.

קשׁב   *q* aufmerksam sein.

     hi aufmerken, hinhören.

קֶשֶׁב   Aufmerksamkeit, Aufmerken.

קַשָּׁב*   aufmerksam.

קַשֻּׁב*   aufmerksam.

קשׁה   *q* schwer, hart, schwierig sein.

     ni pt. bedrückt.

     pi es schwer haben.

     hi schwer, hart machen; verhärten; es schwer haben.

קָשֶׁה   hart, verhärtet; schwer, schwierig.

קשׁח   *hi* verhärten; hart behandeln.

קֹשְׁטְ°   Wahrheit.

קֹשֶׁט°   Bogen.

קְשִׁי   Verstocktheit.

קִשְׁיוֹן   *n. l.* Kischjon.

קשׁר   *q* binden; sich verschwören, verschworen sein; *pt. pass.* stark.

     ni sich binden an; sich schließen.

     pi binden, umbinden.

     pu pt. stark.

     hitp sich verschwören.

קֶשֶׁר   Verschwörung.

קִשֻּׁרִים   Bänder.

קשׁשׁ   *q* sammeln?

     poel sammeln.

     hitpo sich sammeln.

קֶשֶׁת   Bogen; *c.* בֶּן Pfeil.

קַשָּׁת   Bogenschütze.

ר

ראה	*q* sehen, ansehen; gewahren, wahrnehmen, schauen; betrachten, kennenlernen, kennen, unterscheiden; nachsehen, sich kümmern um, besuchen; ausersehen, auswählen; absehen.
	ni sich sehen lassen, sichtbar werden/sein, sich zeigen, erscheinen.
	pu gesehen werden.
	hi sehen lassen, zeigen; erfahren lassen.
	ho gezeigt werden.
	hitp sich gegenseitig ansehen, sich miteinander messen.
רֹאֶה	Seher; *Jes* 28₇ Vision.
רָאָה	roter Milan.
רְאוּבֵן	*n. pr., n. gent.* Ruben.
רְאוּבֵנִי,	*n. gent.* Rubeniter; Ruben.
רְאוּבֵנִי	
רַאֲוָה	*inf. q von* ראה.
רְאוּמָה	*n. pr. f.* Rëuma.
רְאִי	Spiegel.
רְאִי	Aussehen; Ansehnlichkeit; Schaustück; *c.* אֵל El Roï.
רְאָיָה	*n. pr.* Reaja.
רְאֵים	→ רְאֵם.
רְאִישׁוֹן	*l. Q (Hi 15₇).*
רְאִית	*l. Q (Koh 5₁₀)* Sehen, Anblick.
ראם	*q* hochragen.
רְאֵם	Wildstier.
רָאמוֹת I	Korallen?
רָאמוֹת II	*n. l.* Ramot.
רָאמֹת	→ רָאמוֹת.
רָאשׁ	*pt. q von* רושׁ.
רֵאשׁ	→ רֵישׁ.
רֹאשׁ I	Kopf, Haupt; Gipfel; Anfang; Oberstes, Äußerstes, Bestes; Spitze, Anführer; Summe; Abteilung.
רֹאשׁ II	Giftpflanze, Gift.
רֹאשׁ III	*n. pr., n. terr.* Rosch.

רֵאשָׁה* frühere Lage.

רֹאשָׁה *c.* אֶבֶן Schlußstein.

רִאשׁוֹן erster; vorangehend, früher, vormalig.

רַאֲשׁוֹת → מְרַאֲשׁוֹת.

רֵאשִׁית Anfang, Ausgangspunkt; Erstes, Bestes; Erstling; *Dtn 33*21 Erstlingsteil.

רִאשׁנִי* erster.

I רַב zahlreich, viel, groß; vielfältig; Oberster; genug.

II רַב* Geschoß.

רָב → רִיב.

לֹב Menge, Fülle.

I רבב *q* zahlreich, groß sein/werden.
pu pt. verzehntausendfacht.

II רבב *q* schießen.

רְבָבָה große Menge > zehntausend.

רְבָבִים → רְבִיבִים.

רבד *q* das Lager bereiten.

I רבה *q* zahlreich, groß sein/werden.
pi zahlreich machen; großziehen; gewinnen.
hi zahlreich, groß machen, vermehren; viel haben; הַרְבֵּה Menge, viel, sehr.

II רבה *q pt.* Schütze.

רַבָּה *n. l* Rabba.

רְבוֹאֹ, רְבוֹא zehntausend.

רְבִיבִים Regenschauer.

רָבִיד Halskette.

רְבִיעִי Vierter; *f.* Viertel, *Ez 48*20 Viereck; בְּנֵי רִבֵּעִים Nachkommen in der vierten Generation.

רַבִּית *n. l.* Rabbit.

רבך *ho pt.* eingerührt.

רִבְלָה *n. l.* Ribla.

רַב־מָג → מָג.

רַב־סָרִיס → סָרִיס.

I רבע° *q* daliegen; (sich) begatten.
hi sich begatten lassen.

II רבע *q pt. pass.* viereckig.
pu pt. viereckig.

I רֶבַע Viertel; Seite.

רֶבַע II	*n. pr.* Reba.
רֹבַע I	Viertel.
רֹבַע II	Staub.
רִבֵּעַ*	Glied der vierten Generation.
רְבִיעִי	→ רְבִיעִי.
רבץ	*q* sich niederlegen, lagern; liegen, daliegen.
	hi sich lagern lassen; belegen.
רֵבֶץ	Lagerplatz.
רִבְקָה	*n. pr. f.* Rebekka.
רַב־שָׁקֵה	*assyr. Beamtentitel* Obermundschenk.
רֶגֶב*	Erdscholle.
רגז	*q* erbeben, unruhig sein; sich ereifern; *Mi* 7₁₇ zitternd hervorkommen.
	hi in Erregung versetzen, erregen, aufstören.
	hitp sich erregen, toben.
רֹגֶז	Aufregung, Erregung; Toben.
רַגָּז	zitternd, bebend.
רָגְזָה	Zittern.
רגל	*q* verleumden.
	pi verleumden; auskundschaften; *pt.* Kundschafter.
	tiphal gehen lehren.
רֶגֶל	Fuß, Bein; *du. euphemistisch auch* Schamteil; *pl. auch* -mal; *c.* בְּ *auch* hinter—her.
רַגְלִי	Fußgänger.
רֹגְלִים	*n. l.* Roglim.
רגם	*q* steinigen.
רֶגֶם	*n. pr.* Regem.
רִגְמָה*	Menschenhaufe?
רגן	*q* murren.
	ni murren, verleumden.
רגע	*q* zur Ruhe kommen, verharschen; *Jes* 51₁₅ *Jer* 31₃₅ *Hi* 26₁₂ erregen.
	ni sich ruhig verhalten.
	hi Ruhe schaffen; zur Ruhe kommen, weilen; im Nu tun.
רָגֵעַ*	ruhig, still.
רֶגַע	Ruhe; Augenblick; im Nu, plötzlich; רֶגַע—רֶגַע bald— bald; *pl. c.* לְ immer wieder.

רנשׁ°   *q* unruhig sein.

רֶנֶשׁ°   Unruhe.

רְנָשָׁה°*   Unruhe.

רדד   *q* niedertreten, unterwerfen.
         hi aufhämmern lassen.

I רדה   *q* treten *(Kelter)*; herrschen.
         hi niedertreten lassen.

II רדה   *q* abschälen; *Jer* 5₃₁ *unsicher.*

רַדַּי   *n. pr.* Raddai.

רְדִיד*   Umschlagtuch.

רדם   *ni* tief schlafen; betäubt sein.

רדף   *q* hinter jmd./etw. her sein, verfolgen, nachfolgen.
         ni verfolgt werden; *pt.* Verschwundenes.
         pi nachjagen.
         pu verjagt werden.
         hi verfolgen.

רהב   *q* bestürmen, zusetzen.
         hi bedrängen, verwirren.

רַהַב   *Chaosungeheuer* Rahab; *auch Bezeichnung für Ägypten.*

רֹהַב*   Drängen?

רהה   *q l.* תִּרְאוּ (*Jes* 44₈).

רַהַט°*   Tränkrinne; *Cant* 7₆ *unsicher.*

רוב   רִיב →.

רוב   רֹב →.

רוד   *q* umherschweifen.
         hi umhergetrieben werden.

רוֹדָנִים   *n. gent.* Rodaniter *(Bewohner von Rhodos).*

רוה   *q* sich satt trinken.
         pi satt tränken, benetzen.
         hi satt tränken, laben.

רָוֶה   satt getränkt, bewässert.

רְוֹהְגָּה   *n. pr. l. Q (I Chr* 7₃₄*)* Roga.

I רוח   *q* weit, leicht werden.
         pu pt. weit, geräumig.

II רוח   *hi* riechen, spüren, genießen; Wohlgefallen haben.

רֶוַח   Raum, Abstand; Befreiung.

רוּחַ   Hauch, Wehen, Schnauben; Atem; Luft; Wind, Wind-

richtung, Weltseite; Leeres, Nichtiges; Geist; Gesin-
nung, Sinn, Gemüt.

רְוָחָה   Erleichterung; Weite.

רְוָיָה   Überfluß.

רום   *q* hoch sein/werden, hoch reichen; erhaben sein; sich erheben; sich überheben, stolz sein; *pt.* hoch, hochragend;
erhoben; erhaben; hochmütig, stolz; *Dtn* 27₁₄ laut.

ni sich erheben; sich wegbegeben.

pol aufziehen; hochwachsen lassen; auftürmen, aufrichten, hochheben; erhöhen; erheben, preisen.

polal erhoben, erhöht werden/sein.

hi erheben, hochheben, erhöhen; aufheben, aufrichten;
auftragen *(Speise)*; davontragen, wegnehmen, wegschaffen; aufhören; darbringen, spenden.

ho aufgehoben werden; abgehoben werden.

hitpol sich (stolz) erheben.

רוֹם   Höhe; Hochmut, Stolz.

רוֹם   Höhe.

רוּמָה   *n. l.* Ruma.

רוֹמָה   *adv.* aufrecht.

רוֹמָם*   Lobpreis.

רוֹמְמֻת*   Erhabenheit.

רוֹמַמְתִּי עֶזֶר   → רֹמַמְתִּי עֶזֶר.

רון   *hitpol* zu sich kommen?

רוע   *polal* gejubelt werden.

hi (laut) schreien; Kriegsgeschrei erheben; (Lärm) blasen; jauchzen, zujauchzen.

hitpol jauchzen.

רוץ   *q* laufen, sich beeilen; eifrig sein; *Hab* 2₂ *c.* קרא geläufig
lesen; *pt. auch* Läufer, Bote.

pol hin und her fahren.

hi zum Laufen bringen, wegtreiben; eilig holen, eilig
bringen.

רוק   → ריק.

רור   → דיר.

רוש   *q* arm sein, darben.

hitpol sich arm stellen.

רוש   → II רֹאשׁ.

רוּת   *n. pr. f.* Ruth.

רזה   *q* hinschwinden lassen?
     ni hinschwinden.

רָזֶה*   mager.

I רָזוֹן   Abmagerung.

II רָזוֹן   Würdenträger.

רָזוֹן   *n. pr.* Reson.

רָזִי   Siechtum.

רזם   *q* zwinkern.

רזן   *q pt.* Würdenträger.

רחב   *q* sich verbreitern; sich weit auftun.
     ni pt. weit, geräumig.
     hi weit, geräumig machen, erweitern; weit aufsperren; Raum schaffen.

רֹחַב   Breite, Weite.

I רָחָב   breit, weit, ausgedehnt, umfassend; *c.* לֵב hochmütig, anmaßend; *c.* נֶפֶשׁ habgierig.

II רָחָב   *n. pr. f.* Rahab.

I רְחֹב   freier Platz.

II רְחֹב   *n. pr.*, *n. l.* Rehob.

רְחֹבוֹת   *n. l.* Rehobot.

רְחֹבֹת   → רְחֹבוֹת.

רְחַבְיָה(וּ)   *n. pr.* Rehabja

רְחַבְעָם   *n. pr.* Rehabeam.

רְחוֹב   → רְחֹב.

רְחוּם   *n. pr.* Rehum.

רַחוּם   barmherzig.

רָחוֹק   fern, weit, entfernt, entlegen; unzugänglich, schwer faßbar; Abstand, Entfernung.

רָחִיט   *l. Q (Cant 1,17)* Dachsparren.

רֵחַיִם   Handmühle.

I רָחֵל   Mutterschaf.

II רָחֵל   *n. pr. f.* Rahel.

רחם   *q* lieben.
     pi lieben, sich erbarmen, barmherzig sein.
     pu Erbarmen, Liebe finden.

רָחָם   Aasgeier.

I רַחַם   *n. pr.* Raham.

II רֶחֶם, רַחַם	Mutterleib, Frauenschoß; *pl.* Inneres, Mitgefühl, Erbarmen.
רָחָמָה	Aasgeier.
*רַחֲמָה	Frauenschoß.
°*רַחֲמָנִי	mütterlich.
רחף	*q* schlottern.
	pi schweben.
רחץ	*q* waschen, abspülen, eine Waschung vornehmen.
	pu abgewaschen werden.
	hitp sich waschen.
*רַחַץ	Waschen.
רַחְצָה	Schwemme.
רחק	*q* fern sein/bleiben; sich entfernen; sich fernhalten.
	ni entfernt werden.
	pi weit entfernen; beseitigen.
	hi (sich) entfernen; (sich) fernhalten.
*רָחֵק	sich entfernend.
רָחֹק	→ רָחוֹק.
רחש	*q* erregt sein.
רַחַת	Worfschaufel.
רטב	*q* naß werden/sein.
רָטֹב	saftstrotzend.
רטה	*q* stürzen?
רֶטֶט	Schrecken.
רטפש	*l.* יִמְפַּשׁ *(Hi 33₂₅)* fett werden.
רטש	*pi* zerschmettern.
	pu zerschmettert werden.
רִי	Naß.
ריב	*q* einen Rechtsstreit führen, rechten; *Ex 21₁₈* streiten.
	hi rechten?, streiten?
רִיב	Rechtsstreit.
*רִיבָה	*pl.* Rechtsstreit, Streitrede.
רִיבַי	*n. pr.* Ribai.
רֵיחַ	Geruch, Duft.
רֵים	Wildstier.
רֵיעַ	→ II רֵעַ.
רִיפוֹת	Körner.
רִיפַת	*n. pr.* Rifat.

ריק   *hi* ausgießen, ausleeren; leer lassen; *c.* חֶרֶב das Schwert ziehen.

      ho umgegossen, gereinigt werden *(durch Umgießen)*.

רִיק   leer, nichtig, vergeblich; Nichtiges.

רֵיק*   leer, nichtig; ungesättigt; leichtfertig.

רֵיקָם   leer, mit leeren Händen; ohne Ursache.

רִיר   *q* absondern.

רִיר   Speichel, Schleim.

רִישׁ, רֵישׁ   Armut.

רִישׁוֹן   → רִאשׁוֹן.

רֹךְ   Weichlichkeit.

רַךְ   zart, empfindlich, verzärtelt, weichlich; mild; *c.* לֵבָב zaghaft.

רכב   *q* reiten, fahren.

      hi reiten lassen, fahren lassen; überführen *(Leichnam)*; *Hos* 10₁₁ anspannen; *II Reg* 13₁₆ legen.

רֶכֶב   *coll.* Wagenzug, Streitwagen; Zug; Wagen; oberer Mühlstein.

רַכָּב   Wagenlenker, Fahrer, Reiter.

רֵכָב   *n. pr.* Rechab.

רִכְבָּה   Reiten.

רֵכָבִי*   *n. gent.* Rechabiter.

רֵכָה   *n. l* Recha.

רְכוּב*   Gefährt.

רְכוּשׁ   Besitz, Habe; Ausstattung; Eigenbesitz; *Dan* 11₁₃ Troß.

רָכִיל   Verleumdung; Verleumder.

רכך   *q* zart, weich, zaghaft sein.

      pu weich gemacht werden.

      hi verzagt machen.

רכל   *q pt.* Händler, Kaufmann.

רָכָל   *n. l.* Rachal.

רְכֻלָּה*   Handel; Handelsgut.

רכס   *q* anbinden.

רֶכֶס*   höckriges Gelände.

רֹכֶס*   Zusammenrottung?

רכש   *q* sammeln, erwerben.

רֶכֶשׁ   *coll.* Gespann; Pferde.

רְכוּשׁ   → רְכוּשׁ.

רָם   *n. pr.* Ram.

רֵם   → רוּם.

I רמה   *q* werfen; schießen.

II רמה   *pi* verraten; im Stich lassen; betrügen.

I רָמָה   Anhöhe.

II רָמָה   *n. l.* Rama.

רִמָּה   Made.

I רִמּוֹן   Granatapfelbaum; Granatapfel.

II רִמּוֹן   *n. pr., n. l.* Rimmon; → בֵּית־רִמּוֹן.

רִמּוֹנוֹ   *n. l.* Rimono.

רָמוֹת   → II רָאמוֹת.

*רָמֻת   Leichenhaufe?

רָמוֹת גִּלְעָד   → רָמֹת גִּלְעָד.

רֹמַח   Lanze.

רַמְיָה   *n. pr.* Ramja.

רְמִיָּה   Schlaffheit, Lässigkeit; Täuschung, Trug.

רַמִּים   *l.* אֲרַמִּים (*II Chr* 22₅).

*רַמָּךְ   Rennstute?

רְמַלְיָהוּ   *n. pr.* Remalja.

I רמם   *q l.* רָמוּ (*Hi* 24₂₄).

II רמם   *q* faul, wurmstichig werden.

רֹמַמְתִּי עֶזֶר   *n. pr.* Romamti-Eser.

רִמֹּן   → רִמּוֹן.

רמס   *q* treten, zertreten.

     ni zertreten werden.

רמשׂ   *q* sich regen; kriechen; wimmeln.

רֶמֶשׂ   Getier; Kriechtiere.

רָמֹת   → II רָאמוֹת.

רֶמֶת   *n. l.* Remet.

רָמֹת גִּלְעָד   *n. l.* Ramot-Gilead.

רָמָתִי   *n. gent.* Ramatiter.

רָמָתַיִם צוֹפִים   *n. l.* Ramatajim-Zofim.

*רֹן   Jubel?

רנה   *q* klirren.

I רִנָּה   gellender Ruf; Jubel; Klagen, Flehen.

II רִנָּה   *n. pr.* Rinna.

רָנַן   *q* gellend rufen; jubeln, jauchzen; jammern.
     pi jubeln, jubelnd preisen.
     pu gejubelt werden.
     hi zum Jubeln bringen; jubeln.

רְנָנָה   Jubel, Jauchzen.

רְנָנִים   *f.* Straußenweibchen.

רִסָּה   *n. l.* Rissa.

I   רָסִים*   Tropfen.

II   רָסִים*   Bruchstück; Trümmer.

I   רֶסֶן   Zaum.

II   רֶסֶן   *n. l.* Resen.

רסס   *q* besprengen.

רָע, רַע   schlecht, minderwertig, schadhaft; häßlich; ubel, böse,
     verachtlich; schädlich, unglückbringend.

I   רֵעַ   Geschrei.

II   רֵעַ   Stammverwandter, Volksgenosse, Freund; anderer;
     Nächster.

III°   רֵעַ*   Wollen, Absicht, Gedanke.

רֹעַ   schlechte Beschaffenheit, Häßlichkeit; Verdrossenheit;
     Bosheit.

רעב   *q* hungern.
     hi hungern lassen.

רָעָב   Hunger; Hungersnot.

רָעֵב   hungrig.

רְעָבוֹן   Hunger.

רעד   *q* beben.
     hi beben.

רַעַד   Beben, Zittern.

רְעָדָה   Beben, Zittern.

I   רעה   *q* abweiden; weiden (lassen), hüten, *pt. auch* Hirt;
     pflegen, sich befassen mit.
     hi weiden.

II   רעה   *q* sich einlassen mit.
     pi als Brautführer dienen?
     hitp sich einlassen mit.

רָעָה   Böses, Bosheit; Übel, Unheil.

רֵעָה   Freund, Gefährte.

רֵעָה*   Freundin, Gefährtin.

רֹעָה *l.* רֹעַ *(Jes* 24₁₉)*; l.* רָעָה *(Prov* 25₁₉)*.*

רְעוּ *n. pr.* Rëu.

רְעוּאֵל *n. pr.* Reguël.

I *רְעוּת Freundin, Gefährtin.

II °רְעוּת Streben, Trachten, Haschen.

רְעִי Weide.

רֵעִי *n. pr.* Reï.

*רַעְיָה Freundin, Geliebte.

*רַעְיָה *l. Q (Jdc* 11₃₇)*.*

°רַעְיוֹן Streben, Trachten, Haschen.

רעל *ho* geschüttelt werden?, (mit Schleiern) geschmückt
werden?

רַעַל Taumel.

*רְעָלָה Schleier.

רְעֵלָיָה *n. pr.* Reëlaja.

I רעם *q* brausen, tosen.
hi brausen lassen, tosen lassen, donnern (lassen).

II רעם *q* verstört sein.
hi verstört machen.

רַעַם Getöse, Donner.

רַעְמָא → II רַעְמָה.

I רַעְמָה Mähne.

II רַעְמָה *n. pr.* Rama; *n. gent.* Ramaïter.

רַעַמְיָה *n. pr.* Raamja.

רַעַמְסֵס, *n. l.* Ramses.
רַעְמְסֵס

רען *pal* laubreich sein, üppig sein.

רַעֲנָן laubreich, üppig; saftig grün.

I רעע *q* schlecht, böse, mißgünstig, mißmutig sein.
ni übel behandelt werden, Schlimmes erleiden.
hi Schlimmes (an)tun, schaden; verwerflich handeln.

II °רעע *q* zerbrechen, zerschlagen.
hitpo zerbersten; *Prov* 18₂₄ einander zerschlagen?

רעף *q* triefen; träufeln.
hi triefen lassen.

רעץ *q* zerschlagen.

רעש   *q* erschüttert werden; erbeben; *Ps* 72₁₆ *unsicher.*

ni erbeben.

hi erschüttern; zum Springen bringen.

רַעַשׁ   Beben, Dröhnen, Gerassel; Ungestüm.

רפא   *q* heilen; *pt. auch* Arzt.

ni geheilt, gesund, heil werden.

pi heilen, gesund machen; wiederherstellen; für Heilung sorgen; *Jer* 38₄ → I רפה.

hitp sich heilen lassen.

רָפָא   *n. pr.* Rafa.

רְפָאוּת   Heilung.

I רְפָאִים   Totengeister.

II רְפָאִים   *n. gent.* Refaïter; → עֵמֶק רְפָאִים.

רְפָאֵל   *n. pr.* Refaël.

רפד   *q* ausbreiten.

pi ausbreiten; erquicken.

I רפה   *q* schlaff werden; ablassen; (nieder)sinken, sich neigen; *c.* יָדַיִם verzagen, mutlos werden; *Jer* 49₂₄ mutlos werden.

ni pt. faul.

pi lockern *(Gürtel)*; herabhängen lassen; *c.* יָדַיִם entmutigen.

hi fallen lassen, verlassen; abziehen *(Hand)*; ablassen, in Ruhe lassen.

hitp sich untätig, mutlos zeigen.

II רפה   *Nf. von* רפא.

רָפֶה   schlaff, kraftlos; verzagt.

רָפָה   *n. pr.* Rafa; *n. gent.?*

רָפוּא   *n. pr.* Rafu.

רְפוּאָה*   Heilung.

רְפוּת   → רִיפוֹת.

רֶפַח   *n. pr.* Refach.

רְפִידָה*   Lehne.

רְפִידִים,   *n. l.* Refidim.

רְפִידָם

רְפָיָה   *n. pr.* Refaja.

רִפְיוֹן*   Schlaffheit.

רפס   → רפשׂ.

רַפְסֹדוֹת   Flöße.

רפף   *poal* schwanken.

רפק   *hitp* sich stützen.

רפשׂ   *q* trüben.

     ni pt. getrübt.

     hitp unsicher.

רֶפֶשׁ   Schlamm.

רֶפֶת*   Stall?

רֵץ*   *unsicher.*

I רצא   *q* laufen?

II רצא   *Nf. von* I רצה.

רצד   *pi* scheel blicken.

I רצה   *q* Gefallen, Freude haben, geneigt sein, freundlich ge-
sinnt sein, lieben; billigen; froh werden.

     ni als wohlgefällig betrachtet, gnädig aufgenommen
werden.

     pi gütig stimmen; anbetteln.

     hitp sich gefällig machen.

II רצה   *q* bezahlen, abtragen; ersetzt erhalten.

     ni abgetragen werden.

     hi abgetragen, ersetzt erhalten.

רָצוֹן   Gefallen, Wohlgefallen; Willen; Wunsch; Verlangen;
Belieben; Mutwillen; Wohlgefälliges.

רצח   *q* töten, morden.

     ni getötet werden.

     pi töten, morden.

רֶצַח   Mord.

רִצְיָא   *n. pr.* Rizja.

רָצִין   *pt. pl. (aram.) q von* רוץ.

רְצִין   *n. pr.* Rezin.

רצע   *q* durchstechen.

רצף   *q pt. pass.* eingelegt?, gepolstert?

I רֶצֶף*   Glühstein.

II רֶצֶף   *n. l.* Rezef.

I רִצְפָּה   Glühkohle.

II רִצְפָּה   *n. pr. f.* Rizpa.

רִצְפָה   Pflaster, Mosaikboden.

רצץ   q zerbrechen, knicken; mißhandeln.

ni geknickt werden.

pi zerschmettern, bedrücken.

poel bedrücken.

hi zerschmettern.

hitpo sich stoßen.

רַק   dünn, dürr; *adv.* nur, bloß.

רֵק   → רִיק.

רֹק   Speichel.

רקב   q verfaulen; wurmstichig sein/werden.

רָקָב   Knochenfraß, Knochenfäule; *Hi 1 3₂₈ l.* פְּרֹקֶב wie ein Schlauch.

רִקָּבוֹן   Morschheit.

רקד   q springen, hüpfen.

pi hüpfen, tanzen.

hi hüpfen lassen.

*רַקָּה   Schläfe.

רַקּוֹן   *n. l.* Rakkon.

רקח   q Salbe bereiten, mischen.

pu pt. gemischt, zubereitet.

hi bereiten?

רֶקַח   Würze.

רֹקַח   Würze.

*רַקָּח   Salbenmischer.

*רַקָּחָה   Salbenmischerin.

*רִקֻּח   Salbe.

רָקִיעַ   Firmament, Himmelsgewölbe.

רָקִיק   Fladen.

רקם   q pt. Buntwirker.

pu gewirkt, gebildet werden.

רֶקֶם   *n. pr., n. l.* Rekem.

רִקְמָה   Buntes, Buntgewirktes.

רקע   q stampfen, breit- und festtreten; ausbreiten.

pi breithämmern; überziehen.

pu pt. breitgehämmert.

hi breithämmern, ausbreiten.

*רִקֻּעַ   Gehämmertes.

רקק   q ausspeien.

רַקַּת   *n. l.* Rakkat.

רָשׁ   arm.

רִשְׁיוֹן   Ermächtigung.

רֵשִׁית   → רֵאשִׁית.

°רָשֻׁם   *q pt. pass.* aufgezeichnet.

רשׁע   *q* schuldig sein/werden.
    hi für schuldig erklären, schuldig sprechen; als Schuldigen behandeln; sich schuldig machen, schuldig werden.

רֶשַׁע   Unrecht, Schuld.

רָשָׁע   schuldig; Frevler; Gottloser.

רִשְׁעָה   Schuld.

רִשְׁעָתַיִם   → פִּשַׁן רִשְׁעָתָיִם.

I רֶשֶׁף   Brand, Flamme; Blitz; Seuche.

II רֶשֶׁף   *n. pr. I Chr* 7₂₅ Reschef.

רשׁשׁ   *poel* zerstören.
    pu zerschlagen werden/sein.

רֶשֶׁת   Netz, Gitter.

רַתּוֹק   Kette?

רתח   *pi* zum Sieden bringen.
    pu zum Sieden gebracht werden, wallen.
    hi zum Sieden bringen.

*רֶתַח   *l.* נְתָחֶיהָ *(Ez* 24₅).

*רַתִּיקָה   *l. Q (I Reg* 6₂₁) Kette.

רתם   *q* anspannen?

רֹתֶם   Ginster.

רִתְמָה   *n. l.* Ritma.

רתק   *pu* gefesselt sein.

רְתֻקוֹת   Ketten.

רֶתֶת   Schrecken.

שׂ

שְׂאֹר   Sauerteig.

I שְׂאֵת   Erhebung, Auffahren; Erhabenheit, Hoheit.

II שְׂאֵת   *f.* Fleck, Mal.

שְׂבָכָה   Flechtwerk, Netz; Gitter.

שְׁבָם   *n. l.* Sebam.

שִׂבְמָה   *n. l.* Sibma.

שׂבע   *q* satt werden/sein, sich sättigen; gesättigt sein/werden; satt haben, überdrüssig sein.

    ni pt. gesättigt.

    pi sättigen.

    hi sättigen.

שֹׂבַע   Sättigung; Fülle, Überfluß.

שׂבֶע   Sättigung, Fülle.

שָׂבֵע   satt, gesättigt; reich.

שִׂבְעָה   Sättigung, Sattheit.

שָׂבְעָה*   Sättigung, Sattheit.

שׂבר°   *q* prüfen.

    pi hoffen, warten.

שֵׂבֶר*°   Hoffnung.

שׂגא°   *hi* groß machen, Größe geben; preisen.

שׂגב   *q* hoch werden; unzugänglich sein.

    ni hoch, unzugänglich, geschützt sein; erhaben sein; unbegreiflich sein.

    pi hoch, unzugänglich machen; schützen, retten; groß machen.

    pu geschützt sein/werden.

    hi groß sein.

שׂגה°   *q* groß werden, wachsen.

    hi groß machen, vermehren.

שְׂגוּב   *n. pr.* Segub.

שַׂגִּיא°   groß, erhaben.

שָׂגִיב   *l. Q (I Reg 16₃₄).*

שׂגשׂג   → II שׂוג.

שׂדד   *pi* pflügen; eggen.

שָׂדֶה   (freies) Feld, Flur; Gebiet, Grundstück; Festland.

שָׂדַי   Feld, Acker.

שִׂדִּים   *n. l.* Siddim.

שְׂדֵרָה*   Reihe; *pl. auch* Bereich; *I Reg 6₉ bautechnischer Ausdruck.*

שֶׂה   Schaf; Ziege.

שָׂהֵד*°   Zeuge.

שָׂהֲרוּתָא   → *bibl.-aram. Teil* שָׂהֲרוּ.

שֹׁהֲרֹנִים   Möndchen (*Schmuck*).

שֹׂא   *inf. cs. von* נשׂא ? (*Ps* 89₁₀).

שֹׂובֶךְ   Geäst.

I שׂוּג   → I סוג.

II שׂוּג   *pilp* großziehen?

שׂוּח   *q* unsicher.

שׂוּט   *q* abweichen; sich verstricken.

שׂוּךְ   *q* umzäunen; verzäunen, versperren.

*שׂוֹךְ   Buschwerk.

*שׂוֹכָה   Buschwerk.

שׂוֹכֹה, שׂוֹכוֹ   *n. l.* Socho.

שׂוּכָתִים   *n. gent.* Suchatiter.

שׂוֹם   → שׂים.

I שׂוּר   *q* streiten, kämpfen.

II שׂוּר   *q* sägen.

III שׂוּר   *hi* Beamte einsetzen; → *auch* שׂרר.

IV שׂוּר   → סור.

שׂוֹרָה   Hirse?

שׂוֹשׂ   *q* sich freuen.

*שֵׂחַ   Sinnen.

שָׂחָה   *q* schwimmen.
      hi überschwemmen.

שָׂחוּ   Schwimmen.

שָׂחוֹק   → שְׂחֹק.

שׂחט   *q* auspressen.

*שָׂחִיף   *Ez* 41₁₆ unsicher.

שׂחק   *q* lachen, scherzen; spotten; *Jdc* 16₂₇ sich unbeholfen aufführen.
      pi scherzen, spielen, tanzen; *Jdc* 16₂₅ belustigen; II *Sam* 2₁₄ ein Kampfspiel aufführen.
      hi spotten.

שְׂחֹק   Lachen, Scherzen; Gespött.

*שָׂט   abtrünnig?

שׂטה   *q* abweichen; untreu werden.

שׂטם   *q* anfeinden, verfolgen.

שׂטן   *q* anfeinden; sich widersetzen.

שָׂטָן   Widersacher, Gegner; Satan.

I שֹׂטְנָה   Anklage.

שִׂטְנָה II	n. l. Sitna.
שִׂיא*	Hoheit.
שִׂיאָן	n. l. Sion.
שׂיב	q grau, alt sein/werden.
שִׂיב*	graues Haar; hohes Alter.
שֵׂיבָה	graues Haar; hohes Alter.
שִׂיג	Stuhlgang.
שׂיד	q kalken, übertünchen.
שִׂיד	Kalk.
שׂיח	q sich befassen, bedenken; reden *(auch klagend).* *pol* sich befassen, bedenken.
שִׂיחַ I	Strauch.
שִׂיחַ II	Anliegen; Sorge; Klage; *Ps 104₁₁* Dichten; *II Reg 9₁₁* Geschwatz.
שִׂיחָה	Betrachtung, Andacht.
שׂים	q setzen, stellen, legen; aufstellen; einsetzen, fest-setzen, bestimmen; geben, machen zu; richten auf; *Gen 45₇ II Sam 14₇* sichern. *hi unsicher; Hi 13₂₇ Nf. von* סמם. *ho* gesetzt werden.
שׂיש	→ שׂוש.
שֵׂךְ*	Dorn; Splitter.
שֹׂךְ*	Hütte?
שֶׂפַח*	Harpune.
שׂכה	→ שׂוכה.
שֶׂכוּ	n. l. Sechu.
שֶׂכְוִי	Hahn.
שֶׂכְיָה	n. pr. Sachja.
שְׂכִיָּה*	Schiff.
שַׂכִּין	Messer.
שָׂכִיר	gemietet; Taglöhner; *pl. auch* Söldner.
שׂכך	q decken.
שׂכל I	q Erfolg haben. *pi* → סכל. *hi* verstehen, einsehen, Einsicht haben; einsichtig ma-chen, belehren; Erfolg haben; einsichtig, fromm han-deln.
שׂכל II	pi kreuzen.

שֵׂכֶל, שֶׂכֶל Einsicht, Verstand.

שִׂכְלוּת → סִכְלוּת.

שׂכר q in Dienst nehmen, dingen; mieten; *Gen* 30₁₆ erkaufen.

ni sich verdingen.

hitp sich verdingen.

I שָׂכָר Lohn.

II שָׂכָר *n. pr.* Sachar.

שֶׂכֶר Lohn.

שְׂלָו Wachtel.

שַׂלְמָא *n. pr.* Salma.

I שַׂלְמָה Mantel.

II שַׂלְמָה *n. pr.* Salma.

שַׂלְמוֹן *n. pr.* Salmon.

שְׂמֹאול, linke Seite; links; Norden; nordwärts.

שְׂמֹאל

שׂמאל *hi* nach links gehen; *I Chr* 12₂ die linke Hand gebrauchen.

שְׂמָאלִי links.

שׂמח q sich freuen, fröhlich sein.

pi erfreuen, fröhlich machen, fröhlich sein lassen.

hi triumphieren lassen.

שָׂמֵחַ freudig, froh.

שִׂמְחָה Freude, Fröhlichkeit.

שְׂמִיכָה Decke?

שַׂמְלָה *n. pr.* Samla.

שִׂמְלָה Mantel, Obergewand; Kleidung.

שׂמם *hi* II *Reg* 9₃₀ *Hi* 13₂₇ bestreichen, schminken, färben.

שְׂמָמִית Gecko.

שׂנא q hassen, Widerwillen empfinden; geringschätzen; *pt. auch* Feind.

ni gehaßt werden.

pi hassen; *pt. auch* Feind.

שִׂנְאָה Haß, Feindschaft.

שָׂנִיא* zurückgesetzt.

שְׂנִיר *n. l.* Senir.

I שָׂעִיר Ziegenbock; Bocksdämon.

II שָׂעִיר* Regenschauer.

שָׂעִיר	*n. l.*, *n. terr.* Seïr.
I שְׂעִירָה*	Ziege.
II שְׂעִירָה*	*n. l.* Seïra.
שְׂעִפִּים	beunruhigende Gedanken; Grübeleien.
I שׂער	*q* Schauder empfinden.
II שׂער	*q* hinwegfegen.
	ni stürmen *(unpersönlich).*
	pi im Sturm wegraffen.
	hitp anstürmen.
III שׂער	*q* kennen.
I שַׂעַר	Schauder.
II שַׂעַר	Sturm.
שָׂעִר	haarig.
שֵׂעָר	Behaarung, Haar.
שַׂעֲרָה	Haar.
שְׂעָרָה	Sturmwind.
שְׂעֹרָה	Gerste.
שְׂעֹרִים	*n. pr.* Seorim.
שָׂפָה	Lippe; Sprache; Rand, Ufer; Saum.
שׂפח	*pi* grindig machen.
שָׂפָם	Schnurrbart.
שִׂפְמוֹת	*n. l.* Sifmot.
שׂפן	*q pt. pass.* verborgen.
I שׂפק	*q (in die Hände)* klatschen.
	hi Jes 26 Handschlag tauschen *oder* II שׂפק.
II שׂפק	*q* reichen, genügen.
	hi Jes 26 Überfluß haben *oder* I שׂפק.
שֶׂפֶק*	Spott?
שֶׂפֶק*	Überfluß.
שַׂק	härenes Zeug; Trauerschurz, Sack.
שׂקד	*ni* achten auf?
שׂקר	*pi c.* עֵינַיִם verführerische Blicke werfen.
שַׂר	Beamter, Befehlshaber, Leiter; Edler, Vornehmer; Vorsteher, Oberster; *auch von Himmelswesen.*
שַׂרְאֶצֶר, שַׂר־אֶצֶר	*n. pr.* Sarezer.
שׂרג	*pu* verflochten sein.
	hitp sich verflechten.

שָׂרַד   *q* entkommen.

שְׂרָד   Gewebe.

שָׂרָד   Rötel.

שָׂרָה   *q* streiten.

I שָׂרָה   Herrin; Vornehme.

II שָׂרָה   *n. pr. f.* Sara.

שְׂרוּג   *n. pr.* Serug.

שְׂרוֹךְ   Sandalriemen > Kleinigkeit.

שֶׂרַח   *n. pr. f.* Serach.

שָׂרַט   *q* Einschnitte machen.

     ni sich wundreißen.

שֶׂרֶט   Einschnitt.

שָׂרֶטֶת   Einschnitt.

שָׂרַי   *n. pr. f.* Sarai.

*שָׂרִיג   Ranke.

I שָׂרִיד   Entronnener.

II שָׂרִיד   *n. l.* Sarid.

שְׂרָיָה(וּ)   *n. pr.* Seraja.

שִׂרְיֹן   *n. l.* Sirjon.

*שָׂרִיק   gehechelt.

שָׂרַךְ   *pi* hin- und herlaufen.

שַׂר־סְכִים   *n. pr.* Sarsechim.

שָׂרַע   *q pt. pass.* mißgebildet.

     hitp sich ausstrecken.

*שַׂרְעַפִּים   beunruhigende Gedanken; Grübeleien.

שָׂרַף   *q* brennen, verbrennen.

     ni verbrannt werden.

     pu verbrannt werden.

I שָׂרָף   Schlange; Saraf.

II שָׂרָף   *n. pr.* Saraf.

שְׂרֵפָה   Brand; Verbrennen; Brandstätte; Gebranntes.

*שָׂרֹק   rot; *pl.* edle Trauben.

I שֹׂרֵק   *hellrote, edle* Traubenart.

II שֹׂרֵק   *n. l.* Sorek.

שֹׂרֵקָה   Weinstock.

שָׂרַר   *q* herrschen, vorstehen.

     hi Beamte einsetzen.

     hitp sich zum Herrn aufwerfen.

שִׂשׂוֹן   Freude, Jubel.

שֵׂת   Auffahren.

שֹׂתם   *q* unerhört bleiben.

שֹׂתר   *ni* ausbrechen.

שׁ

°שָׁ , °שֶׁ , °שְׁ   *Relativpartikel*; daß; weil; *c.* כְּ wie.

שֹׁא   Verwüstung?

שָׁאב   *q* schöpfen.

שָׁאג   *q* brüllen, schreien.

שְׁאָגָה   Brüllen, Schreien

I שׁאה   *q* öde liegen.

      ni verwüstet sein.

      hi verwüsten.

II שׁאה   *ni* brausen.

III שׁאה   *hitp* betrachten.

שָׁאָה   → שׁוֹאָה.

שְׁאָוֹה   *l. Q (Prov 1₂₇)*.

שְׁאוֹל   Scheol, Unterwelt.

שָׁאוּל   *n. pr.* Saul.

שְׁאוּלִי   *n. gent.* Sauliter.

I שָׁאוֹן   Brausen, Lärmen, Tosen.

II שָׁאוֹן   Öde?, Verderben?

שְׁאָט   Verachtung.

שְׁאִיָּה   Verödung.

שׁאל   *q* (er)fragen; verlangen, fordern; erbitten, wünschen;

      pt. pass. geliehen.

      ni sich Urlaub erbitten.

      pi fragen; betteln.

      hi eine Bitte gewähren; leihen.

שְׁאָל   *n. pr.* Scheal.

שְׁאָלָה   *l.* שָׁאֲלָה *(Jes 7₁₁)*.

שְׁאֵלָה   Bitte.

שְׁאַלְתִּיאֵל   *n. pr.* Schealtiël.

שׁאן   *pil* sorglos sein.

שְׁאָן   → בֵּית־שְׁאָן.

שַׁאֲנָן sorglos, sicher; *I Reg 19₂₈ Jes 37₂₉* Stolz *oder l.* שַׁאֲנָךְ.

שְׁאַסֶיךָ *pt. q c. Suffix von* שׂסה.

שׁאַף *q* schnappen, lechzen; nachstellen.

שׁאר *q* übrig sein.

ni übriggelassen werden, übrigbleiben; zurückbleiben, bleiben.

hi übriglassen, zurücklassen; übrigbehalten.

שְׁאָר Rest, Übriges.

שְׁאֵר Fleisch, Leib; Blutsverwandter.

שַׁאֲרָה *l.* שְׁאֵרָהּ *(Lev 18₁₇).*

שַׁאֲרָה *n. pr. f.* Scheëra.

שְׁאֵרִית Rest, Übriges; Nachkommenschaft.

שְׁאֵת Verödung.

שְׁבָא *n. pr., n. gent., n. terr.* Saba.

שְׁבָאִים *n. gent.* Sabäer.

שְׁבָאֵל → שְׁבוּאֵל.

שְׁבָבִים Splitter.

שׁבה *q* gefangen wegführen.

ni gefangen weggeführt werden.

שְׁבוּ *Edelstein.*

שְׁבוּאֵל *n. pr.* Schebuël.

שָׁבוּעַ Siebent; Woche; (חַג)שָׁבֻעוֹת Wochenfest.

שְׁבוּעָה Schwur, Eid.

שֶׁבוּר Bruch.

שְׁבוּת Gefangenschaft; *c.* שׁוב *auch* Geschick wenden.

שְׁבוּת *l.* שְׁבִית.

I °שׁבח *pi* loben, preisen; glücklich preisen.

hitp sich rühmen.

II שׁבח *pi* beschwichtigen.

hi beschwichtigen.

שֵׁבֶט Stab, Stock; Zepter; Wurfspieß; Stamm.

שְׁבָט Schebat *(Monatsname, Januar/Februar).*

שְׁבִי Wegführung, Gefangenschaft; Gefangene.

שָׁבִי* gefangen weggeführt.

שׁוֹבִי *n. pr.* Schobi.

שׁוֹבַי *n. pr.* Schobai.

°שָׁבִיב* Funke.

שְׁבִיָה Wegführung; Gefangenschaft; Gefangene.

שְׁבִיל*   Pfad.

שְׁבִים*   Stirnband.

שְׁבִיעִי   siebenter.

שְׁבִית   Gefangenschaft; c. שׁוב auch Geschick wenden.

שְׁבִית   l. שְׁבִית (Ez 16₅₃).

שֹׁבֶל   Schleppe, Rocksaum.

שַׁבְּלוּל   Schnecke?

I שִׁבֹּלֶת   Ähre; Büschel.

II שִׁבֹּלֶת   Flut, Strom.

שֶׁבְנָא   n. pr. Schebna.

שֶׁבְנָה   n. pr. Schebna.

שְׁבַנְיָה(וּ)   n. pr. Schebanja.

שבע   q pt. pass. → שְׁבוּעָה.

      ni schwören; beschwören.

      hi schwören lassen; beschwören, eindringlich bitten.

I שֶׁבַע   sieben; Siebenzahl; adv. siebenmal; du. siebenfach.

II שֶׁבַע   n. pr., n. l. Scheba.

שִׁבְעָה   n. l. Schiba.

שְׁבֻעָה   → שְׁבוּעָה.

שִׁבְעָנָה   l. שִׁבְעָה (Hi 42₁₃) sieben.

שבץ   pi in Mustern weben.

      pu pt. eingefaßt.

שָׁבָץ   Krampf?, Schwächeanfall?

I שבר   q zerbrechen, zerschlagen, zermalmen; vernichten; Ps 104₁₁ stillen (Durst).

      ni zerbrochen, zerschlagen werden; rissig werden; zerbrechen.

      pi zerschmettern.

      hi durchbrechen lassen.

      ho gebrochen sein.

II שבר   q einkaufen; Getreide einkaufen.

      hi verkaufen.

I שֶׁבֶר, שֵׁבֶר   Brechen, Bruch; Zusammenbruch; Zerschlagenheit; Jdc 7₁₅ Auflösung, Deutung; Ps 60₄ Riß.

II שֶׁבֶר   Getreide.

III שֶׁבֶר   n. pr. Scheber.

שִׁבָּרוֹן   Zusammenbrechen, Zusammenbruch.

שְׁבָרִים   n. l.? Jos 7₅ Steinbruch.

שׁבת   q aufhören; stocken; feiern, ruhen; c. שַׁבָּת Sabbat hal-
halten; *Thr* 5₁₄ fern bleiben.

ni zum Aufhören gebracht werden, verschwinden.

hi zum Aufhören bringen, ein Ende machen; wegschaffen, beseitigen; *Ex* 5₅ ruhen lassen; *Dtn* 32₂₆ auslöschen;
Jos 22₂₅ abbringen; *Jes* 30₁₁ in Ruhe lassen.

שֶׁבֶת   Aufhören; Untätigsein.

שַׁבָּת   Sabbat; *Lev* 23₁₅ 25₈ Woche; *Lev* 26₃₄f.₄₃ II *Chr* 36₂₁
Sabbatjahr.

שַׁבָּתוֹן   Sabbatfeier; Ruhetag.

שַׁבְּתַי   n. pr. Schabbetai.

שׁגג   q sich unwissentlich verfehlen.

שְׁגָגָה   Versehen.

שׁגה   q umherirren; irren; sich vergehen; taumeln.

hi irreführen, abirren lassen.

שָׁגֵה   n. pr. Schage.

שׁנח   hi blicken, schauen.

שְׁגִיאָה*   Verfehlung.

שִׁגָּיוֹן   Klagelied?

שׁגל   q schänden.

ni geschändet werden.

pu geschändet werden.

שֵׁגַל   f. Frau des Königs.

שׁגע   pu pt. rasend, verwirrt.

hitp sich rasend gebärden.

שִׁגָּעוֹן   Raserei, Verrücktheit.

שֶׁגֶר   Wurf *(Tier)*.

שַׁד*   Brust.

שֵׁד*   Dämon.

I שֹׁד   Brust.

II שֹׁד   Gewalttat; Verheerung.

שׁרד   q gewalttätig sein, Gewalttat üben; verheeren, verwüsten.

ni verheert sein.

pi mißhandeln; zerstören.

pu verheert werden.

poel verheeren.

ho verwüstet werden.

שַׁדָּה   Dame?

שַׁדַּי   Schaddai *(Benennung Gottes)*.

שְׁדֵיאוּר   *n. pr.* Schedëur.

שַׁדִּין   *l.* יֶשׁ דִּין *(Hi 19₂₉)*.

שְׁדֵמָה   Feld; Terrasse.

שָׂרַף   *q pt. pass.* ausgetrocknet, versengt.

שְׂרֵפָה   Ausgetrocknetes, Versengtes.

שִׁדָּפוֹן   Getreidebrand.

שַׁדְרַךְ   *n. pr.* Sadrach.

I שֹׁהַם   Karneol.

II שֹׁהַם   *n. pr.* Schoham.

שׁוּ   *l.* שָׁוְא *(Hi 15₃₁)*.

שָׁוְא   Wertloses, Nichtiges; Trug, Falschheit; *adv.* umsonst, vergeblich, unnütz.

שָׁוְא   *n. pr.* Schewa.

שׁוֹאָה   Unheil; Unwetter.

שׁוּב   *q* zurückkehren, umkehren; (sich) wenden; sich zuwenden; sich abwenden; wieder tun, wieder sein/werden. *pol* zurückbringen; verleiten; führen; wiederherstellen. *polal* wiederhergestellt werden; abtrünnig werden. *hi* zurückbringen, zurückführen, zurückkommen lassen; zurückgeben; erstatten; heimzahlen, vergelten; zurücktreiben; wehren; zurückbiegen *(Hand)*; zurückziehen, abwenden; rückgängig machen, widerrufen; zurückhalten, abhalten, abweisen; antworten, melden, Bescheid geben; wiederherstellen; wieder tun. *ho* zurückgebracht, zurückgeführt, zurückgegeben werden.

שׁוּבָאֵל   *n. pr.* Schubaël.

I שׁוֹבֵב   abtrünnig.

II שׁוֹבֵב   *n. pr.* Schobab.

שׁוֹבֵב   abtrünnig.

שׁוּבָה   Abkehr *(vom Krieg)*.

שׁוֹבַךְ   *n. pr.* Schobach.

שׁוֹבָל   *n. pr.* Schobal.

שׁוֹבֵק   *n. pr.* Schobek.

I שׁוה   *q* gleich sein/werden; *pt. auch* gemäß; genügend.

        ni l. נִשְׁוָתָה *(Prov 27₁₅)* sich gleichen.

        pi gleich, eben machen, beschwichtigen.

        hi gleichstellen; vergleichen.

        hitp? → *ni*.

II שׁוה   *pi* stellen; legen.

        Hi 30₂₂ l. תִּשָּׁאָה.

שָׁוָה*   Ebene.

שָׁוֵה   → עֵמֶק שָׁוֵה.

שׁוח   *q* sinken, sich senken.

שׁוּחַ   *n. pr.* Schuach.

I שׁוּחָה   Fanggrube; Abgrund.

II שׁוּחָה   *n. pr.* Schuha.

שׁוּחָט   l. K *(Jer* 9₇).

שׁוּחִי   *n. gent.* Schuhiter.

שׁוּחָם   *n. pr.* Schuham.

שׁוּחָמִי   *n. gent.* Schuhamiter.

I שׁוֹט   *q* umherstreifen, schweifen; *Ez 27* rudern.

        pol umherschweifen.

        hitpol umherirren.

II שׁוֹט   *q* verachten.

I שׁוֹט   Peitsche, Geißel.

II שׁוֹט   *Jes* 28₁₅. ₁₈ *Hi* 9₂₃ Wasserflut.

שׁוּל*   Schleppe; Saum.

שׁוֹלָל   barfuß.

שׁוּלַמִּית   *n. gent.* Sulamitin.

שׁוּמִים   Knoblauch.

שׁוֹמֵר   *n. pr.* Schomer.

שׁוּנִי   *n. pr.* Schuni; *n. gent.* Schuniter.

שׁוּנֵם   *n. l.* Schunem.

שׁוּנַמִּית   *n. gent. f.* Sunamitin.

שׁוֹע   *pi* um Hilfe rufen.

שֶׁוַע*   Hilferuf.

I שׁוֹעַ   edel, vornehm.

II שׁוֹעַ   *n. gent.* Schoa.

I שׁוּעַ   *unsicher.*

II שׁוּעַ   *n. pr.* Schua.

שׁוּעָא   *n. pr. f.* Schua.

שׁוֹעָה*   Hilferuf.

I שׁוּעָל   Fuchs.

II שׁוּעָל   *n. pr., n. l.* Schual.

שׁוֹעֵר   Torhüter.

I שׁוּף   *q Gen* 3₁₅ba zermalmen.

II שׁוּף   *q* schnappen.

שׁוֹפָךְ   *n. pr.* Schofoch.

שׁוּפָמִי   *n. gent.* Schufamiter.

שׁוֹפָן   → עֲטָרֹת שׁוֹפָן.

שׁוֹפָר   Widderhorn, Horn.

שׁוּק   *pol* reich beschenken.
       hi überfließen.

שׁוֹק   Schenkel, Keule.

שׁוּק   Straße.

I שׁוּר   *q* blicken, schauen; lauern.

II שׁוּר   *q* herabsteigen; *pt.* Karawane.

שׁוֹר   Rind, Stier.

I °שׁוּר   Mauer.

II שׁוּר*   *Ps* 92₁₂ Feind?

III שׁוּר   *n. l.* Schur.

°שׁוּרָה*   Stützmauer.

שׁוֹרֵר*   Feind.

שַׁוְשָׁא   *n. pr.* Schawscha.

I שׁוּשַׁן   Lilie, Lotosblume; sechssaitig.

II שׁוּשַׁן   *n. l.* Susa.

שׁוֹשַׁק   *l. Q (I Reg 14₂₅).*

שׁוּת   → שִׁית.

שׁוּתָלַח   *n. pr.* Schutelach.

שׁוּף   *q* erblicken; bräunen *(Sonne).*

שׁוּר   *ho pt.* gezwirnt.

שַׁח   niedergeschlagen *(Augen).*

שׁחר   *q* beschenken.

שֹׁחַד   Geschenk; Bestechung.

שׁחה   *q* sich bücken.
       hi niederdrücken.
       hitpal sich neigen, sich niederwerfen.

שְׁחוֹר   → שִׁיחוֹר.

°שְׁחוֹר   Schwärze, Ruß.

שְׁחוּת*   Grube?

שׁחח   q sich ducken (müssen); gebeugt, gedemütigt werden.

ni geduckt, gebeugt werden; gedämpft werden; gedämpft klingen.

hi ducken, niederbeugen.

I שׁחט   q schlachten, töten.

ni geschlachtet werden.

II שׁחט   q *pt. pass.* gehämmert?; legiert?

שַׁחֲטָה   *Hos* 5₂ *text. corr.*

שְׁחִי   → שׁוּחִי.

שְׁחִיטָה*   Schlachten.

שְׁחִין   Geschwür.

שָׁחִים   Wildwuchs.

שְׁחִית*   Grube.

שַׁחַל   (junger) Löwe.

שְׁחֶלֶת   Räucherklaue.

שַׁחַף   Möwe.

שַׁחֶפֶת   Schwindsucht.

שַׁחַץ   Hoheit.

שַׁחֲצוֹמָה   *n. l. l.* Q *(Jos* 19₂₂*)* Schahazima.

שׁחק   q zerreiben.

שַׁחַק   Staubbelag; Wolke; Gewölk.

I °שׁחר   q schwarz werden.

II שׁחר   q auf etw. aussein.

pi auf etw. aussein, suchen; heimsuchen.

°שָׁחֹר   schwarz.

שַׁחַר   Morgenröte; Morgen.

שָׁחֹר   → שִׁיחוֹר.

°שַׁחֲרוּת   schwarzes Haar.

°*שְׁחַרְחֹר   schwärzlich.

שְׁחַרְיָה   *n. pr.* Scheharja.

שַׁחֲרַיִם   *n. pr.* Schaharajim.

שׁחת   *ni* verdorben sein/werden; verheert sein.

pi verderben, zugrunde richten; schlecht handeln; Unheil anrichten.

hi verderben, zerstören; es schlimm treiben, schlecht handeln.

ho pt. verdorben; fehlerhaft.

שַׁחַת Grube, Fanggrube; Grab.

שִׁטָּה Akazie.

שׁטח q ausbreiten, hinbreiten.
pi ausbreiten.

שׁוֹטֵט Geißel.

שִׁטִּים n. l. Schittim.

שׁטף q strömen, fluten; überschwemmen, überströmen; fort-
spülen.

ni weggespült, abgespült werden.
pu abgespült werden.

שֶׁטֶף, שֶׁטֶף Strömen, Flut.

שׁטֵר q pt. Beamter, Schreiber; Aufseher.

שִׁטְרַי n. pr. Schitrai.

שַׁי Gabe, Geschenk.

שִׁיָּא n. pr. l. Q (II Sam 20₂₅).

שִׁיאֹן n. l. Schion.

שִׁיבָה* II Sam 19₃₃ Aufenthalt?; Ps 126₁ Gefangenschaft?, Geschick?

שׁיה q l. תִּשֶּׁה (Dtn 32₁₈).

שִׁיזָא n. pr. Schisa.

שׁיח q zerfließen, sich auflösen.
hitpol aufgelöst sein.

שִׁיחָה Grube.

שִׁיחוֹר Fluß; Kanal; auch Nil.

שִׁיחוֹר לִבְנָת n. fl. Libnatkanal.

שׁוֹט l. Q (Jes 28₁₅).

שַׁיִט Ruder.

שִׁילֹה → שִׁלֹה.

שִׁילוֹ → שִׁלֹה.

שִׁילוֹנִי → שִׁילֹנִי.

שׁוֹלָל l. Q (Mi 1₈).

שִׁילֹנִי n. gent. Siloniter.

שִׁימוֹן n. pr. Simon.

שׁין iphtael pt. pissend; c. בַּקִּיר an die Wand pissend, männ-
lich.

שַׁיִן* Urin.

שִׁיר   *q* singen; besingen.
       pol singen; besingen; *pt. auch* Tempelsänger.
       ho gesungen werden.

שִׁיר   Singen; Lied.

שִׁירָה   Lied.

שֵׁירָה*   Armspange.

שַׁיִשׁ   Alabaster.

שִׁישָׁא   *n. pr.* Schischa.

שִׁישַׁק   *n. pr.* Schischak.

שִׁית   *q* setzen, stellen, legen; bestellen, (zu etw.) machen;
       bereiten.
       ho auferlegt werden.

שִׁית   Kleid, Kleidung.

שַׁיִת   Unkraut.

שָׁכַב   *q* sich legen; liegen.
       hi hinlegen; liegen lassen, ruhen lassen; *Hi 38*₃₇ um-
       legen $>$ ausleeren.
       ho gelegt werden/sein.

שְׁכָבָה*   Belag; *c.* זֶרַע Samenerguß.

שְׁכֹבֶת*   Beischlaf.

שׁכה*   *hi pt.* geil?

שְׁכוֹל   Kinderlosigkeit.

שַׁכּוּל   der Kinder beraubt; kinderlos.

שַׁכּוּל*   kinderlos.

שִׁכּוֹר   betrunken.

שׁכח   *q* vergessen.
       ni vergessen werden; in Vergessenheit geraten.
       pi in Vergessenheit geraten lassen.
       hi vergessen lassen.
       hitp vergessen werden.

שָׁכֵחַ*   vergessend.

שָׁכַךְ   *q* zurückgehen *(Wasser)*; sich legen *(Zorn)*; sich
       ducken.
       hi zurückgehen, verstummen lassen.

שׁכל   *q* kinderlos werden.
       pi kinderlos machen; entvölkern; Fehlgeburt verur-
       sachen; Fehlgeburt haben; fehltragen *(Weinstock)*.
       hi pt. unfruchtbar *oder* fehlgebärend.

שְׁכֻּלִים*   Kinderlosigkeit.

שכם   *hi* sich früh aufmachen; etw. früh, eifrig tun.

I שְׁכֶם   Nacken, Schulter; Bergrücken.

II שְׁכֶם   *n. pr., n. l.* Sichem.

שֶׁכֶם   *n. pr., n. l.* Sichem.

שִׁכְמִי   *n. gent.* Sichemiter.

שכן   *q* sich niederlassen; bleiben, sich aufhalten, wohnen.
pi wohnen lassen; aufschlagen *(Zelt).*
hi wohnen lassen; aufschlagen *(Zelt).*

שָׁכֵן   Bewohner, Anwohner, Nachbar; Nachbarstadt; Nachbarvolk.

שְׁכַנְיָה(וּ)   *n. pr.* Schechanja.

שכר   *q* sich betrinken; betrunken, berauscht sein.
pi trunken machen, berauschen.
hi trunken machen.
hitp sich betrunken aufführen.

שֵׁכָר   berauschendes Getränk, Rauschtrank.

שִׁכֹּר   → שִׁכּוֹר.

I שִׁכָּרוֹן   Trunkenheit, Rausch.

II שִׁכָּרוֹן*   *n. l.* Schikkaron.

שַׁל   Unehrerbietigkeit?

שֶׁל   שֶׁ *c.* לְ.

שַׁלְאֲנָן   *l.* שַׁאֲנָן *(Hi 21ₐ).*

שׁלב   *pu pt.* verbunden.

שָׁלָב*   Sprosse, Verbindungsleiste.

שׁלג   *hi* schneien.

I שֶׁלֶג   Schnee.

II שֶׁלֶג   Seifenkraut.

שׁלה   *q* Ruhe haben; *Hi 27₈ unsicher.*
ni nachlässig sein.
hi falsche Hoffnungen machen.

I שֵׁלָה*   Bitte.

II שֵׁלָה   *n. pr.* Schela.

שִׁלֹה   *n. l.* Silo.

שַׁלְהֶבֶת°   Flamme.

שַׁלְהֶבְתְיָה°   *l.* שַׁלְהֶבֶת יָהּ *(Cant 8₆)* Flammen Jahwes.

שָׁלֵו   ruhig, ungestört, sorglos; *Hi 20₂₀ l.* שַׁלְוָה.

שְׁלוּ*   Sorglosigkeit.

שָׁלוּ → שָׁלֹה.

שַׁלְוָה Ruhe, Sicherheit, Sorglosigkeit.

שִׁלּוּחִים Entlassung; Mitgift.

שָׁלוֹם Unversehrtheit; Wohl, Gedeihen; Freundlichkeit, Friede, Heil.

שַׁלּוּם *n. pr.* Schallum.

שִׁלּוּם Vergeltung.

שְׁלוֹמִית → שְׁלֹמִית.

שַׁלּוּן *n. pr.* Schallun.

שִׁלוֹנִי → שִׁילֹנִי.

שָׁלוֹשׁ → שָׁלֹשׁ.

שׁלח *q* ausstrecken; loslassen, freien Lauf lassen, gehen laslasen; schicken, senden.

ni geschickt werden.

pi ausstrecken; loslassen, freien Lauf lassen, gehen lassen; geleiten, begleiten; fortschicken, aussenden; entlassen; schicken, senden; *Jer* 38₆.₁₁ hinablassen.

pu geschickt werden; fortgeschickt werden; *Jes* 27₁₀ verlassen sein; *Hi* 18₈ *c.* בְּ geraten in; *Prov* 29₁₅ sich selbst überlassen sein.

hi loslassen.

I שֶׁלַח Wurfspieß; *Cant* 4₁₃ Schoß.

II שֶׁלַח *Neh* 3₁₅ Wasserleitung.

III שֶׁלַח *n. pr.* Schelach.

שִׁלֹחַ *n. l.* Siloa.

שְׁלֻחוֹת* Ranken.

שִׁלְחִי *n. pr.* Schilchi.

שִׁלְחִים *n. l.* Schilchim.

שִׁלֵּחִים → שִׁלּוּחִים.

שֻׁלְחָן Eßleder > Tisch.

°שׁלט *q* Macht haben, Macht gewinnen; *Neh* 5₁₅ herrisch umgehen.

hi herrschen lassen; ermächtigen, gestatten.

שֶׁלֶט* Rundschild.

°שִׁלְטוֹן der Macht hat.

°שַׁלֶּטֶת mächtig.

שֶׁלִי* Ruhe.

שִׁלְיָה* Nachgeburt.

שָׁלֵיו, שָׁלֵיו   →   שָׁלֵו.

שַׁלִּיט°   Machthaber, Gewalthaber.

I שָׁלִישׁ   *Jes* 40₁₂ *Ps* 80₆ Drittelmaß.

II שָׁלִישׁ*   *I Sam* 18₆ Musikinstrument.

III שָׁלִישׁ   Adjutant.

שְׁלִישִׁי   dritter, Drittel; *Gen* 6₁₆ dritter Stock; *I Sam* 3₈ drittes Mal; *I Sam* 20₅ übermorgen.

שׁלך   *hi* werfen; abwerfen; wegwerfen; verwerfen, verstoßen; umwerfen, stürzen.

ho geworfen werden; hingeworfen werden; umgestürzt werden.

שָׁלָךְ   Kormoran?

I שַׁלֶּכֶת   Fällen.

II שַׁלֶּכֶת   *Name eines Tempeltores* Schallechet.

שׁלל   *q* plündern; *Ruth* 2₁₆ herausziehen.

hitp geplündert dastehen.

שָׁלָל   Beute; Gewinn.

שׁלם   *q* heil, unversehrt bleiben; fertig, vollendet sein/werden; Frieden halten.

pi Ersatz leisten; vergelten; erfüllen; *I Reg* 9₂₅ vollenden; *Hi* 8₆ wiederherstellen.

pu vergolten werden; Vergeltung erhalten; erfüllt werden.

hi vollenden; preisgeben *(aram.)*; Frieden haben; Frieden machen, zum Frieden bringen.

ho in Frieden leben.

שֶׁלֶם°   Einvernehmen.

שֶׁלֶם   Abschlußopfer.

I שָׁלֵם   vollständig; unversehrt; friedlich.

II שָׁלֵם   *n. l.* Salem.

I שִׁלֵּם   Vergeltung.

II שִׁלֵּם   *n. pr.* Schillem.

שָׁלֵם   →   שָׁלוּם.

שִׁלֵּם   →   שָׁלוּם.

שִׁלֻּמָה*   Vergeltung.

שְׁלֹמֹה   *n. pr.* Salomo.

שְׁלֹמוֹת   *n. pr.* Schelomot.

שְׁלֹמִי   *n. pr.* Schelomi.

שַׁלְמַי	*n. pr.* Schalmai.
שִׁלֵּמִי	*n. gent.* Schillemiter.
שְׁלֻמִיאֵל	*n. pr.* Schelumiël.
שֶׁלֶמְיָה(וּ)	*n. pr.* Schelemja.
שְׁלֹמִית	*n. pr. m. und f.* Schelomit.
שַׁלְמָן	*n.pr.* Schalman.
שַׁלְמַנְאֶסֶר	*n. pr.* Salmanassar.
שִׁלְמֹנִים	Geschenke.
שֵׁלָנִי	*n. gent.* Schelaniter.
שִׁלֹנִי	→ שִׁילֹנִי.
שלף	*q* herausziehen, ausziehen.
שֶׁלֶף	*n. pr.* Schelef.
שׁלשׁ	*pi Dtn 19₃* in drei Teile teilen; *I Sam 20₁₉* am dritten Tage tun; *I Reg 18₃₄* zum dritten Mal tun.
	pu pt. dreifach; *Gen 15₉* dreijährig.
שָׁלֹשׁ	drei.
שֶׁלֶשׁ	*n. pr.* Schelesch.
שָׁלִשׁ	→ שָׁלִישׁ.
שָׁלִשָׁה	*n. terr.* Schalischa.
שִׁלְשָׁה	*n. pr.* Schilscha.
שִׁלְשׁוֹם	vorgestern.
שִׁלֵּשִׁים	Nachkommen der dritten Generation, (Ur)enkel.
שִׁלְשֹׁם	→ שִׁלְשׁוֹם.
שְׁלַתִּיאֵל	→ שְׁאַלְתִּיאֵל.
שָׁם	da, dort, dorthin; da, damals.
I שֵׁם	Name; Ansehen, Ruf; Nachruhm.
II שֵׁם	*n. pr.* Sem.
שַׁמָּא	*n. pr.* Schamma.
שֶׁמְאֵבֶר	*n. pr.* Schemeber.
שִׁמְאָה	*n. pr.* Schima.
שִׁמְאָם	*n. pr.* Schimam.
שַׁמְגַּר	*n. pr.* Samgar.
שׁמד	*ni* vertilgt, ausgerottet werden; verheert, unbrauchbar gemacht werden.
	hi vertilgen, ausrotten; zerstören.
שֶׁמֶד	*n. pr.* Schemed.
I שַׁמָּה	Schauerliches, Entsetzliches; Entsetzen; *Ps 46₉* entsetzenerregende Taten.

II שַׁמָּה   *n. pr.* Schamma.

שַׁמְהוּת   *n. pr.* Schamhut.

שְׁמוּאֵל   *n. pr.* Samuel.

שְׁמוֹנֶה   → שְׁמֹנֶה.

שַׁמּוּעַ   *n. pr.* Schammua.

שְׁמוּעָה   Nachricht, Kunde; Offenbarung.

שָׁמוּר   *n. pr. l. K (I Chr 24₂₄)* Schamur.

שַׁמּוֹת   *n. pr.* Schammot.

שמט   *q* freigeben, loslassen, fallen lassen; sich selbst überlassen; erlassen.

     ni herabgestürzt werden.

     hi freigeben lassen.

שְׁמִטָּה   Schulderlaß.

שַׁמַּי   *n. pr.* Schammai.

שְׁמִידָע   *n. pr.* Schemida.

שְׁמִידָעִי   *n. gent.* Schemidaïter.

שָׁמַיִם   Himmel.

שְׁמִינִי   achter.

I שָׁמִיר   Dorngestrüpp.

II שָׁמִיר   Diamant; Schmirgel; → *auch* צִפֹּרֶן.

III שָׁמִיר   *n. l.* Schamir.

שְׁמִירָמוֹת   *n. pr.* Schemiramot.

שַׁמְלַי   *n. pr.* Schamlai.

שׁמם   *q* menschenleer, verödet sein; verlassen sein; schau-
dern, sich entsetzen.

     ni menschenleer gemacht werden, veröden; entsetzt
werden.

     poel pt. zerschlagen, betäubt; Verwüster.

     hi menschenleer, verödet machen; verstören.

     ho inf. Verödung.

     hitpo erstaunt, bestürzt, erstarrt sein; *Koh* 7₁₆ sich zu-
grunde richten.

שָׁמֵם   menschenleer, verödet.

שְׁמָמָה   Öde.

שִׁמָמָה   Entsetzen.

שִׁמָּמוֹן   Grauen.

שׁמן   *q* fett werden/sein.

     hi fett machen > unempfindlich machen; Fett ansetzen.

שֶׁמֶן   Öl.

שָׁמֵן*   fett.

שָׁמֵן   fett.

שְׁמֹנָה   acht.

שמע   *q* hören; anhören, erhören; gehorchen; verstehen; *Dtn 1*$_{16}$ verhören; *II Sam 14*$_{17}$ unterscheiden.

ni gehört, angehört, erhört, vernommen werden; gehorsam sein/werden.

pi aufbieten.

hi hören lassen, verkündigen, ansagen, aufbieten; sich hören lassen.

I שֵׁמַע   Klang.

II שֶׁמַע   *n. pr.* Schema.

שֵׁמַע   Nachricht, Kunde; *c.* אֹזֶן Hörensagen.

שֵׁמַע*   Gerücht.

שַׁמַּע   *n. pr.* Schama.

שֶׁמַע   *n. l.* Schema.

שִׁמְעָא   *n. pr.* Schima.

שִׁמְעָה   *n. pr.* Schima.

שְׁמָעָה   *n. pr.* Schemaa.

שִׁמְעָה   → שְׁמוּעָה.

שִׁמְעוֹן   *n. pr., n. gent.* Simeon.

שִׁמְעוֹנִי   → שִׁמְעֹנִי.

שִׁמְעִי   *n. pr.* Schimi; *n. gent.* Schimiter.

שְׁמַעְיָה(וּ)   *n. pr.* Schemaja.

שִׁמְעֹנִי   *n. gent.* Simeoniter.

שִׁמְעָת   *n. pr. f.* Schimat.

שִׁמְעָתִי*   *n. gent.* Schimatiter.

שֶׁמֶץ   Flüstern.

שִׁמְצָה   Gespött?

שמר   *q* hüten, bewachen; achtgeben, behüten; aufbewahren, zurückbehalten; beobachten, beachten, halten; Wache halten; verehren; *in Verbindung mit einem anderen Verb* sorgfältig, genau.

ni sich hüten; *Hos 12*$_{14}$ behütet werden.

pi verehren.

hitp sich hüten.

I שֶׁמֶר*   Bodensatz.

שֶׁמֶר II	*n. pr.* Schemer.
שֹׁמֵר	*n. pr. f.* Schomer.
שְׁמֻרָה	Wache.
שְׁמֻרָה*	Augenlid.
שִׁמְרוֹן	*n. pr., n. l.* Schimron.
שֹׁמְרוֹן	*n. l., n. terr.* Samaria.
שִׁמְרִי	*n. pr.* Schimri.
שְׁמַרְיָה(וּ)	*n. pr.* Schemarja.
שִׁמֻּרִים	Nachtwache.
שְׁמָרִימוֹת	*l. Q (II Chr 17₈).*
שִׁמְרִית	*n. pr. f.* Schimrit.
שִׁמְרֹן	→ שִׁמְרוֹן.
שִׁמְרֹנִי	*n. gent.* Schimroniter.
שֹׁמְרֹנִים	*n. gent.* Samariter.
שִׁמְרָת	*n. pr.* Schimrat.
שֶׁמֶשׁ	Sonne; *Jes 38₈* Sonnenuhr; *Jes 54₁₂ Ps 84₁₂* Schild.
שִׁמְשׁוֹן	*n. pr.* Simson.
שִׁמְשַׁי	*n. pr.* Schimschai.
שַׁמְשְׁרַי	*n. pr.* Schamscherai.
שֻׁמָתִי	*n. gent.* Schumatiter.
שֵׁן	→ שֵׁן(־)בֵּית.
שֵׁן	Zahn; Elfenbein; Zinke; Zacke.
שׁנא	*q* leuchten.
	pi, pu → שׁנה.
שֵׁנָא	Schlaf.
שֶׁנְאַב	*n. pr.* Schinab.
שִׁנְאָן	Erhabenheit.
שֶׁנְאַצַּר	*n. pr.* Schenazzar.
שׁנה	*q* sich ändern, verschieden sein; wiederholen; zum zweiten Mal tun.
	ni wiederholt werden.
	pi ändern, entstellen; sich verstellen; wechseln.
	pu sich verändern.
	hitp sich verkleiden.
שָׁנָה	Jahr.
שֵׁנָה	Schlaf.
שֶׁנְהַבִּים	Elfenbein.
שֵׁנִי	karmesinrot.

שֵׁנִי   zweiter.

שְׁנַיִם   zwei; zweifach.

שְׁנִינָה   (scharfer) Spott, Spottwort.

שְׁנַמִּית   → שׁוּנַמִּית.

שׁנן   q schärfen.

     pi einschärfen.

     hitp sich gestochen fühlen.

שׁנס   pi schürzen.

שִׁנְעָר   n. terr. Sinear.

שְׁנָת   Schlaf.

שׁסה   q plündern.

     poel ausplündern.

שׁסס   q plündern.

     ni geplündert werden.

שׁסע   q gespalten sein.

     pi anreißen, zerreißen; I Sam 24₈ schelten.

שֶׁסַע   Spalt.

שׁסף   pi in Stücke hauen?

שׁעה   q blicken, sehen; sich kümmern.

     hi wegblicken.

     hitp um sich blicken.

*שַׁעֲטָה   Stampfen.

שַׁעַטְנֵז   aus zweierlei Fäden gewirkt.

*שַׁעַל   hohle Hand; handvoll.

שַׁעַלְבִים   n. l. Schaalbim.

שַׁעֲלַבִּין   n. l. Schaalabbin.

שַׁעַלְבֹנִי   n. gent. Schaalboniter.

שַׁעֲלִים   n. terr. Schaalim.

שׁען   ni sich stützen, sich anlehnen; sich ausruhen.

I שׁעע   q bestrichen, verklebt sein.

     hi verkleben.

     hitpalp verklebt sein.

II שׁעע   pilp spielen, hätscheln; pass. Jes 66₁₂ geschaukelt werden.

     hitpalp sich vergnügen.

°שַׁעַף   n. pr. Schaaf.

שׁער   q berechnen.

I שַׁעַר   Tor.

II *שַׁעַר   Maß.

*שֹׁעָר   aufgeplatzt, schlecht.

*שַׁעֲרוּר   Gräßliches.

*שַׁעֲרוּרִי   Gräßliches.

שְׁעַרְיָה   n. pr. Schearja.

שַׁעֲרַיִם   n. l. Schaarajim.

שַׁעַשְׁגַּז   n. pr. Schaaschgas.

שַׁעֲשׁוּעִים   Ergötzen, Vergnügen.

שׁפה   ni pt. kahl.

       pu abgemagert sein.

שְׁפוֹ   n. pr. Schefo.

שְׁפוֹט   Strafgericht.

שְׁפוּפָם   n. pr. Schefufam.

שְׁפוּפָן   n. pr. Schefufan.

שְׁפוֹת   Quark.

שִׁפְחָה   Sklavin,

שׁפט   q entscheiden, schlichten; zum Recht verhelfen; richten, betrafen; herrschen; pt. Richter, Herrscher.

       ni sich vor Gericht stellen; einen Rechtsstreit führen; Jes 66₁₆ Gericht halten.

*שֶׁפֶט   Strafgericht.

שָׁפָט   n. pr. Schafat.

שְׁפַטְיָה(וּ)   n. pr. Schefatja.

שִׁפְטָן   n. pr. Schiftan.

I שְׁפִי   kahler Hügel; Piste.

II שְׁפִי   n. pr. Schefi.

שֻׁפִּים   → שֻׁפָּם.

שְׁפִיפֹן   Schlangenart Zornnatter?

שָׁפִיר   n. l. Schafir.

שׁפך   q gießen, schütten; ausgießen, ausschütten; ergießen; aufschütten.

       ni ausgegossen, vergossen werden.

       pu ausgegossen werden; Ps 73₂ Schritte > zu Fall gebracht werden.

       hitp Hi 30₁₆ sich ergießen; Thr 2₁₂ vergossen werden; Thr 4₁ ausgeschüttet, hingegossen sein.

שֶׁפֶךְ   Aufschüttung.

שִׁפְכָה   Harnröhre.

שׁפל   *q* niedrig sein/werden; sich senken, niedersinken; gedemütigt werden, demütig sein; *Koh 1 24* gedämpft sein. *hi* herunterholen; hinabstürzen; erniedrigen, demütigen; *in Verbindung mit einem anderen Verb* herunter, tief hinab.

שֶׁפֶל   Niedrigkeit.

שָׁפָל   niedrig, tief; gering; demütig.

שִׁפְלָה   Niedrigkeit.

שְׁפֵלָה   Unterland, Hügelland; *n. l.* Schefela.

שִׁפְלוּת   Hängenlassen.

שָׁפָם   *n. pr.* Schafam.

שְׁפָם   *n. l.* Schefam.

שֻׁפִּם   *n. pr.* Schuppim.

שֻׁפָמִי   *n. gent.* Schifmiter.

I שָׁפָן   Klippdachs.

II שָׁפָן   *n. pr.* Schafan.

שֶׁפַע   Überfluß.

שִׁפְעָה*   Überfluß, Menge.

שִׁפְעִי   *n. pr.* Schifi.

שָׁפַר°   *q* gefallen.

I שֶׁפֶר   Geweih.

II שֶׁפֶר*   *n. l.* Schefer.

שֹׁפָר   → שׁוֹפָר.

I שִׁפְרָה   Blanksein.

II שִׁפְרָה   *n. pr. f.* Schifra.

שַׁפְרִיר*   Prachtzelt?

שׁפת   *q* setzen, stellen; bereitstellen.

שְׁפַתַּיִם   *Ez 40 43* Gabelhaken?; Abstellplatten?; *Ps 68 14* Hürden?; Packsattel?

שֶׁצֶף   Ergießen.

I שׁקד   *q* wachsam sein, wachen; lauern. *pu pt.* mandelblütenförmig.

II שׁקד   *q Ps 102 8* abgezehrt sein.

שָׁקֵד   Mandelbaum; Mandeln.

שׁקה   *ni l. Q (Am 8 8).* *pu* getränkt werden. *hi* trinken lassen, zu trinken geben, tränken; *pt.* → *auch* מַשְׁקֶה.

שִׁקּוּי Getränk; Labsal.

שִׁקּוּץ heidnisches Kultbild > Abscheuliches.

שקט q ruhen, Ruhe haben; sich ruhig, untätig verhalten.
hi Ruhe schaffen; sich ruhig verhalten; Ruhe haben.

שֶׁקֶט Ruhe.

שׁקל q wägen; bezahlen; *II Sam 14*₂₆ wiegen
ni gewogen werden.

שֶׁקֶל *Gewichtseinheit* Schekel *(11,424g)*.

שִׁקְמָה* Maulbeerfeigenbaum.

שקע q versinken, zurücksinken, in sich zusammensinken.
*ni Am 8*₈ Q sinken.
*hi Ez 32*₁₄ klar werden lassen; *Hi 40*₂₅ niederhalten.

שְׁקַעֲרוּרָה* Vertiefung.

שקף *ni* hinunterblicken.
hi herunterblicken.

שֶׁקֶף Rahmen?

שְׁקֻפִים Fenster?

שׁקץ *pi* zum Abscheu machen; verabscheuen.

שֶׁקֶץ Abscheuliches.

שִׁקֻּץ → שִׁקּוּץ.

שׁקק q sich stürzen, überfallen; *Jes 29*₈ *Ps 107*₉ ausgetrocknet.
hitpalp hin und her fahren.

שקר q täuschen.
pi täuschen, hintergehen; trügerisch handeln; brechen
(Treue, Verpflichtung).

שֶׁקֶר Lüge, Trug, Täuschung; trügerisch; *c.* לְ *auch* umsonst.

שֹׁקֶת, שֶׁקֶת* Tränkrinne.

שֹׁר* Nabelschnur; Nabelwulst.

שָׁרָב Sonnenhitze.

שֵׁרֵבְיָה *n. pr.* Scherebja.

שַׁרְבִיט Stab, Zepter.

שׁרה° q loslassen.
pi lösen.

שָׂרָה* *Jer 5*₁₀ pl. *von* שׂוּרָה.

שָׁרוּחֶן *n. l.* Scharuhen.

שָׁרוֹן *n. terr.* Saron.

שָׁרוֹנִי *n. gent.* Saroniter.

שְׁרוּקָה*   *l.* שְׁרֹקֹת *(Jer 18₁₆).*

שָׁרַי   *n. pr.* Scharai.

שִׁרְיָה   Pfeilspitze.

שִׁרְיוֹן, שִׁרְיָן   Schuppenpanzer.

שָׁרִיר*   Muskel.

שְׁרִירוּת   → שְׁרִרוּת.

שְׁרִית   → שְׁאֵרִית.

שְׁרֵמוֹת   *l. Q (Jer 31₄₀).*

שָׁרַץ   *q* wimmeln; zahllos sein.

שֶׁרֶץ   Gewimmel; Kleingetier.

שָׁרַק   *q* pfeifen.

שְׁרֵקָה   Pfeifen.

שְׁרֵקָה*   Flöten.

שָׁרָר   *n. pr.* Scharar.

שֹׁרֶר*   → שׁוֹרֵר.

שְׁרִרוּת   Verstocktheit.

שֹׁרֶשׁ   *pi* entwurzeln.

       pu entwurzelt werden.

       poel Wurzel schlagen.

       poal festgewurzelt sein.

       hi Wurzel schlagen.

שֶׁרֶשׁ   *n. pr.* Scheresch.

שֹׁרֶשׁ   Wurzel, Wurzelstock, Wurzeltrieb; Grundlage, Grund.

שַׁרְשׁוֹת   *pl. von* שַׁרְשְׁרָה.

שַׁרְשְׁרָה*   Kette.

שֵׁרֵת   *pi* dienen, bedienen; Dienst tun.

שָׁרֵת   Kultdienst.

שָׁשָׂה   → שָׂשָׂה.

I שֵׁשׁ   sechs.

II שֵׁשׁ   *Cant 5₁₅ Esth 1₆* Alabaster.

III שֵׁשׁ   Leinen.

שִׁשָּׁא   *pi* gängeln.

שֵׁשְׁבַּצַּר   *n. pr.* Scheschbazzar.

שִׁשָּׁה   *pi* den sechsten Teil geben.

שָׁשַׁי   *n. pr.* Schaschai.

שֵׁשַׁי   *n. pr.* Scheschai.

שִׁשִּׁי   *l. Q (Ez 16₁₃).*

שִׁשִּׁי   sechster; sechster Teil, Sechstel.

שֵׁשַׁךְ   *n. l.* Scheschach.

שֵׁשָׁן   *n. pr.* Scheschan.

שָׁשַׁק   *n. pr.* Schaschak.

שָׁשֵׁר   rote Farbe, Mennig.

I שֵׁת   Gesäß; *Ps 113* Grundlage.

II שֵׁת   *Num 24₁₇* Trotz.

III שֵׁת   *n. pr.* Set.

שׁתה   *q* trinken.

     ni getrunken werden.

I שְׁתִי   Gewebe.

II שְׁתִי   *Koh 10₁₇* Trinken.

שְׁתִיָּה   Trinken.

שָׁתִיל*   Setzling.

שְׁתַּיִם   *f. von* שְׁנַיִם.

שׁתל   *q* pflanzen.

שְׁתַלְחִי   *n. gent.* Schutalhiter.

שׁתם   *q pt. pass.* aufgeschlossen?

שׁתן   *(hi) pt. iphtael von* שׁין.

°שׁתק   *q* zur Ruhe kommen.

שְׁתַר   *n. pr.* Schetar.

שׁתת   *q* setzen.

שָׁתֹת   Weber? Seiler?

ת

תָּא   Dienstzimmer.

I תאב   *q* begehren, verlangen.

II תאב   *pi Am 6₈* verabscheuen.

תַּאֲבָה   Verlangen.

תאה   *pi* bezeichnen, festsetzen.

תְּאוֹ   Wildschaf?

תַּאֲוָה   Verlangen, Begierde, Lust.

תְּאוֹמִים   → תּוֹאֲמָם.

תַּאֲלָה*   Fluch.

תאם   *hi* Zwillinge gebären.

תּוֹאֲמִים   → תּוֹאֲמָם.

תַּאֲנָה*   Brunst.

תְּאֵנָה   Feigenbaum; Feige.

תַּאֲנָה Vorwand, Anlaß.

תַּאֲנִיָּה Traurigkeit.

תְּאֵנִים Mühe.

תַּאֲנַת שִׁלֹה *n. l.* Taanat-Silo.

תאר *q* umbiegen, sich wenden.
pi umreißen, vorzeichnen.
pu sich erstrecken?

תֹּאַר Gestalt, stattliche Erscheinung.

תַּאְרֵעַ *n. pr.* Tarea.

תְּאַשּׁוּר Zypresse.

תֵּבָה Kasten, Arche.

תְּבוּאָה Ertrag.

תְּבוּנָה Einsicht, Geschicklichkeit.

תְּבוּסָה* Zertretung > Untergang.

תָּבוֹר *n. l.* Tabor.

תֵּבֵל *f.* Festland.

תֶּבֶל schändliche Vermischung.

תֻּבַל *n. pr., n. gent.* Tubal.

תַּבְלִית* Vernichtung.

תְּבַלֻּל wer einen Fleck hat.

תֶּבֶן Häcksel.

תִּבְנִי *n. pr.* Tibni.

תַּבְנִית Bild, Urbild, Abbild; Modell, Bauplan; etwas wie.

תַּבְעֵרָה *n. l.* Tabera.

תֵּבֵץ *n. l.* Tebez.

תָּבֹר → תָּבוֹר.

תִּגְלַת פִּלְאֶסֶר *n. pr.* Tiglat-Pileser.

ת׳ פִּלְנְאֶסֶר

ת׳ פִּלְנֶסֶר

ת׳ פִּלֶסֶר

תַּנְמוּל* Wohltat.

תִּגְרָה*° Erregung.

תֹּגַרְמָה *n. pr., n. gent.* Togarma.

תִּדְהָר Esche?

תַּדְמֹר *n. l.* Tadmor, Palmyra.

תִּדְעָל *n. pr.* Tidal.

תֹּהוּ Öde, Wüste; Nichts; *Jes* 29₂₁ Nichtiges; *Jes* 45₁₉ umsonst.

תְּהוֹם	Urflut, Urmeer, Meeresflut.
תְּהֻלָּה	Irrtum.
תְּהִלָּה	Ruhm, Ruhmestat; Lobpreis, Lobgesang.
תַּהֲלֻכֹת	Festzug.
תַּהְפֻּכָה*	pl. Verkehrtheit, Verkehrtes, Ränke.
תָּו	Kennzeichen, Handzeichen.
תּוֹא	→ תְּאוֹ.
תּוֹאֲמִם	Zwillinge; doppelt.
תּוּבַל	→ תֵּבֵל.
תּוּבַל קַיִן	n. pr. Tubal-Kain.
תּוּבְנָה*	l. Q (Hi 26₁₂).
תּוּגָה	Kummer.
תּוֹגַרְמָה	→ תֹּגַרְמָה.
תּוֹדָה	Danklied, Dankopfer; Geständnis; Neh 12₃₁.₃₈.₄₀ Chor.
תוה I	pi Kennzeichen machen.
	hi Kennzeichen machen.
תוה II	hi betrüben.
תּוֹחַ	n. pr. Toach.
תּוֹחֶלֶת	Erwartung, Hoffnung.
תָּוֶךְ	Mitte.
תּוֹכֵחָה	Züchtigung.
תּוֹכַחַת	Zurechtweisung, Warnung, Vorhaltung; Entgegnung, Widerrede; Züchtigung; Vorwurf, Rüge.
תּוּפִּיּוֹת	→ וֹפִים.ⁱ.
תּוֹלָד	n. l. Tolad.
תּוֹלְדוֹת*	Nachkommen; Entstehungsgeschichte > Geschichte, Erzeugung, Geburtsfolge.
תּוֹלוֹן	n. pr. l. Q (I Chr 4₂₀) Tilon.
תּוֹלָל*	Peiniger?
תּוֹלָע I	rotgefärbte Stoffe.
תּוֹלָע II	n. pr. Tola.
תּוֹלֵעָה	Made, Wurm; Schildlaus; c. שָׁנִי karmesinfarbener Stoff, Karmesinfarbe.
תּוֹלָעִי	n. gent. Tolaïter.
תּוֹלַעַת	Nf. von תּוֹלֵעָה.
תּוֹמִיךְ	Nf. von pt. q תמך.
תּוֹמִם	→ תּוֹאֲמִם.
תּוֹעֵבָה	Abscheuliches, Abscheu, abscheulicher Brauch.

תּוֹעָה	Verwirrung; Verkehrtes.
תּוֹעָפוֹת	Hörner, Spitzen; Bestes.
תּוֹצָאוֹת	Ausgänge; Ausläufer, Ende; Auslaufen; *Ps 68*₂₁ Ausweg; *Prov 4*₂₃ Ursprung.
תּוֹקַהַת	*n. pr. l. Q (II Chr 34*₂₂*)* Tokhat.
תּוֹקְעִים	Handschlag.
תּוּר	*q* auskundschaften, erkunden, erforschen; *Num 15*₃₉ umhergehen.
	hi auskundschaften lassen.
I תּוּר	Reihe; Gehänge.
II תּוּר	Turteltaube.
תּוֹרָה	Weisung, Belehrung; Gesetz.
תּוֹשָׁב	Beisasse.
תּוּשִׁיָּה	Gelingen, Erfolg; Umsicht.
תּוֹתָח	Keule, Knüppel.
תזז	*hi* abreißen.
תַּזְנֻת*	unzüchtige Art; Hurerei.
תַּחְבֻּלוֹת	Überlegungen; Steuerung, kluge Lenkung.
תֹּחוּ	*n. pr.* Tohu.
תַּחְכְּמֹנִי	*n. gent.* Tachkemoniter.
תַּחֲלֻאִים	Krankheiten.
תְּחִלָּה	Anfang.
תּוֹחֶלֶת	→ תּוֹחֶלֶת.
תַּחְמָס	*unreiner Vogel* Eule?
תַּחַן	*n. pr.* Tahan.
I תְּחִנָּה	Flehen; Erbarmen.
II תְּחִנָּה	*n. pr.* Tehinna.
תַּחֲנוּן*	Flehen.
תַּחֲנִי	*n. gent.* Tahaniter.
תַּחֲנֹתִי	Lagerort?
תַּחְפַּנְחֵס, תְּחַפְנְחֵס	*n. l.* Tachpanhes.
תַּחְפְּנֵ(י)ס	*n. pr. f.* Tachpenes.
תַּחְרָא	Lederpanzer.
תַּחְרֵעַ	*n. pr.* Tachrea.
I תַּחַשׁ	Tümmler.
II תַּחַשׁ	*n. pr.* Tahasch.
I תַּחַת	Unteres; unterhalb, unter; an Stelle von, anstatt, für.

תַּחַת II	*n. pr., n. l.* Tahat.
תַּחְתּוֹן	Unterer.
תַּחְתִּי*	Unterer, Unterster; Tiefe.
תַּחְתִּים חָדְשִׁי	*n. l.* Tachtim-Hodschi.
תִּיכוֹן, תִּיכֹן	mittlerer.
תֵּימָא	*n. pr., n. gent., n. terr.* Tema.
תֵּימָן I	Süden, Südgegend; Südwind.
תֵּימָן II	*n. pr., n. gent., n. terr.* Teman.
תֵּימָנִי	*n. gent.* Temaniter.
תֵּימְנִי	*n. gent.* Temniter.
תִּימָרָה*	Säule.
תִּיצִי	*n. gent.* Tiziter.
תִּירוֹשׁ	Wein.
תּוּרְיָא	*n. pr.* Tīrja.
תִּירָס	*n. pr.* Tiras.
תִּירֹשׁ	→ תִּירוֹשׁ.
תַּיִשׁ	Ziegenbock.
תֹּךְ°	Bedrückung.
תכה	*pu ungedeutet.*
תְּכוּנָה	Einrichtung, Ausstattung; *Hi* 23₃ Stätte.
תֻּכִּיִּים	Hühner.
תְּכָכִים	*pl. von* תֹּךְ.
תִּכְלָה	Vollkommenheit.
תַּכְלִית	Äußerstes, Letztes.
תְּכֵלֶת	violette Purpurfäden, -stoffe.
תכן	*q* prüfen.
	ni geprüft werden; in Ordnung, richtig sein.
	pi fest hinstellen; bemessen.
	pu pt. abgezählt.
תֹּכֶן I	Quantum, Maß.
תֹּכֶן II	*n. l.* Tochen.
תַּבְנִית	Vorbild, Modell.
תַּכְרִיךְ°	Mantel.
תֵּל	Schutthügel.
תלא	*q* aufhängen; *Dtn* 28₆₆ *c.* לְ *und* מִנֶּגֶד in Unsicherheit, Gefahr sein.
תַּלְאָבוֹת	Fieberschauer.
תֵּל אָבִיב	*n. l.* Tel-Abib.

תְּלָאָה   Mühsal, Beschwerde.

תְּלַאשָּׂר   *n. terr.* Telassar.

תִּלְבֹּשֶׁת   Bekleidung.

תִּלְגַת פִּלְנְאֶסֶר   → תִּגְלַת פִּלְאֶסֶר.

תִּ׳ פִּלְנֶסֶר

תלה   *q* aufhängen.

     ni aufgehängt werden.

     pi aufhängen.

תָּלוּל   hochragend.

°תֶּלַח   *n. pr.* Telach.

תֵּל חַרְשָׁה   *n. l.* Tel-Harscha.

*תְּלִי   Wehrgehänge *(Köcher und Pfeile).*

תלל   *hi* täuschen, hintergehen.

     ho getäuscht werden.

תֶּלֶם   Ackerfurche.

תַּלְמַי   *n. pr.* Talmai.

תַּלְמִיד   Schüler.

תֵּל מֶלַח   *n. l.* Tel-Melach.

תְּלֻנּוֹת   Murren.

תלע   *pu pt.* in Scharlach gekleidet.

תַּלְפִּיּוֹת   Steinschichten.

תְּלַשָּׂר   → תְּלַאשָּׂר.

*תַּלְתָּל   Dattelrispe.

תָּם   ganz, vollständig; fromm, recht, rechtschaffen; *Gen 25₂₇* friedlich; *Cant 5₂ 6₉ c. Suffix* mein Alles.

תֹּם   Vollständigkeit, Ganzheit; Lauterkeit, Arglosigkeit; *Hi 21₂₃* Vollkraft; *pl.* → תֻּמִּים.

תֵּמָא   → תֵּימָא.

תמה   *q* staunen, anstaunen, erstaunen.

     hitp sich anstarren.

*תֻּמָּה   Lauterkeit.

תִּמָּהוֹן   Staunen, Verwirrung.

תַּמּוּז   *n. pr.* Tammuz *(Benennung einer Gottheit).*

תְּמוֹל   gestern, früher.

תְּמוּנָה   Gestalt, Abbild.

תְּמוּרָה   Tausch, Eintausch, Vertauschtes.

תְּמוּתָה   Sterben.

תֶּמַח   *n. pr.* Temach.

תָּמִיד   ständig, dauernd, regelmäßig.

תָּמִים   vollständig; einwandfrei; vollkommen, untadelig; aufrichtig; unversehrt.

תֻּמִּים   zus. mit אוּרִים *Losorakelmittel (positiver Entscheid).*

תמך   *q* ergreifen, halten, festhalten.

      ni festgehalten werden.

תְּמֹל   → תְּמוֹל.

תמם   *q* vollständig, vollendet, fertig, zu Ende sein; verbraucht, vergangen sein; unsträflich, vollkommen sein.

      hi fertig machen, vollmachen, vollenden; Hi 22₃ unsträflich machen; Ez 22₁₅ wegschaffen.

      hitp sich als redlich erweisen.

תֵּמָן   → I תֵּימָן.

תִּמְנָה   *n. l.* Timna.

תִּמְנִי   → תֵּימָנִי.

תִּמְנִי   *n. gent.* Timniter.

תִּמְנָע, תִּמְנַע   *n. pr. f., n. gent.* Timna.

תֶּמֶס   Zerfließen.

I תָּמָר   Dattelpalme.

II תָּמָר   *n. pr. f., n. l.* Tamar.

I תֹּמֶר   Palme.

II תֹּמֶר   Vogelscheuche.

תִּמֹרָה   Palmenornament.

וְתַמְרוּק   Einreibung, Massage.

I תַּמְרוּרִים   Bitterkeit.

II תַּמְרוּרִים   Jer 31₂₁ Wegzeichen.

תַּן*   Schakal.

תנה°   *q ungedeutet.*

      pi besingen?

      hi ungedeutet.

תְּנוּאָה*   Befremden, Anlaß zum Befremden.

תְּנוּבָה   Ertrag.

תְּנוּךְ   Ohrläppchen.

תְּנוּמָה   Schlummer.

תְּנוּפָה   Schwingen; Weihung; Weihgabe.

תַּנּוּר   Backofen.

תַּנְחוּמוֹת   Trost.

תַּנְחוּמִים   Trost.

תַּנְחֻמֶת	*n. pr.* Tanhumet.
תַּנִּים, תַּנִּין	Seeungeheuer, Seedrache; Schlange.
I תִּנְשֶׁמֶת	*Lev 11*30 Chamäleon.
II תִּנְשֶׁמֶת	weiße Eule.
תעב	*ni* verabscheut werden.
	pi verabscheuen; *Ez 16*25 zum Abscheu machen.
	hi abscheulich handeln.
תעה	*q* umherirren, sich verirren; taumeln, verwirrt sein; *c.*
	מִן abirren.
	ni irregeführt werden; taumeln.
	hi umherirren lassen, irreführen, verführen; *Jer 42*20
	sich betrügen.
תֹּעוּ	*n. pr.* Tou.
תְּעוּדָה	Bestätigung.
תֹּעִי	*n. pr.* Toï.
I תְּעָלָה	Wassergraben, Wasserleitung, Kanal.
II תְּעָלָה	Fleischüberzug *(bei heilender Wunde).*
תַּעֲלוּלִים	Willkür, Mißhandlung.
תַּעֲלֻם*	*l.* תַּעֲלֻמָה *(Hi 28*11).
תַּעֲלֻמָה*	Verborgenes, Geheimnis.
תַּעֲנוּג	Behagen, Genuß; *pl. auch* Verwöhnung.
תַּעֲנִית*	Kasteiung, Bußübung.
תַּעֲנָךְ	*n. l.* Taanach.
תעע	*pilp* spotten.
	hitpalp verspotten.
תַּעֲצֻמוֹת	Kraftfülle.
תַּעַר	Messer; Scheide.
תַּעֲרוּבוֹת	*c.* בֶּן Geisel.
תַּעְתֻּעִים	Gespött.
תֹּף	Handpauke, Handtrommel.
תִּפְאֶרֶת	Schmuck, Zier, Pracht; Ruhm, Ehre, Auszeichnung;
	Stolz.
I תַּפּוּחַ	Apfel; Apfelbaum.
II תַּפּוּחַ	*n. pr., n. l.* Tappuach.
תְּפוּצָה*	Zerstreuung.
תְּפִינִים*	*unsicher.*
תפל	*hitp l.* תִּתְפַּלָּל *(II Sam 22*27).
I תָּפֵל	Tünche.

תָּפֵל II	*Hi* 6₆ Fades.
תֹּפֶל	*n. l.* Tofel.
תִּפְלָה	Haltloses; Anstößiges.
תְּפִלָּה	Gebet.
תִּפְלֶצֶת*	Grauen.
תִּפְסַח	*n. l.* Tifsach.
תפף	*q* trommeln.
	poel schlagen.
תפר	*q* nähen.
	pi zusammenbinden.
תפש	*q* fassen, ergreifen; handhaben, umgehen mit; einneh- men; *Hab* 2₁₉ einfassen; *Prov* 30₉ sich vergreifen.
	ni ergriffen, gefangen, eingenommen, besetzt werden.
	pi fangen.
תֹּפֶת I	*Hi* 17₆ Speichel.
תֹּפֶת II	*n. l.* Tofet; Opferstätte?
תָּפְתֶּה	*l.* תָּפְתֹּה (*Jes* 30₃₃).
תִּקְוָה* I	*Jos* 2₁₈.₂₁ Schnur.
תִּקְוָה II	Erwartung, Hoffnung.
תִּקְוָה III	*n. pr.* Tikwa.
תְּקוּמָה	Standhalten.
תְּקוֹמֵם*	Gegner?
תָּקוֹעַ	*Ez* 7₁₄ Horn?
תְּקוֹעַ	*n. l.* Tekoa.
תְּקוֹעִי	*n. gent.* Tekoïter.
תְּקוּפָה*	Wendepunkt, Wende.
תַּקִּיף°	stark.
תקן°	*q* gerade werden.
	pi gerade richten; in gute Form bringen.
תקע	*q* schlagen; aufschlagen; klatschen; Handschlag geben; stoßen; blasen.
	ni geblasen werden; *Hi* 17₃ sich verbürgen.
תֶּקַע	Blasen *(Horn)*.
תקף°	*q* überwältigen.
תֹּקֶף°	Kraft, Gewalt.
תֹּר I	→ תּוֹר I.
תֹּר II	→ תּוֹר II.
תַּרְאֵלָה	*n. l.* Tarala.

תַּרְבֻּת Nachwuchs, Brut.

תַּרְבִּית Aufgeld, Wucherzins.

תרגם *pt. pass.* übersetzt.

תַּרְדֵּמָה Tiefschlaf, Betäubung.

תִּרְהָקָה *n. pr.* Tirhaka.

תְּרוּמָה Abgabe.

תְּרוּמִיָּה Abgabe.

תְּרוּעָה Lärm, Lärmzeichen; Jubelgeschrei.

תְּרוּפָה Heilmittel.

תִּרְזָה *Baumart.*

תֶּרַח *n. pr., n. l.* Terach.

תִּרְחֲנָה *n. pr.* Tirhana.

תָּרְמָה Trug.

תַּרְמוֹת *l. Q (Jer 14₁₄).*

תַּרְמִית Trug.

תֹּרֶן Signalstange; Mastbaum.

תַּרְעֵלָה Taumel.

תִּרְעָתִים *n. gent.?* Tiratiter.

תְּרָפִים Teraphim *(Gottesbild).*

תִּרְצָה *n. pr. f., n. l.* Tirza.

תֶּרֶשׁ *n. pr.* Teresch.

תַּרְשִׁישׁ I *Edelstein.*

תַּרְשִׁישׁ II *n. pr., n. l., n. gent.* Tarsis.

תִּרְשָׁתָא Statthalter.

תַּרְתָּן Heerführer.

תַּרְתָּק *n. pr.* Tartak *(Benennung einer Gottheit).*

תְּשׂוּמֶת Anvertrautes?, gemeinsamer Besitz?

תְּשֻׁאָה* Lärmen, Geschrei; Krachen.

תֹּשַׁב תּוֹשָׁב ←.

תִּשְׁבִּי *n. gent.* Tisbiter.

תַּשְׁבֵּץ Gewirktes.

תְּשׁוּבָה* Rückkehr; Erwiderung, Antwort.

תְּשֻׁוָה *l.* תְּשֻׁאָה *(Hi 30 ₂₂).*

תְּשׁוּעָה Hilfe, Rettung, Heil.

תְּשׁוּקָה* Verlangen.

תְּשׁוּרָה Gabe?

תְּשִׁיָה → תְּשׁוּעָה.
תְּשִׁיעִי neunter.
תְּשַׁע neun.
תְּשִׁיעִי → תְּשִׁיעִי.

Biblisch-aramäischer Teil

א

אַב*	Vater, Vorfahr.
אֵב*	Frucht.
אבד	*pe* zugrunde gehen.
	ha umbringen, vernichten.
	ho vernichtet werden.
אֶבֶן	*f.* Stein.
אִגְּרָא, אִגְּרָה	*f.* Brief.
אֱדַיִן	dann, darauf.
אֲדָר	Adar *(Monatsname, Februar/März).*
אִדַּר^	Tenne.
אֲדַרְגָּזַר*	Ratgeber.
אדרזדא	*adv* eifrig.
אֶדְרָע	Arm; Gewalt.
אוא	→ אזה.
אֲזְדָּא	kundgemacht.
אזה	*pe* heizen.
אזל	*pe* gehen.
אָח*	Bruder.
אַחֲוָיָה*	*inf. ha von* חוה.
אֲחִידָה^	Rätsel.
אַחְמְתָא	*n. l.* Ekbatana.
אַחַר*	nach.
אַחֲרִי*	Ende.
אָחֳרִי	*f.* eine andere.
אָחֳרֵין	*adv.* zuletzt.
אָחֳרָן	ein anderer.
אֲחַשְׁדַּרְפַּן*	Satrap.
אִילָן	Baum.
אֵימְתָן*	schrecklich.
אִיתַי	es gibt.
אכל	*pe* essen, verschlingen.
אַל	nicht.
אֵלֶּה	*l. Q (Esr* 5₁₅) diese.
אֱלָהּ	Gott.

אֵלֶּה   diese.

אֲלוּ   sieh da!

אִלֵּין   diese.

אִלֵּךְ   diese.

אִלֵּן   → אִלֵּין.

אֶלֶף   tausend.

אַמָּה*   Elle.

אֻמָּה   Nation.

אמן   *ha* vertrauen; *pt. pass.* zuverlässig.

אמר   *pe* sagen; befehlen.

אִמַּר*   Lamm.

אַנְבֵּה   אֵב *c. suff.*

אֲנָה   ich.

אִנּוּן, *f.* אִנִּין   sie; jene.

אֱנוֹשׁ   → אֱנָשׁ.

אֲנַחְנָא,   wir.

אֲנַחְנָה

אנס   *pe* bedrängen.

אֲנַף*   Gesicht.

אֱנָשׁ   Mensch; *coll.* Menschen, Menschheit.

אַנְתְּ, אַנְתָּה   du.

אַנְתּוּן   ihr.

אֱסוּר   Band, Fessel.

אָסְנַפַּר   *n. pr.* Asnapar.

אָסְפַּרְנָא   *adv.* genau, pünktlich.

אֱסָר   Verbot.

אָע   Holz.

אַף   auch.

אֲפָרְסָי*   *n. gent.* Perser *oder* Beamtentitel.

אֲפָרְסְכָי*   *n. gent.* Perser *oder* Beamtentitel.

אֲפַרְסַתְכָי*   *Beamtentitel.*

אֻפַּתֹם   Vorratskammer?, endlich?

אֶצְבַּע*   Finger; Zehe.

אַרְבַּע   vier.

אַרְגְּוָן*   Purpur.

אֲרוּ   sieh da!

אֹרַח*   Weg.

אַרְיֵה   Löwe.

אַרְיוֹךְ   *n. pr.* Arjoch.

אָרִיךְ   passend, geziemend.

אַרְכֻּבָּה*   Knie.

אַרְכָה   Länge, Dauer.

אַרְפְּוִי*   *n. gent.* Arkewiter.

אֲרַע*   Erde.

אַרְעִי*   Boden.

אֲרַק*   Erde.

אַרְתַּחְשַׁסְתָּא,   *n. pr.* Artaxerxes.
אַרְתַּחְשַׁשְׂתָּא

אֹשׁ*   Fundament.

אֶשָּׁא   Feuer.

אָשַׁף   Beschwörer, Zauberer.

אֻשַּׁרְן*   Bauholz, Getäfel.

אֶשְׁתַּדּוּר   Aufruhr.

אֶשְׁתִּיו   *pe pf. von* שתה c א

אָת*   Zeichen.

אתה   *pe* kommen.
      ha bringen; *pass.* gebracht werden.

אַתּוּן*   Ofen.

אֲתַי   → אִיתַי.

אֲתַר   Spur; Ort.

ב

בְּ   in, an; mit, durch; aus; über.

בְּאִישׁ*   böse.

בְּאֵשׁ   *pe c.* עַל es mißfällt.

בְּאתַר   nach.

בָּבֶל   *n. l.* Babel.

בָּבְלָי*   *n. gent.* Babylonier.

בדר   *pa* zerstreuen.

בְּהִילוּ   Eile.

בהל   *pa* erschrecken.
      hitpe eilen.
      hitpa erschreckt werden.

בטל   *pe* aufhören.
      pa hindern, abhalten; Einhalt gebieten.

בֵּין   zwischen.

בִּינָה   Einsicht.

בִּירָה*   Festung.

בַּיִת   Haus.

בָּל   Herz, Sinn.

בלא   *pa* aufreiben.

בֵּלְאשַׁצַּר   *n. pr.* Belsazzar.

בְּלוֹ   Abgabe.

בֵּלְטְשַׁאצַּר   *n. pr.* Belsazzar.

בֵּלְשַׁאצַּר   *n. pr.* Belsazzar.

בנה   *pe* bauen.

     hitpe gebaut werden.

בִּנְיָן*   Gebäude.

בְּנִין   *pl. von* II בַּר.

בנס   *pe* ärgerlich werden, zürnen.

בעא, בעה   *pe* suchen, bitten.

     pa suchen.

בָּעוּ   Bitte, Gebet.

בְּעֵל   Besitzer, Herr.

בִּקְעָה*   Ebene.

בקר   *pa* suchen, nachforschen.

     hitpa gesucht, nachgeforscht werden.

I בַּר*   Feld.

II בַּר   Sohn; *auch Bezeichnung der Zugehörigkeit.*

I ברך   *pe* niederknien.

II ברך   *pe pt. pass.* gepriesen.

     pa preisen.

בְּרֶךְ*   Knie.

בְּרַם   aber.

בְּשַׂר   Fleisch.

בַּת*   *Flüssigkeitsmaß* Bat (*zwischen 22 und 45 l*).

בָּתַר   nach.

נ

נַב*   Rücken *oder* Seite.

גֹּב   Grube.

גְּבוּרָה*   Stärke, Macht.

גְּבַר   Mann.

גִּבָּר*   kräftiger Mann.

גִּזְבָּר*   Schatzmeister.

גדד   *pe* umhauen.

גַּו* , גּוֹ(א)*   Inneres.

גּוֹב   → גֹּב.

גֵּוָה   Stolz.

גוח   *ha* aufwühlen.

גִּזְבַּר*   Schatzmeister.

גזר   *pe pt. pl.* Astrologen, Wahrsager.
      itpe, hitpe sich losreißen, losbrechen.

גְּזֵרָה*   Entscheidung, Beschluß.

גִּיר*   Kalk.

גלא   → גלה.

גַּלְגַּל*   Rad.

גלה   *pe* enthüllen, offenbaren.
      ha deportieren.

גָּלוּ*   Deportation.

גְּלָל   *coll. c.* אֶבֶן bearbeitete Steine.

גמר   *pe pt. pass.* vollendet.

גְּנַז*   Schatz.

גַּף*   Flügel.

גְּרַם*   Knochen.

גְּשֵׁם*   Körper.

ד

דָּא   *f.* diese.

דֹּב   Bär.

דבח   *pe* opfern.

דְּבַח*   Schlachtopfer.

דבק   *pe* zusammenhalten.

דִּבְרָה*   Angelegenheit.

דְּהַב   Gold.

דֶּהֱוָא   *l.* דִּי־הוּא (*Esr* 4₉) das ist.

דוק   → דקק.

דוּר   *pe* wohnen.

דּוּרָא   *n. terr.* Dura.

דּוּשׁ   *pe* zertreten.

דַּחֲוָה*   *unsicher.*

דחל   *pe* sich fürchten; *pt. pass.* furchtbar.
       pa erschrecken.

דִּי   *Genetivpartikel*; *Relativpartikel*; daß, so daß, damit,
       weil, denn; *Einleitung der direkten Rede.*

דִּין   *pe* Recht sprechen.

דִּין   Recht; Gericht; Gerichtshof.

דַּיָּן*   Richter.

דִּינָיֵא   *n. gent.?*

דַּךְ, *f.* דָּךְ   jener.

דִּכֵּן   jener.

דְּכַר*   Widder.

דִּכְרוֹן*   Protokoll, Edikt.

דִּכְרָן*   Annalen.

דלק   *pe* brennen.

דמה   *pe* gleichen, ähnlich sein.

דְּנָה   dieser.

דָּנִיֵּאל   *n. pr.* Daniel.

דקק   *pe* zerschlagen.
       ha zermalmen.

דָּר   Generation.

דָּרְיָוֶשׁ   *n. pr.* Darius.

דְּרָע*   Arm.

דָּת   Befehl, Gesetz.

דֶּתֶא*   Gras.

דְּתָבַר*   Gesetzesverständiger, Richter.

ה

הַ, הֲ   *Fragepartikel.*

הָא   siehe!

הֵא   so wie.

הַדָּבַר*   *hoher königlicher Beamter.*

הַדָּם*   Glied, Stück.

הדר   *pa* verherrlichen.

הֲדַר*   Herrlichkeit.

הוּא   er; jener.

הוּא, הוה   *pe* sein; werden; geschehen.

הִיא   sie.

הֵיכַל   Palast; Tempel.

הלך   *pe* gehen, gelangen.

      pa umhergehen.

      ha l. pa.

הֲלָךְ   *Abgabe.*

הִמּוֹ, הִמּוֹן   *pl.* sie.

הַמּוּנְכָא   *l. Q* Halskette.

הֵן   wenn, ob.

הַנְזָקָה*   Nachteil.

הַצְדָּא   → צְדָא.

הַרְהֹר*   Traumgebilde.

הִתְבְּהָלָה   Eile.

הִתְנַדָּבוּ*   Spende.

ו

ו, וְ   und, aber, auch.

ז

זבן   *pe* kaufen.

זְהִיר*   vorsichtig.

זוד   *ha* übermütig handeln.

זון   *hitpe* sich ernähren.

זוע   *pe* zittern, beben.

זיד   → זוד.

זִיו*   Glanz; *pl.* Gesichtsfarbe.

זָכוּ   Unschuld.

זְכַרְיָה   *n. pr.* Sacharja.

זמן   *hitpe, hitpa* verabreden, übereinkommen.

זְמַן, זְמָן   Zeit; -mal.

זְמָר*   Saitenspiel.

זַמָּר*   Sänger.

זַן*   Art.

זְעֵיר*   klein.

זעק   *pe* schreien.

זקף   *pe pt. pass.* gepfählt.

זְרֻבָּבֶל   *n. pr.* Serubbabel.

זְרַע   Nachkommenschaft.

ח

חֲבוּלָה   Verbrechen.

חבל   *pa* verletzen; zerstören.

     hitpa zerstört werden, zugrunde gehen.

חֲבָל   Verletzung, Schaden.

חֲבַר*   Gefährte.

חַבְרָה*   *pl.* die anderen.

חַגַּי   *n. pr.* Haggai.

חַד   einer; eins; -mal; *Dan* 2₃₅ *c.* כְּ zusammen.

חֲדֵה*   Brust.

חֶדְוָה   Freude.

חֲדַת   neu.

חוא, חוה   *pa* kundtun.

     ha kundtun.

חִוָּר   weiß.

חזה   *pe* sehen, einsehen; *pt.* angemessen, üblich.

חֱזוּ*, חֵזוּ*   Gesicht, Vision; *Dan* 7₂₀ Aussehen.

חֲזוֹת*   Anblick > es war zu sehen.

חֲטִי*   Sünde.

חַטָּיָא   Sündopfer.

חַי   lebend; *pl.* Leben.

חיה   *pe* leben.

     ha beleben.

חֵיוָה   Tier; *coll.* Getier.

חיט   *pe oder ha* ausbessern?

חַיִל   Kraft, Stärke; Heer.

חַכִּים*   weise; Weiser.

חָכְמָה	Weisheit.
חֵלֶם	Traum.
חלף	*pe* vorübergehen.
חֲלָק	Anteil; Los.
חֵמָה	Zorn, Wut.
חֲמַר	Wein.
חִנְטָה*	Weizen.
חֲנֻכָּה*	Einweihung.
חנן	*pe* sich erbarmen.
	hitpa flehen.
חֲנַנְיָה	*n. pr.* Hananja.
חַסִּיר	gering, minderwertig.
חסן	*ha* in Besitz nehmen, besitzen.
חֱסֵן*	Macht.
חֲסַף	Ton.
חצף	*ha pt.* streng.
חרב	*ho* zerstört, verwüstet werden.
חַרְטֹם	Magier.
חרך	*hitpa* versengt werden.
חֲרַץ*	Hüfte.
חשב	*pe* rechnen, achten.
חֲשׁוֹךְ*	Finsternis.
חשׁח	*pe* nötig haben.
חַשְׁחָה*	Bedarf.
חַשְׁחוּ*	Bedarf.
חשׁל	*pe* zermalmen.
חתם	*pe* versiegeln.

ט

טאב	*pe* gut sein.
טָב	gut.
טַבָּח*	Leibwächter.
טוּר	Berg.
טְוָת	fastend, nüchtern.
טִין*	Lehm.
טַל	Tau.

טְלֵל *ha* nisten?

טְעַם *pa* zu essen geben.

טְעֵם Verstand; Befehl; Gutachten, Bericht; *Dan* 5₂ Geschmack.

טְפַר־* Nagel; Kralle.

טְרַד *pe* vertreiben.

טַרְפְּלָיֵ* *n. gent.* Tarpeliter *oder Beamtenklasse.*

י

יְבֵל *ha* bringen.

    sa → סבל.

יַבֶּשָׁה* Erde.

יְגַר Steinhaufen.

יַד Hand, Tatze; Macht.

יְדָא *ha* preisen.

יְדַע *pe* wissen, kennen, erfahren, einsehen, verstehen; kund sein.

    ha mitteilen; *Esr* 7₂₇ belehren.

יְהַב *pe* geben; *Dan* 6₃ (Bericht) erstatten; *Esr* 5₁₆ (Fundament) legen.

    hitpe gegeben werden; *Esr* 6 bezahlt werden.

יְהוּד *n. gent., n. terr.* Juda, Judäer.

יְהוּדָי* *n. gent.* Juden.

יוֹם Tag.

יוֹצָדָק *n. pr.* Jozadak.

יזב *ša* → שֵׁיזֵב.

יְטַב *pe* gefallen.

יְכֹל *pe* können; überwältigen.

יַם* Meer.

יְסַף *ho* hinzugefügt werden.

יְעַט *itpa* sich beraten.

יָעֵט* Ratgeber.

יצא *ša* → שֵׁיצִיא.

יְצַב *pa* genau erfahren.

יַצִּיב zuverlässig, gewiß; sicherlich!

יְקַד *pe* brennen.

יָקְדָה* Brennen.

יַקִּיר* schwierig; erlaucht.

יְקָר* Ehre, Würde.

יְרוּשְׁלֵם n. l. Jerusalem.

יְרַח* Monat.

יַרְכָה* Oberschenkel.

יִשְׂרָאֵל n. gent. Israel.

יֵשׁוּעַ n. pr. Jeschua.

יָת* Akkusativpartikel.

יתב pe sich setzen; wohnen.
ha ansiedeln.

יַתִּיר außergewöhnlich; adv. sehr, überaus.

כ

כְּ wie, entsprechend, gemäß; ungefähr; c. inf. sobald als.

כִּדְבָה Lüge.

כָּה hier.

כהל pe können.

כָּהֵן* Priester.

כַּוָּה* Fenster.

כּוֹרֶשׁ n. pr. Cyrus.

כִּכַּר* Gewichtseinheit Talent (zwischen 3000 und 3600 Schekel, zwischen 34 kg und 41 kg).

כֹּל ganz, jeder, alle.

כלל ša vollenden.
išt vollendet werden.

כֵּן so.

כְּנֵמָא so.

כנש pe versammeln.
hitpa sich versammeln.

כְּנָת* Genosse, Kollege.

כַּסְדָּי → כַּשְׂדָּי.

כְּסַף Silber.

כְּעַן jetzt.

כְּעֶנֶת und nun.

כְּעֶת → כְּעֶנֶת.

נְהִיר*	l. Q (Dan 2₂₂) Licht.

נְהִיר* l. Q (Dan 2₂₂) Licht.
נַהִירוּ Erleuchtung.
נְהַר Strom; *oft* Euphrat.
נוד *pe* fliehen.
נְוָלוּ Abfall-, Trümmerhaufen.
נוּר Feuer.
נזק *pe* zu Schaden kommen.
ha schädigen.
נְחָשׁ Kupfer, Bronze.
נחת *pe* herabsteigen.
ha niederlegen.
ho gestürzt werden.
נטל *pe* erheben, aufheben.
נטר *pe* bewahren.
נִיחוֹחַ* Räucheropfer.
נְכַס* Schatz, Geld.
נְמַר Panther.
נסח *hitpe* herausgerissen werden.
נסך *pa* darbringen.
נְסַךְ* Trankopfer.
נפל *pe* fallen, niederfallen; zufallen, obliegen.
נפק *pe* ausgehen; *Dan* 2₁₃ erlassen werden.
ha herausholen.
נִפְקָה* Kosten.
נִצְבָּה* Härte.
נצח *hitpa* sich hervortun.
נצל *ha* retten.
נקא rein.
נקשׁ *pe* schlagen.
נשׂא *pe* nehmen; forttragen.
hitpa sich erheben.
נְשִׁין* Frauen.
נִשְׁמָה Lebensodem.
נְשַׁר Adler.
נִשְׁתְּוָן Brief, Dekret.
נְתִין Tempelsklave.
נתן *pe* geben.
נתר *aph* abstreifen.

כפת *pe* gebunden werden.
pa binden.
כֹּר* Hohlmaß Kor (*zwischen 220 l und 450 l*).
כַּרְבְּלָה* Mütze.
כרה *itpe* bekümmert sein.
כָּרוֹז* Herold.
כרז *ha* öffentlich ausrufen.
כָּרְסֵא* Sessel, Thron.
כַּשְׂדָּי *n. gent.* Chaldäer.
כתב *pe* schreiben.
כְּתָב Schrift; Urkunde; Vorschrift.
כְּתַל Wand.

ל

ל zu, um zu, an, für, nach—hin, gegen—hin, nämlich, in bezug; *Zeichen des Genetivs, Dativs und Akkusativs.*
לָא nicht.
לֵב* Herz.
לְבַב Herz.
לְבוּשׁ* Gewand.
לבשׁ *pe* anziehen.
ha bekleiden.
לָה → לָא.
I לְהֵן deshalb.
II לְהֵן außer; aber, sondern.
לֵוִי* *n. gent.* Levit.
לְוָת* bei.
לְחֶם Speise, Mahl.
לְחֵנָה* Konkubine.
לֵילֵי* Nacht.
לִשָּׁן Zunge, Sprache.

מ

מָא → מָה.

מְאָה	hundert.
מֹאזְנֵא*	Waage.
מֵאמַר	Wort; Befehl.
מָאן*	Gefäß, Gerät.
מְגִלָּה	Buchrolle.
מגר	*pa* stürzen.
מַדְבַּח*	Altar.
מִדָּה	Abgabe, Steuer.
מְדוֹר*	Wohnung.
מָדַי	*n. gent.* Meder.
מְדִינָה*	Provinz, Stadt.
מְדֹר*	→ מְדוֹר.
מָה	was?, das was; *c.* כְּ wie!; *c.* לְ damit nicht.
מוֹת	Tod.
מָזוֹן	Nahrung.
מחא	*pe* schlagen.
	pa hindern.
	hitpe geschlagen werden *(an den Pfahl).*
מַחְלְקָה*	Abteilung.
מטא	*pe* reichen, erreichen; gelangen; eintreten; *c.* עַל widerfahren.
מִישָׁאֵל	*n. pr.* Mischael.
מֵישַׁךְ	*n. pr.* Meschach.
מלא	*pe* füllen.
	hitpe erfüllt werden.
מַלְאַךְ*	Engel.
מִלָּה	Wort; Sache, Angelegenheit.
מלח	*pe* (Salz) essen.
מְלַח	Salz.
מֶלֶךְ	König.
מְלַךְ*	Rat.
מַלְכָּה*	Königinmutter.
מַלְכוּ	Königsherrschaft, -würde; Königreich; *Dan* 6₅ Verwaltung.
מלל	*pa* reden.
מַן	wer?, wer.
מִן	aus, von, seit, gemäß.
מְנֵא	*Gewichtseinheit* Mine *(50 Schekel, 571,2 g).*

מִנְדָּה	→ מִדָּה.
מַנְדַּע	Wissen, Verstand.
מנה	*pe* zählen.
	pa bestellen, einsetzen.
מִנְחָה	Opfer.
מִנְיָן	Zahl.
מַעְבַּד*	Werk, Tat.
מְעָה*	*pl.* Bauch, Eingeweide.
מֶעָל*	Untergang *(Sonne).*
מָרֵא	Herr.
מְרַד	Empörung.
מָרָד*	aufrührerisch.
מרט	*pe* ausraufen.
מֹשֶׁה	*n. pr.* Mose.
מְשַׁח	Öl.
מִשְׁכַּב*	Lager.
מִשְׁכַּן*	Wohnung.
מַשְׁר(וֹ)קִי*	Rohrpfeife.
מִשְׁתֵּי*	Gelage.
מַתְּנָה*	Gabe.

נ

נבא	*hitpa* als Prophet auftreten.
נְבוּאָה*	Prophezeiung.
נְבוּכַדְנֶצַּר	*n. pr.* Nebukadnezar.
נְבִזְבָּה	Geschenk.
נְבִיא*	Prophet.
נֶבְרְשָׁה*	Leuchter.
נגד	*pe* fließen.
נֶגֶד	gegen, in der Richtung nach.
נְגַהּ*	Helle.
נְגוֹ(א)	*Bestandteil von n. pr.* Abedneg
נדב	*hitpa* willig sein; spenden; *Esr*
נִדְבָּךְ	Schicht.
נדד	*pe* fliehen.
נִדְנֶה	Scheide; Körper?

ס

סַבְכָא	→ שַׁבְכָא.
סבל	*po* aufrichten?, darbringen?
סבר	*pe* beabsichtigen.
סגד	*pe* huldigen.
סָגָן*	Vorsteher, Statthalter.
סגר	*pe* verschließen.
סוּמְפֹּנְיָה	Sackpfeife?
סוף	*pe* sich erfüllen.
	ha vernichten.
סוֹף	Ende.
סלק	*pe* hinaufgehen, -kommen.
	ha hinaufbringen.
	ho heraufgeholt werden.
סעד	*pa* unterstützen.
סְפַר	Buch.
סָפַר	Schreiber.
סַרְבָּל*	Hose?
סָרֵךְ*	Minister.
סתר I	*pa pt. pass.* Verborgenes.
סתר II	*pe* zerstören.

ע

עבד	*pe* tun, machen; befolgen; begehen, veranstalten.
	hitpe gemacht, ausgeführt werden.
עֲבֵד	Diener, Sklave, Knecht.
עֲבִידָה*	Arbeit, Dienst; Verwaltung.
עֲבֵד נְגוֹ	*n. pr.* Abednego.
עֲבַר*	jenseits.
עַד	bis; bis daß.
עדה	*pe* gehen, kommen; vergehen, aufgehoben werden.
	ha wegnehmen, absetzen.
עִדּוֹא	*n. pr.* Iddo.
עִדָּן	Zeit; Jahr.
עוֹד	noch.

עֲוִיה* Vergehen.

עוֹף Vogel; *coll.* Vögel.

עוּר Spreu.

עֵז* Ziege.

עִזְקָה* Siegelring.

עֶזְרָא *n. pr.* Esra.

עֲזַרְיָה *n. pr.* Asarja.

עֵטָה Rat.

עַיִן* Auge.

עִיר Engel.

עַל auf, über, gegen, hin—zu, betreffend.

עֵלָּא oben, über.

עִלָּה Vorwand.

עֲלָוָה* Brandopfer.

עִלָּי* höchster.

עִלִּי* Obergemach.

עֶלְיוֹן* Höchster.

עלל *pe* hineingehen.

ha hineinführen.

ho hineingeführt werden.

עָלַם ferne Zeit; Ewigkeit.

עֵלְמָי* *n. gent.* Elamiter.

עֲלַע* Rippe.

עַם Volk.

עִם zusammen mit, bei.

עַמִּיק* tief.

עֲמַר Wolle.

עֵן* → פְּעַן.

ענה *pe* antworten; anheben.

עֲנֵה* elend.

עִנְיָן *pl. von* עֲנֵה.

עֲנָן* Wolke.

עֲנַף* Zweig.

עֲנָשׁ Strafe.

עֲנָת* → פְּעָנֶת.

עֳפִי* Laub.

עֲצִיב betrübt.

עקר *itpe* ausgerissen werden.

עִקַּר Wurzelstock.

עָר* Widersacher.

ערב *pa* mischen.

     hitpa sich mischen.

עֲרָד* Wildesel.

עַרְוָה* Schande.

עֲשַׂב *coll.* Kräuter, Gras.

עֲשַׂר zehn.

עֶשְׂרִין zwanzig.

עֲשֵׁת *pe* beabsichtigen.

עֲתִיד* bereit.

עַתִּיק alt.

פ

פֻּם → פֵּם.

פֶּחָה Statthalter.

פֶּחָר Töpfer.

פְּטִישׁ* *l. Q (Dan 3₂₁)* ein Kleidungsstück.

פְלֵג *pe pt. pass.* geteilt.

פְּלַג Hälfte.

פַּלְגָּה* Abteilung.

פְלַח *pe* dienen.

פָּלְחָן Gottesdienst, Kult.

פֻּם Mund; Mündung.

פַּס Handfläche, Hand.

פְּסַנְטֵרִין Zither.

פַּרְזֶל Eisen.

פרס *pe* zerteilt werden.

פְּרֵס *Gewichtseinheit* Halbmine?, Halbschekel?

פָּרַס *n. gent.* Perser; *n. terr.* Persien.

פַּרְסָי* *n. gent.* Perser.

פרק *pe* tilgen.

פרשׁ *pa pt. pass.* getrennt.

פַּרְשֶׁגֶן Abschrift.

פשׁר *pe* deuten.

     pa deuten.

פְּשַׁר Deutung.

פִּתְגָם Wort; Erlaß.

פתח pe öffnen.

פְּתָי* Breite.

צ

צבה pe wollen, begehren.

צְבוּ Sache.

צבע pa benetzen.

    hitpa benetzt werden.

צַד Seite.

צְדָא wahr.

צִדְקָה Mildtätigkeit.

צַוַּאר* Hals.

צלה pa beten.

צלח ha gut gehen, gut gehen lassen, vorankommen.

צֶלֶם Standbild.

צְפִיר* Bock.

צִפַּר* Vogel.

ק

קבל pa empfangen.

קֳבֵל vor, gegenüber, wegen; c. כָּל- dementsprechend, daraufhin.

קַדִּישׁ heilig.

קֳדָם vor; c. מִן vor, von seiten.

קַדְמָה* frühere Zeit; c. מִן vorher, zuvor.

קַדְמָי* erster, früherer.

קום pe aufstehen; dastehen; bestehen.

    pa festsetzen, erlassen.

    ha aufstellen, aufrichten; einsetzen; erlassen.

    ho aufgestellt werden.

קטל pe töten.

    pa töten.

    hitpe (hitpa) getötet werden.

קְטַר* Knoten > Gelenk, schwierige Aufgabe.

קַיִט Sommer.

קְיָם Verordnung.

קַיָּם dauernd.

קַיתָר(וֹ)ס *l. K* Zither.

קָל Stimme, Klang.

קְנָא *pe* kaufen.

קְצַף *pe* ergrimmen.

קְצַף Grimm.

קְצַץ *pa* abhauen.

קְצָת Ende; Teil.

קְרָא *pe* rufen; lesen.
      hitpe gerufen werden.

קְרֵב *pe* herannahen, hinzutreten.
      pa darbringen.
      ha hinführen, darbringen.

קְרָב Krieg.

קִרְיָא, קִרְיָה Stadt.

קֶרֶן Horn.

קְרָץ* Stück; *c.* אכל verleumden.

קְשֹׁט Wahrheit.

ר

רֵאשׁ Kopf; Anfang.

רַב groß; Groß-, Ober-.

רבה *pe* groß werden, wachsen.
      pa groß machen, erhöhen.

רִבּוֹ zehntausend.

רְבוּ Größe.

רְבִיעָי* vierter.

רַבְרְבָנִין* Mächtige, Magnaten.

רנז *ha* zum Zorn reizen, erzürnen.

רְגַז Zorn.

רְגַל* *f.* Fuß.

רנשׁ *ha* herzulaufen?, hereinstürmen?

רוּ* Aussehen.

רוּחַ Wind; Geist.

רום *pe* sich erheben.
pol preisen.
ha erhöhen.
hitpol sich erheben.

רוּם* Höhe.

רָז Geheimnis.

רְחוּם *n. pr.* Rehum.

רַחִיק* fern.

רַחֲמִין Barmherzigkeit.

רחץ *hitpe* sich verlassen.

רֵיחַ Geruch.

רמה *pe* werfen; hinsetzen; auferlegen.
hitpe geworfen werden.

רְעוּ* Wille

רַעְיוֹן* Gedanke.

רַעֲנַן wohlgedeihend.

רעע *pe* zerschmettern.
pa zerschmettern.

רפס *pe* zertreten.

רשׁם *pe* schreiben.

ש

שָׂב* Ältester.

שַׂבְּכָא *dreieckiges Musikinstrument.*

שׂנא *pe* groß werden.

שַׂגִּיא groß; viel; *adv.* sehr.

שָׂהֲדוּ* Zeugnis.

שְׂטַר Seite.

שׂים *pe* setzen, legen; geben; einsetzen; *Dan* 3₁₂ 6₁₄ *c.* טְעֵם
sich kümmern.
hitpe gelegt werden; gemacht, gegeben werden.

שׂכל *hitpa* betrachten.

שָׂכְלְתָנוּ Einsicht.

שׂנא *pe pt.* Feind.

שְׂעַר Haar.

שׁ

שֵׁאל   *pe* bitten, verlangen; fragen.

שְׁאֵלָה*   Frage; Sache.

שְׁאַלְתִּיאֵל   *n. pr.* Schealtiël.

שְׁאָר   Rest, Übriges.

שְׁבַח   *pa* preisen.

שְׁבַט*   Stamm.

שְׁבִיב*   Flamme.

שְׁבַע*   sieben.

שְׁבק   *pe* zurücklassen; lassen, gewähren lassen.
     hitpe überlassen werden.

יִתְבֵּשׁ   *hitpa* verwirrt werden.

שֵׁגַל*   Gemahlin.

שׁדר   *hitpa* sich bemühen.

שַׁדְרַךְ   *n. pr.* Schadrach.

שׁוה   *pa l. Q (Dan 5₂₁)* gleich machen.
     hitpa gemacht werden zu.

שׁוּר*   Mauer.

שׁוּשַׁנְכָי*   *n. gent.* Susaniter.

שְׁחַת   *pe pt. pass.* verdorben, schlecht; Schlechtes.

שׁיזב   retten.

שׁיציא   vollenden.

שׁכח   *ha* finden; bekommen.
     hitpe gefunden werden; sich finden.

שְׁכְלֵל   *ša von* כלל.

שׁכן   *pe* wohnen.
     pa wohnen lassen.

שְׁלֵה   ruhig, sorglos.

שָׁלֵה   *l. Q (Dan 3₂₉)*.

שָׁלוּ   Nachlässigkeit; Irrtum.

שְׁלֵוָה*   Glück.

שְׁלַח   *pe* schicken, senden; *Esr* 6₁₂ wagen.

שְׁלֵט   *pe* herrschen; *Dan* 6₂₅ sich bemächtigen.
     ha zum Herrn machen.

שִׁלְטֹן*   Beamter.

שֻׁלְטָן Herrschaft, Macht, Reich.

שַׁלִּיט mächtig; Beamter, Machthaber; Esr 7₂₄ es ist gestattet.

שְׁלֵם *pe* fertig sein.

    ha abliefern, preisgeben.

שְׁלָם Friede, Heil.

שֵׁם Name.

שְׁמַד *ha* vertilgen.

שְׁמַיִן* Himmel.

שְׁמַם *itpo* vor Schreck erstarren.

שמע *pe* hören.

    hitpa gehorchen.

שָׁמְרַיִן *n. l., n. terr.* Samaria.

שַׁמַּשׁ *pa* dienen.

שְׁמַשׁ* Sonne.

שִׁמְשַׁי *n. pr.* Schimschai.

שֵׁן* *f.* Zahn.

שׁנה *pe* anders sein; verändert werden.

    pa verwandeln; *pt. pass.* verschieden; Dan 3₂₈ übertreten.

    ha abändern; übertreten.

    itpa sich ändern.

I שְׁנָה* Jahr.

II שְׁנָה* Schlaf.

שָׁעָה kurze Zeit, Augenblick.

שׁפט *pe pt.* Richter.

שַׁפִּיר schön.

שְׁפַל *ha* erniedrigen.

שְׁפַל niedrig.

שְׁפַר *pe* gefallen.

שְׁפַרְפָּר* Morgendämmerung.

שָׁק* Unterschenkel.

שׁרה *pe* lösen; wohnen.

    pa beginnen.

    hitpa sich lösen.

שֹׁרֶשׁ* Wurzel.

שְׁרֹשׁוּ *l. Q (Esr 7₂₆)* Verbannung, Ausschluß.

שֵׁשְׁבַּצַּר *n. pr.* Scheschbazzar.

שֵׁת sechs.

שְׁתָה   pe trinken.
שִׁתִּין   sechzig.
שְׁתַר בּוֹזְנַי   n. pr. Schetar-Bosnai.

ת

תְּבַר   pe pt. pass. zerbrechlich.
תְּדִיר*   Fortdauer; c. בְּ beständig.
תּוּב   pe zurückkehren.
     ha zurückgeben, -schicken; antworten.
תְּוַהּ   pe erstaunen, erschrecken.
תּוֹר*   Rind, Stier.
תְּחוֹת   unter.
תְּלַג   Schnee.
תְּלִיתָי   dritter.
תְּלָת   drei.
תַּלְתָּא, תַּלְתִּי   Triumvir?
תְּלָתִין   dreißig.
תְּמַהּ*   Wunder.
תַּמָּה   da, dort.
תִּנְיָן*   zweiter.
תִּנְיָנוּת   zweites Mal.
תִּפְתָּי*   Polizeibeamter.
תַּקִּיף*   stark, mächtig.
תְּקַל   pe wägen.
תְּקֵל   Gewichtseinheit Schekel (11,424 g).
תְּקַן   ho wiedereingesetzt werden.
תְּקֵף   pe stark sein/werden; sich verhärten.
     pa in Kraft setzen.
תְּקֹף*   Stärke.
תְּקַף   Stärke.
תְּרֵין   zwei.
תְּרַע   Tür; Hof.
תָּרָע*   Torhüter.
תַּרְתֵּין   f. zwei.
תַּתְּנַי   n. pr. Tatnai.

STUDIA JUDAICA

Forschungen zur Wissenschaft des Judentums
Herausgegeben von E. L. EHRLICH, Basel
Groß-Oktav. Ganzleinen

Walter de Gruyter · Berlin · New York

Einzelwörterbuch zum Alten Testament

Unter Mitarbeit von anderen Fachgelehrten
herausgegeben von F. BAUMGÄRTEL

1. Hebräisches Wörterbuch zur Genesis.
Von F. BAUMGÄRTEL. 3., ergänzte Auflage. VIII, 45 Seiten. 1961. DM 3,60

2. Hebräisches Wörterbuch zu Jesaja. Von J. HEMPEL.
3., vielfach berichtigte Auflage. VIII, 63 Seiten. 1965. DM 7,20

5. Hebräisches Wörterbuch zum Dodekapropheton
Von N. FRIES. 2. Auflage. VII, 48 Seiten. 1956. DM 5,80

Die Mischna

Text, Übersetzung und ausführliche Erklärung
Mit eingehenden geschichtlichen und sprachlichen
Einleitungen und textkritischen Anhängen
von G. BEER und O. HOLTZMANN
unter Mitarbeit zahlreicher Gelehrter des In- und Auslandes in
Gemeinschaft mit R. MEYER herausgegeben
von K. H. RENGSTORF und L. ROST

Ein Prospekt aller lieferbaren und geplanten Traktate steht zur Verfügung

Zeitschrift für die alttestamentliche Wissenschaft

In Verbindung mit
W. BAUMGARTNER, O. EISSFELDT, P. HUMBERT, W. D. MC HARDY,
H. G. MAY, B. J. ROBERTS, L. ROST, W. RUDOLPH, D. W. THOMAS,
J. ZIEGLER, W. ZIMMERLI

Herausgegeben von GEORG FOHRER
Groß-Oktav. Jährlich erscheint 1 Band mit 3 Heften. 1971: Band 83.
DM 54,—

Register zur Zeitschrift für die Alttestamentliche Wissenschaft

Band 26—50 (N. F. 9) 1906—1932

Unter Benutzung von Vorarbeiten von PETER GENNRICH
bearbeitet von Mag. theol. MANFRED WEIPPERT

Groß-Oktav. XXI, 312 Seiten. 1970. Ganzleinen DM 72,—

Walter de Gruyter · Berlin · New York